時代下的犧牲者

找尋真實的汪精衛

江仲淵——著

自序

要建立一套理論十分容易，但要宣傳，並改變普遍眾人的想法，卻難如登天。

本書以《時代下的犧牲者：找尋真實的汪精衛》為名，試圖跳脫國、共兩黨或日本侵略軍角度的觀點，盡量用客觀的態度衡量過去的各種史料，重新將汪精衛的生平呈現在讀者眼前。

撰寫本書的過程十分困難，堪稱血淚，而最大的困難就是蒐集汪精衛的正確史料。部份史學研究者或因國共政治色彩的影響，在此前都極力避開、否定這樣一個敏感人物，深怕給自己惹來輿論麻煩，導致汪精衛的史料、史實呈現散狀，翻找十分艱鉅，只能從當時的報章或時人的回憶錄查知。

然而，撰寫難度不僅如此，除了需要重頭整理起汪精衛的史料之外，更須嚴實查證蒐集來的資訊是否真的接近真實。汪精衛的書籍在大陸的六〇年代至八〇年代曾經非常多，不過當時這類書籍的作者並不著重考據史料，反而喜歡著重在八卦、豔遇；或是因政治因素，刻意以不具正統史學論證的史料加以醜化、貶低汪精衛，導致書籍整體內容的真實性根本無從探就，可說是近似於《三國演義》式的野史小說。現今某些史學家因為這時期的野史創作影響，竟然依舊會拿著此類未經證實之史料作為討論觀點，甚至是專業性的論文講解。哀嘆！史學竟然成為了可以為當權者利益而更動的政治工具，實在令人不寒而慄。

為了達到所謂的貼近真實，本書採用了大量民國時期人物的回憶做為參考，如何文傑、何孟恆、汪文惺、朱維亮等汪精衛親屬回憶錄，以及周德偉《落筆驚風雨：我的一生與國民黨的點滴》、臧卓《我在蔣介石與汪精衛身邊的日子》、陳恭澍《河內汪案始末》等政治合夥者的回憶錄，意圖以汪精衛在各階段所結識之友人的日後回憶，拼湊出一個擁有正確史實的歷史書籍，當然，以上人物舉例只是冰山一角。

替他翻案難度很高，但這是值得的。《時代下的犧牲者：找尋真實的汪精衛》建立了開創性的平反觀點，為民國歷史的多方面視角奠定了基礎。為了撰寫這本書，作者捨棄了學歷，休學在家撰寫這本書籍，耗費了將近一年時間，只為了能夠參閱更多史料，來讓更多史料觀點能夠印證汪精衛並非所謂「漢奸」、「賣國賊」。

中國有句話說：「不以成敗論英雄。」可惜現今的歷史評書中，總是不乏用「勝者為王，敗者為寇」的角度將歷史人物劃分善惡，也因為如此，鮮少人知道歷史上真實的汪精衛到底是怎麼的樣子。歷史上的汪精衛，是一位書生、一位詩人、一位革命家、一位政治家、一位英雄、一位漢奸，隨著觀看角度的不同，解讀出來的見解也當然不同。可以肯定的是，汪精衛曾是在近代中國叱吒一時的政治人物，對中國的歷史走向有舉足輕重的地位。現今，歷史的輪軸已經轉到了二十一世紀，汪精衛已經逝世許多年了，或許是時候放下各自的政治偏見，心平氣和地看待汪精衛的一生。

致謝

寫作本書比我想像中得困難許多，所耗用的時間也是原先預估的數倍有餘，寫作期間我壓力非常大，每當蒐集史料時，就像是毫無方向地漫遊在知識的海洋中，雖然正在前行，卻無法找尋確切目標；每當準備撰寫時，總感覺一股「茫茫然」的氣息湧了上來，好像知道某一部份該如何撰寫，但總沒辦法「意有所極，文亦同趣」。還好，「歷史說書人History Storyteller」團隊給予我許多幫助，他們不僅幫助我審閱書稿，也在我無暇為粉絲更新新文章時，幫助我代寫了數篇文章。沒有他們的幫助，我不可能在寫作《時代下的犧牲者：找尋真實的汪精衛》期間能保持穩定的撰寫狀態。以下為四位歷史說書人團隊的優良成員，在此獻上最誠摯的感謝：

歷史說書人編輯，柯睿信是一位盡忠職守的編輯，在審稿方面具有十分專業的能力，總是能找到最佳的表達方式。在所有編輯之中，以柯睿信最為年輕，卻資歷最深、最有能力。我無法想到粉專的哪一步進程沒有他的身影，能與柯睿信合作是我的榮幸。

歷史說書人編輯，黃羿豪是一位輔助性的編輯，負責審理書稿錯字，在作者撰寫書籍而無暇更新粉專時擔任代寫者，穩定維持了粉專的更新率。感謝羿豪的幫助。

歷史說書人剪輯，樂瑋德是一位才華洋溢的剪輯者，在歷史說書人團隊成立影片剪輯團後，以他貢獻最多，最具熱誠，不論開場、正片、結尾他皆有提供協助，謝謝你的幫助，瑋德。

歷史說書人剪輯，劉子慎是一位專業的剪輯者，作者與子慎原本是十分要好的高中同學，後來因理念不同而各奔東西、魚沉雁杳了，直至歷史說書人團隊應徵剪輯者時，他居然在不知作者是徵招者的情況下，成為首位響應者，令人感嘆命運的安排。他在團體內主要負責影片剪輯等相關事宜，感謝子慎的支持。

再次對以上四人表示感謝！

目次

第一章　妙筆生花的天才少年

汪精衛之父

不論是罄竹難書之奸臣，或是忠貞報國之名將，一個名人的思想啟發總是由家庭所成。同理，要研究汪精衛，就不得先從汪精衛的父親開始說起。

汪琡，字省齋，一八二四年生於浙江紹興，年輕時是個落魄的讀書人，雖然胸懷大志，立志做官，卻屢次落榜，還好他靈活應變，開始從商，靠著與生俱來的生意天賦，成為家境小康的商人，並娶了一位名盧氏的同鄉人作為正妻。好景不常，剛娶完盧氏，太平天國的戰線便燃燒到了浙江，浙江是為魚米之鄉，盛產糧食，在戰爭期間更顯得重要，因此成為兩方共同爭奪、兵戎相見的地方。加上浙江地區大部分民眾信仰儒教，使民團不斷與信仰迴異的太平軍作戰，以致於在戰爭前後，浙江死傷人數居然過半！汪琡深怕遭受池魚之殃，帶領一家妻小出城南下廣東。

汪琡來到廣東後打算繼續做生意，但廣州是個經濟大城，商人多如牛毛，汪琡見商界沒有容身之地，只好放棄再次從商的意圖，找了份薪資優厚、地位崇高的職位——師爺（又稱幕僚）。師爺非常難當上，《雪鴻軒尺牘》說道：「吾鄉之業於斯者不啻萬家。」又說：「千人學幕，成者不過百人，百人就幕，入幕者不過數十人。」但汪琡擁有從商經驗，又曾讀過幾年書，最關鍵性的一點是：汪琡來自浙江的紹興，紹興是專門出產師爺和訟棍的地方，假如有人來自此處，大家便會將他與飽讀詩書的讀書人聯想在一塊，對他對待有佳。基於上述的原因，他順利地當上廣東各縣的師爺，協助縣太爺處理商務。一八七一年，盧氏因季節交替病亡。汪琡續娶剛邁入十七歲的廣東姑娘吳氏為妻，前後生了六個孩子。一八八三年五月四號，汪家最後一位孩子出生了，汪琡給那位孩子取了個響亮的名字——汪兆銘，字季新，他也正是後來的「汪精衛」。

生完兆銘後，年高六十二歲的汪琡還得受案牘之勞形，但年老體衰，頭上的縣太爺也懂人情，自己的幕僚為他工作了大半歲月，如今老了，也就不再出給他艱難的公事做，還給了他不必每日上縣城見縣太爺的福利。汪琡也就這麼的待在家裡，輕輕鬆鬆地完成不多的工作，藉著古人的詩文陶冶性靈，悠閒的彷彿早已辭官引退。

汪琡在家除了吟詩作對外便無事可做了，一日興致使然，教導五歲的小兒子兆銘背詩，沒想到這兒子居然異常聰明，過目不忘，汪琡大喜，開始教起汪兆銘認字，在父親的嚴格指導下，汪兆銘九歲時就基本可以讀書了。汪琡晚年患上年老眼花，無法看清書上的小字，就讓汪兆銘每天為他朗讀詩書王陽明的文章和陸遊的詩。每日在父親面前朗讀，不僅無形中培養了汪兆銘演講的口才，也使幼小的汪兆銘接受了王陽明的哲學思想和陸遊的豪放文風，為他在日後的政治生涯中起了積極作用，汪兆銘曾在日後說道：「一生國學根基，得庭訓之益為多。」[1]

汪琡先前考不上科舉，於是將夢想託付在了汪兆銘身上，冰雪聰明的汪兆銘很快就被父親訓練成為一名書生，每日讀寫文章，日子輕鬆得意且充實。直到十三歲那年，家庭生活發生了重大變故。這一年，辛苦將十個孩子拉拔長大的母親吳氏去世了。汪兆銘曾在將來回憶道：「我的母親提起來，真傷心，他覺得她的一生，只是沉靜在憂勞兩個字裡。家計的艱難，以及在家庭所受的閒氣，如今還一幕一幕的時時湧現於我眼前。」[2]「母雞鳴而起，上侍老父，下撫諸幼小，操持家事，米鹽瑣屑罔不綜核，往往宵分不寐。……歲時令節，兆銘逐群兒嬉戲而忘倦時，見母蹀躞仰屋，微嘆有聲；搜篋得衣物，付傭婦令質錢市果餌；及親友至，則亟語笑款洽，似無所憂者。」[3]此話不虛，汪家雖然是師爺家庭，但因兒女眾多，家庭預算遭到分散，整體而言經濟狀況是十分拮据的，在沒有僕傭、書僮的情況下，吳氏先後將十位孩童拉拔養大，壓力可見一番。

儘管汪兆銘與母親相處時間甚短，僅有十三年，但汪兆銘在日後經常提起母親，側影出他十分嚮往這段時光，而非骯髒昏暗的政治：「母親眼眶中常有淚痕。從衣箱中取出衣服來換錢的姿態，至今在我心中還有著恍惚的記憶，不過那個時候的我，不懂得母親為什麼一個人沉著臉歎息。我在母親逝世後六年便離開祖國，經過了十年才返回故鄉。回到那可愛的廣州故鄉，我試圖尋找先父先母的遺物，只找到了父親的兩三封信扎，至於可以回憶母親的，卻一件也找不到。後來，我囑溫幼菊畫了一幅《秋庭晨課圖》，想把幼年時對母親的回憶留在畫圖中。畫中是清明的秋日的早晨，九歲的我在春暖花開的中庭裡與母親一同溫課。前年年末，在南京陷落之前，我在逃往漢口去的時候，戰況十分緊張，我幾乎什麼都來不及帶，只帶著這幅秋庭晨課圖。」[4]

在母親病亡的一年後，汪琡在九月秋象見初、氣溫漸下之際因季節交替患上霍亂病，僅過一天後便抱病身亡。據汪兆銘日後回憶，汪琡在死前一晚並沒有將教導兆銘一事給間斷，拖著病痛的沉重，卻一如往常的抽背唐詩給兆銘誦讀。[5]綜觀前後，汪琡真是一位傑出的父親。

父母雙亡的局面給予汪兆銘重大打擊，年僅十四歲的他無所依靠，只得前往粵北，投靠和比自己大二十餘歲的大哥汪兆鏞，和他一同居住生活。出走那日正值九九重陽節，是與親人一同登高的好時節，但汪

家卻已人去樓空了，兆銘百感交集，有感而發，寫下了他的第一首詩詞——《重九游溪山嚴》[6]

笑將遠響答清吟，葉在攲中酒在襟。
天淡雲霞自明媚，林空巖壑更深沉。
茱萸棖觸思親感，碑版勾留考古心。
咫尺名山時入夢，偶逢佳節得登臨。

詩是平靜的，隱約透露出了一絲愁苦與思念，汪兆銘將這些思緒皆託付在美好的景物之中。難以想像，這首詩竟只是一位十四歲少年寫出的。

大有可為的天才書生

大哥汪兆鏞是一個十分古板的舉人，固守四維八德，忠於清室，辛亥革命後仍留著辮子，自稱滿清遺民。他不大搭理家中的兄弟姊妹，特別是沒有工作的汪兆銘，認為汪兆銘只是一個拖累自己的拖油瓶，不僅莫名其妙跑來家中生活，甚至增加了經濟負擔。汪兆鏞越想越氣不過，將還在準備考試的兆銘拉到私塾去教書，減少家庭開銷。事實上，當時的汪兆銘確實是個嚴重的家裡負擔，他曾回憶：「我父親歿後，並無置產，我一時之費，都抑給於長兄。」可見當時兆鏞的經濟負擔並不輕鬆。由於大清考試規則中，論語是為必修課程，在擔任私塾老師的這段期間，汪兆銘每天開口閉口聲聲「子曰」，當他回顧此段時光時，自嘲自己都變成「子曰先生」了。[7]

半工半讀並沒有連累汪兆銘的讀書成績，反而因為大哥的種種不良待遇燃起鬥志，每晚挑燈夜戰，決心改變被自家人歧視的命運。一年後他以廣州府縣第一名的優異成績考取秀才，一時滿城風雨，老百姓對著榜單上的黑馬驚呼連連，此事也讓大哥刮目相看，改變了以往輕浮的態度。不久後，汪兆銘被廣東水師提督李准徵用成為家庭老師，負責教導他的長子，由於是在大官僚家做事，教課自然需要小心謹慎，循規蹈矩；對學員必須擺出正統儒士的一套道貌岸然的樣子。教館的生涯是很為難的，一言以蔽之：「課少父母嫌懶惰，功多弟子結冤仇。」

一九〇〇年義和團事件以後，中國共付各國戰爭賠償四億五千萬兩銀，鉅額的賠償金讓大清無法在短時間內償還，居然要三十九年才能付清！為了讓老舊的帝國重新運轉，慈禧重新下令再次改革，展開史稱庚子後新政的大改革。此次改革比戊戌變法更廣更深，大量選派公費留學生到外國留學，並給予歸國留學生舉人或進士的待遇，授予高級官職。這在當時的中國青年中引起了極大的反響，有識青年紛紛前往外國留學。當時公費留學生的主要派遣國家是日本，大量留學生前往日本的原因主要有三：一是日本地理位置近，留學費用便宜；二是日本明治維新後，日本的強國經驗對中國特別有現實意義；三是日文中大量使用漢字，對於中國人來說，學日文要比學歐洲文字省力很多。日本為經濟目的，也十分歡迎中國留學生，甚至還專門為中國留學生設置了一些學校，在日本教師講課時，旁邊配有中文翻譯，以便讓不懂日文的中國留學生也能聽懂講課的內容。

一九〇四年，兩廣總督岑春煊在廣州招考前往日本法政大學速成科的公費留學生，錄取人數為五十名。清政府願意全額資助前往日本法政大學的費用，且為每位公費留學生每月資助三十日元，照當時的狀況來說，三十塊錢相當於日本下層上班族的月薪，足夠負擔一個月的生活花費，可以在日本生活得比較寬裕。

福利措施讓許多青年趨之若鶩前來報考，汪兆銘也不例外，初次考試，汪就以全省第二名的成績考上當屆的公費留學生。一個月後，汪兆銘提著行李前往廣州港，準備坐船前往東京留學，同行還有他的外甥朱執信，剛才說到汪兆銘得到第二名，那第一呢？由朱執信拿下了，朱執信是一位讀書狂人，平時書卷不離身，晚上點了份蠟燈後繼續讀書，近乎癡迷於知識的他也因此有著頗為嚴重的近視，平時總帶著一副圓框眼鏡。

由於這趟公費留學是由國庫盡空的大清帝國所包辦的，書生們只能硬擠在輪船的三等艙中，和那些出國做粗工的人一同作息。汪兆銘比較幸運，和那些出洋留學的同伴分到同個房間，也在這個房間認識了胡漢民，兩人在閒聊解悶之餘，胡漢民交給汪兆銘一份盧俊的《民約論》，汪兆銘對此很感興趣，書本上頻頻介紹主權在民的思想，這對於之前還在接受舊文化思想的兆銘來說非常新潮，從此開啟了汪兆銘對於西方制度的熱愛，也淺移默化地改變了汪兆銘「忠君愛國」的思想。以往來說，「忠君」是和「愛國」緊密聯合在一塊的，但現在「忠君」的思想已經漸漸散盡了，且擁有了模模糊糊的民主觀念雛形，不得不說，從汪兆銘翻開《民約論》的那一剎那，就已經改變了他的一生。[8]

抵達日本後，汪兆銘住在東京神田區神保町名叫春水館的留學生宿舍，離法政大學很近。上大學之後，汪兆銘每日與知音胡漢民和外甥朱執信一同學習著西方的各種科技、政治學、法學、文學等等……其中法政大學最注重西方的政治法律學，將其定為必修課程。汪兆銘自從讀了《民約論》後，對政治法律抱持著極高興趣，在法政大學中，汪兆銘如魚得水，一刻不停地汲取著孟德斯鳩的《論法的精神》、斯賓塞的《社會靜力學》、湯瑪斯．傑佛遜的《獨立宣言》等政治思想名作，由此意識到了大清帝國的故步自封，開始對於大清帝國產生了初步的厭惡，對於「維新」的好感也漸漸浮上心頭，汪兆銘開始崇拜改革派政治家，如西鄉隆盛，就他自己所說：「當時對我影響最大的日本偉人，是西鄉隆盛與勝海舟的兩個人。」、「我每一次到神田一帶的書店裡去的時候，總不忘蒐集與這兩個偉人有關係的著作。星期日到上野公園去，總盡量眺望西鄉的銅像。」[9]

一九〇四年，日本因爭奪遼東半島和朝鮮半島的控制權開戰。戰爭持續六個月後，連戰連勝的日軍又攻下了俄羅斯在遠東最大的要塞——旅順要塞，士氣大振，頗有「鎬素臨江誓滅胡，雄師十萬氣吞吳」之傲氣。在日本國內，愛國情緒隨著旅順要塞的攻陷到達最高潮，即使在法政大學的課堂上，愛國情緒也沒辦法止息，發表最新戰況的號外新聞一到，教授就停止講課，邀請同學們一同來到講台朗讀新聞。日本這種舉國上下的愛國熱忱，不僅使汪兆銘十分感動[10]，也激發了許多中國留學生的愛國心，激發他們投身於革命運動中。

從汪兆銘到汪精衛

一九〇五年是對大清帝國來說如同噩夢般的一年，大清這時在中國搞起的新政到達了最高潮，不再從省中挑選少數精銳學生留學，而是大量招募，並且給予補助，獎勵更是不能少，在日本如果讀國立高中或高職三年畢業，且得優等畢業證書，可以以舉人之姿回國；如果讀大專畢業，且得畢業證書，可以以進士之姿回國；如果讀國立大學畢業，得學士文憑，可以以翰林之姿回國；如果有博士文憑，除給予翰林出身外，大清還給予翰林升階。這些福利實在是太令人垂涎了，新式制度一公布後，數萬學生蜂擁前往東瀛刻苦讀書。僅僅在東京一地，就有中國留學生一萬餘名，這在當時是一個空前的規模。

中國的革命家們眼見機不可失，紛紛在留學生最多的日本建立革命黨派，使日本成為中國革命的大本營。當時在日本的革命家主要分為兩種，一種是主張君主立憲的保皇黨，一種是主張推翻異族皇帝的革命黨。保皇黨的代表人物是康有為和梁啟超，他們反對進行流血的暴力革命，主張承認清政府統治的合法性，在清政府的主導下進行漸進的立憲改革。革命黨的代表人物是孫中山和黃興，他們認為只有流血才能真正革新中國，主張「驅逐韃虜。恢復中華」，以武裝革命推翻清政府。保皇黨在海外華僑中有不小的勢力，但日本的血氣方剛的年輕留學生們並不喜歡保皇黨循序漸進的主張，大多數都支持革命黨滿腔熱血的武力革命方案。

一九〇五年七月，革命黨領袖孫中山從美國再次來到日本，汪兆銘和胡漢民，朱執信等廣東同鄉一同前往神田的錦輝館拜訪孫中山，當見到久所仰慕的孫中山後，三人將之前所對革命黨的種種疑問傾瀉而出，見孫中山談話有理有據，扣人心弦，汪兆銘深受感染，倍受鼓舞，在回程的路程上，汪兆銘案耐不住雀躍之情，當天即與胡漢民、朱執信一同入了會。

在加入興中會後，汪兆銘靠著傑出的文筆以及能言善辯的口才，成為當時興中會東京支部的重要人物，許多宣傳革命黨、徵招革命黨黨員的宣傳工作，汪兆銘事必躬親。如果遇到了上層下達的指令，則使出渾身解數，將筆桿子與口舌之力發揮得淋漓盡致，使東京的革命黨人數增加了不少留學生。很快的，還在日本的孫中山注意到了東京的這位少年，他非常的賞識兆銘，並委以重用。

孫中山在革命生涯中走南闖北，為的就是讓革命黨更加壯大，這次來日本，當然不只是要做演講而已，為的是前往革命家黃興的住所與其談判合作事務。黃興與孫中山一樣，都是當時非常有名的大革命家，但以前兩人一直在各自的平行線上，從來沒見過面。其實，革命黨當時根本不算一黨，只是清廷為了方便稱呼所以才發明的詞彙，革命黨有多個派別，彼此的派系因語言及故鄉差距甚大，鮮少往來。革命黨大約能分成三大派系，人數最多的派系——黃興組織成的湖南派「華興會」。擁有最多知識份子的派系——章炳麟的浙江派「光復會」。以及革命經驗最多、最具有知名度的派系——孫中山的廣東派「興中會」。

孫中山來到黃興的住所時，黃興已在門前等候許久，一見到孫中山的他便向前奔去，緊緊握著孫中山的手，一時感動得說不出話來。孫中山和黃興大有一見如故之感，開始會議後很快就開始談起革命來。據宮崎回憶說，雖然他不大懂中國話，不知他們講些什麼，但是，「中國的革命豪傑在此歡聚一堂，暢所欲言，使我們感到非常高興」。孫、黃兩人熱烈地談論大約有兩小時，談話才漸漸停了下來。最終黃興大笑道：「孫先生，我服你了。」[11]示意願意合併革命黨，兩人終於達成共識。興中會、華興會、旗下數十支革命分會，一同在東京合併成為「中國同盟會」，孫中山則在黃興的支持下當上總理，成為中國實力最強的革命領袖。

中國同盟會還尚未成為一個國家，但孫中山認為，一個以推翻國家為主軸的黨會，必需要有如同國家般的系統化規則，孫中山仿製英國的哲學家約翰．洛克在其著作《政府論》中所提出三權分立，成立執行部、評議部、司法部，也就是現今行政院、立法院、司法院的前身。汪兆銘在革命黨中不論學歷、成績，或文筆、口才都是數一數二，又曾在興中會分會立下汗馬功勞，因此以高票當選為評議部部長。當時汪兆銘年僅二十二歲。

照理論來說，評議部部長汪精衛是與執行部部長黃興平起平坐的，然而評議部部長這個職位雖然看似非常崇高，但在國家尚未成立前形同花瓶般毫無用處。汪兆銘不願坐閒，在辦完評議部為數不多的工作後，時常幫助《民報》撰寫所需要的題材。說起《民報》，革命黨向來是非常著重於宣傳的。同盟會成立之後不到一個月，黃興就力馬將之前用來宣傳華興會的革命刊物《二十世紀之支那》的工作人員，與前興中會文筆優良的會員合作，一同創辦了同盟會第一個的機關刊物《民報》，並由胡漢民主持發行。孫中山為了表示對於《民報》的著重，特地在創刊號發表發刊詞，這是孫中山第一次題出三民主義的思想。

汪兆銘從《民報》的創刊號開始一直是主要撰稿人，每每署名都非本名，而是改用以「精衛」的筆名在《民報》上發表文章。筆名「精衛」取自於他在兒時閱讀到的一段寓言故事。《山海經》中記載：「有鳥焉，其狀如烏，文首，白喙，赤足，名曰精衛，其鳴自詨。是炎帝之少女，名曰女娃。女娃遊於東海，溺而不返，故為精衛，常銜西山之木石，以堙於東海。漳水出焉，東流注於河。」後人用「精衛填海」來比喻一個人的毅力。汪兆銘則用此名來宣示自己要如同精衛之鳥一樣，鍥而不捨決心革命，直到成功。

正如吳稚暉所說：「學生無先生不醒，先生無胡（漢民）、汪（精衛）不盛。」汪精衛的文章邏輯嚴密，筆鋒銳利，有很大的影響力。當時《民報》的主要對手是梁啟超等保守派主辦的《新民叢報》，汪精衛的文章以與保守派的改良主張論戰為主，宣揚暴力革命的必要性。汪精衛的筆鋒銳利、針針見血，保皇黨皮開肉綻，毫無招架之力。且文章邏輯十分嚴密，如有盲點或抽象之處則運用古史典故加以補充，使保皇黨難以回擊。在《民報》上灑墨一年後，一九〇六年六月，汪精衛與胡漢民、朱執信一同從法政大學速成科畢業，在兩百六十餘名學生當中，汪精衛成績名列第二。

大清規定公費遊學生在學成畢業後，有歸國服務的義務，同級的大部分同學紛紛歸國。僅有少數加入革命黨的學生選擇放棄歸國當官的大好前途，決定留在日本繼續進行革命活動。逾期不歸就沒有了公費資助，必須自己解決生活問題。幸好汪精衛日文不錯，找到一份翻譯工作，每月可得報酬六十元，為之前公費補助的兩倍，不僅滿足了自己的生活，還能資助友人。

與少女陳璧君的認識

自從同盟會在東京成立後，革命派的勢力膨脹，據點擴及於日本各大城市，引起了大清政府的不安。清政府試著向日本政府施加壓力，要求取締中國遊學生的反政府活動。儘管日本政府中，對中國遊學生的革命行動持同情態度的人很多，但由於考慮到與清政府的外交關係。開始對在日本的中國遊學生反政府活動進行限制，日本文部省發布禁止中國遊學生進行反政府活動的規定，但事實上也僅僅是拿了塊招牌給大清看罷了。革命黨人遍布於日本各地，難以一網打盡，這些遊學生並沒有對日本秩序造成實質的破壞，就某方面來說，對日本經濟反而有所用處，日本政府不願動員大量警力幫助大清收拾爛攤子，對中國遊學生的反政府活動採取睜一只眼閉一只眼的態度，而大清深知日本態度敷衍不清，向其繼續施壓，最終使日本妥協。

革命黨人為數眾多，難以捕盡，日本退而求其次，憑著「樹倒猴孫散」的概念，將革命黨頂導者孫中山「請」了出國。但大清政府認為不夠，繼續施壓，日本又將《民報》封禁，使其無法在日本造成輿論，並監視汪精衛、胡漢民、朱執信等寫手動向（然而日本對查禁報章並不熱衷，《民報》雖轉入地下，卻依舊隨手可得）。道高一尺魔高一丈，汪精衛既然無法在日本寫文章，於是腦筋一轉，換了出路，隨孫中山一同南下南洋宣傳革命，並加入當地的革命刊社《中興日報》。俗話說日久見人心，自同盟會創立後，種種重大困難接踵而至，而汪精衛還是堅決跟隨孫中山，使其成為孫中山最為信賴的親信之一，至孫中山抱病身亡前都是如此。

汪精衛不只在筆竿子上有出色的表現，他選擇雙管齊下，一舉擔當演講者及撰寫者的工作。他在南洋時經常自主舉辦革命演說大會，勉勵僑胞人人作鄭成功、洪秀全，獲得頗多迴響及認同。台下的觀眾都十分滿意汪的口才，每每在演講結束後激動地高喊「革命萬歲」。同赴南洋的胡漢民曾道：「聽者任其擒縱，餘二十年未見有工演說過於精衛者。」[12]同事周德偉在晚年回憶說：「汪精衛於每一場合均發表演講，及巨大之煽動力，足以提高士氣……其辭令具有血性，又極工巧，聽者無不動容，甚至落淚。」[13]

在來到南洋不久後，汪精衛在孫中山的帶領下，在馬來西亞的檳城結識了在南洋以賣橡膠致富的大老闆，人稱「陳百萬」的陳耕基。陳耕基與汪精衛同是漢人，更同是同鄉，更大的共通點是都積極支援孫中山的革命。汪精衛為革命付出年輕歲月，而陳耕基則是為革命付出大筆的鈔票。孫中山為了對陳耕基表示謝意，定期向陳耕基贈送革命黨文人必讀的學習刊物——《民報》。陳耕基因為從商的關係，不常閒著閱讀，為了避免浪費資源，那一疊疊的《民報》落到了女兒陳璧君的手中。

陳璧君，字冰如，祖籍廣東省廣州府新會縣，一八九一年十一月五日生於英屬馬來亞檳榔嶼喬治市。陳璧君生長在優越的家庭環境裡，從小接受高規格教育，中式的儒學、西洋的科學皆有所觸碰。她曾描述自己：「絕對清潔，但不整齊。愛好天然，但不妝飾，除爽身粉外，一生未塗過脂粉。不會唱歌，不會跳舞，好聽優美的音樂，但是不懂。好看新、舊、中、外的畫，但自己一條直線都畫不出來。」陳璧君十五歲時從當地華僑小學畢業，隨後進入當地的璧如女校讀書。陳耕基為當時南洋名列前茅的鐘鼎之家，對政治的影響力很高，陳璧君見其父在政場上呼風喚雨，心生嚮往，在華僑小學讀書時，就喜歡閱讀政論書刊，間接受到了民主革命思想的熏陶。邁入青春期後，陳璧君的思想階段已逐漸形成，她十分憧憬共和制度，時常閱讀帶有熱血氣息的《民報》，特別對於筆名「精衛」的那位人物非常好奇，總是想見他一面，看看是什麼樣的人才能寫出這麼耀眼奪目的文章。

一次，陳璧君與她母親的衛月朗一同參加了孫中山先生的檳城公開演講會，在演講的中間休息時，孫中山見汪精衛躍躍欲試，於是讓他擔當下半場的責任。在司儀宣布汪精衛登場的同時，陳璧君眼睛瞬間瞪得巨大，好奇地擠向台前觀看，只見一位男子穿著一身灰白色西裝，精神十足的板寸青年頭，再仔細一看，一對漆黑的劍眉，精神熠熠，一雙鷹目，炯炯有神，五官分明，簡直是「增一分則長，減一分則短；施粉則太白，施朱則太赤」，論氣質則風度翩翩、才氣難掩。陳璧君在台下為之傾倒，對眼前這位美男子更加的好奇，又仔細聆聽他演說的主題，一是揭露清政府的腐敗，特別是滿清入關時的罪惡，「揚州十日」、「嘉定三屠」。二是宣傳孫中山的三民主義，說明反清革命的必要性。演說時感情充沛，激憤時怒發衝冠，悲痛時聲淚俱下。陳璧君在下面深深為其吸引，演說過後，陳璧君經探聽又得知汪在縣城考秀才時曾一舉摘下案首；又是首屈一指的東洋留學生；同時又是孫中山極為少數的心腹，使陳璧君對於汪的仰慕，日益漸高。

深思熟慮後，陳璧君在一次晚餐時段向父母表明自己要跟隨孫中山革命，嫁給汪精衛先生。此話一出，父親陳耕基及母親衛月朗無不大驚失色，紛紛苦言相勸。然而，被愛情沖昏頭的陳璧君哪可能聽從父母的意見呢？依然執意加入同盟會，陳耕基氣急敗壞，揚言要將璧君逐出家門。母親衛月朗相比之下顯得明智些，她教養璧君十六年，深知其強硬個性，於是給雙方提出一個折中方案：由母親陪同陳璧君前往同盟會部門，探明革命黨人的心思後再作選擇。

當時革命黨人的南洋總部在新加坡，陳氏母女便搭船從檳城航行了近千里，孫中山聽聞此事後親自前來港口迎接她倆，年過半百的衛月朗在親耳聆聽孫中山對於三民主義的主張與創建共和的志向後，對革命黨產生了新的見解，她認為加入革命是人人有責的，似乎全然忘記了到新加坡來的初衷，不僅允許女兒加入革命，她本人也加入了同盟會。

陳璧君與其母在新加坡一時找不到房屋租借，孫中山將母女二人安置在晚晴園，也就是今日的孫中山南洋紀念館。晚晴園的擁有者張永福是個華僑富商，和陳耕基一樣是做橡膠加工致富的，是當時的新加坡同盟會的會長。張永福熱衷革命，甚至為此而走到了傾家當產的地步，曾自掏腰包創辦《中興日報》與《圖南日報》，作為《民報》的繼承者，與當時南洋保皇黨的立憲刊物《總匯報》發起筆戰。

在《中興日報》與《圖南日報》中，革命黨更為著重《中興日報》，其報繼承了《民報》的意志，繼續與保皇黨發起筆戰，此次對手是南洋保皇黨領袖徐勤，他在看到其師梁啟超在日本與《民報》發起論戰後心生佩服，亦創立保皇刊物批評革命黨，是為《總匯報》。在一次論戰中，徐勤發表了《論革命必不能行於今日》一文攻擊《中興日報》，而當時正逢孫文南下南洋，多位《民報》成員也隨其一同赴之，包括汪精衛及胡漢民、朱執信等名氣作家，他們都是曾與文筆高強的康有為發起大量筆戰過的，經驗及實力非《總匯報》任何一人能與匹敵，當《總匯報》自討苦吃的發起筆戰後，《民報》成員便紛紛加入《中興日報》與其一同批評保皇黨，以科學、生物的演化來痛闢保皇立憲謬說，徐勤沒有幾回就輸得一蹋糊塗，不了了之。大勝的《中興日報》就此銷路大暢，知名度與《民報》並駕齊驅。

除了創立革命報章外，張永福為了安置南下的革命黨黨員，甚至將自己的大宅院晚晴園捐獻給了革命，孫中山在離開日本後的許多工作得以在此進行。在此期間，汪精衛經常住在晚晴園，張永福在看到汪精衛那嚴苛的自我要求後對他敬重有加，張也曾對精衛的演講技巧給出極高評價：「再彼演說之夕，演講者尚未登壇，全場即無虛席，當彼踏上講台，滿堂即鴉雀無聲，每逢精彩熱烈處，掌聲如雷而起。其能吸引聽眾之注意予喚起熱情，蓋可想見。」[14]數年後當汪精衛發表艷電，投靠日本後，張永福基於之前對於汪精衛的美好印象，公然發出電報，擁護汪精衛，成為投汪的第一個僑領。

陳璧君與其母在孫中山的邀請下，與革命黨人物一同在晚晴園起居。陳璧君作夢也沒想到，汪精衛竟也在那兒生活，她心花怒放、興奮得喜眉笑眼，把握住這天上掉下來的禮物，時常借託不懂西方學說向汪精衛接近，趁機柔情蜜意地表達情意。在相處過程中，陳璧君發現汪精衛沒有一絲惡習，不僅不抽、不喝、不嫖、不賭，還聰明伶俐，隨口成詩，完美得不像男人，因此對他的好感也從外表深入至內心。汪精衛雖然知道陳璧君喜歡自己，自己也對陳璧君有所好感，但依舊保持清水般的一貫作風，堅守著「革命家不成功不結婚」的信念。

陳璧君後來在孫中山的特別批准下加入了《民報》，編輯部的氣氛一下活躍了起來。本來《民報》的編輯們都是些窮書生，生活拮据，簞瓢屢空。陳璧君卻是個闊小姐，在父親陳耕基的資助下總有花不完的錢，經常請大家去高級飯店聚餐暢飲，使這些編輯們大為開懷。在這些未婚的年輕編輯中，正值青春年華的陳璧君成了他們追求的對象，但陳璧君卻始終傾心於汪精衛。

汪精衛不熱衷於情愛，在陳璧君的一次搭訕中，汪精衛直言：「革命家生活無著落，生命無保證，革命家結婚必然陷妻子於不幸之中，讓自己所愛之人一生不幸是最大的罪過。」[15]這句話看似是委婉地拒絕了陳璧君的戀情，但陳卻因為汪精衛的堅持感到更加佩服，決定一生跟隨汪精衛。汪精衛在革命身涯中從來沒有碰過陳璧君一個指頭。後來汪精衛解釋：正因為他太愛陳璧君，他才沒有碰陳璧君一下，他不想毀了她一生的福祉。

阻礙陳璧君修成愛情的不僅是汪精衛的堅持，還有另外一層原因——兩人都已經和別人訂婚了。

一波三折的退婚經過

陳耕基在陳璧君出走新加坡前，曾經與一位富商親戚協議好要將他的兒子梁宇皋與璧君一同結婚，且已經訂完婚了，雙方父母準備在近期內就讓陳璧君結婚。陳璧君出走新加坡加入革命後，和她的未婚夫梁宇皋還是保持著藕斷絲連的關係，為了將來結婚後不會太過於不了解對方，梁宇皋還會寫信給遠在新加坡的璧君。陳璧君在學習了汪精衛教導的種種西方思想後覺得很興趣，在與未婚回信時總是興高采烈的向他分享自己今天學到了什麼西方學說、或者是同盟會的現況，宇皋雖然也是同盟會的一員，但是他的思想十分保守，在璧君高談革命時總是潑他冷水，表示璧君不該從事革命，有次甚至直言：「革命是男人的事，女人搞革命像什麼樣子？」[16]陳璧君非常氣憤，和他大吵一架，但誰也勸不動誰，最終終於選擇退婚。未婚夫梁宇皋在此事過後跑到英國留學，回南洋後當了律師，後來在二戰期間回中國參加抗戰，官拜少將，是部隊的聯絡官。二戰結束後返回南洋，一路從律師當到了馬來西亞的第一任麻六甲州長。

汪精衛的退婚過程則崎嶇多了，這要從在《民報》上的發表開始說起。

汪精衛還在日本撰寫《民報》時，不僅宣傳革命黨、與康有為發起筆戰，也經常抨擊大清政府的各種施政。大清雖然在外交方面處理得不好，但是對於國外的消息還是挺為靈通的，一聽到有人拿大清的錢上大學，反倒在報刊上批評大清後非常震怒，且憂懼日深，就怕有更多人效仿他，於是發佈通緝令，以高額賞金懸賞捉拿汪精衛歸案。

汪精衛無動於衷，照樣寫著他那犀利的稿子，倒是他那在中國的哥哥汪兆鏞接到通緝單後嚇得肝膽欲碎，按《大清律》上的條文，鼓動推翻政府不但要殺頭，且將誅連九族。當時在任兩廣總督師爺的他擔心自己因此事不但當不了官，還會丟了自己的性命，甚至有辭官引退，到山水之間避世的想法。但該來的還是會來，一天，兩廣總督岑春瑄邀請汪兆鏞來自己家吃飯，趁著汪兆鏞酒醉之際，要脅在限定期間內把汪精衛交出。

這件事情鬧得可大了，汪兆鏞雖然只是個師爺而已，但是在兩廣中因鐵面無私、公事公辦，也算頗具名氣，關於他的消息迅速地傳到了萬里之外的日本，汪精衛知道後十分內疚，雖然兆鏞之前不太搭理他，但是至少是對他有恩的，於是以「家庭罪人」的自稱寫下了這段話：「兆銘在日本從事革命之事，已被朝廷發覺，謹自絕於家庭，以免相累……吾為革命流血，志矢不渝，謹請諒鑒。罪人與劉氏曾有婚約，但既與家庭斷絕，則此關係亦當隨之斷絕。請自今日始，解除婚約。」[17]

這話巧妙地表示要汪兆鏞將自己與兆銘的關係切斷，這樣一來自己還能繼續革命，朝廷官員也沒有理由找兆鏞麻煩了，汪兆鏞知道汪精衛的別有用心，馬上寫了份「驅逐逆弟永離家門」的狀子，上交縣城，以撇清與革命黨和兆銘的關係。然後跑到劉家商討解除兆銘與其婚約之事。

將要嫁給兆銘的劉家少女名叫劉文貞，汪兆鏞與劉文貞的哥哥是好朋友，在汪精衛考上秀才榜首的幾個月後，兆鏞為了獎勵精衛，和劉文貞的哥哥拜託合了這門親事。劉文貞長得亭亭玉立，和汪家一樣都是頗有聲望的大家族，可謂門當戶對，然而文貞卻是個傳統的中國少女，遵循著祖先留下來三從四德的要求，照徐志摩的話來說就是一位「鄉下土包子」。要是兆銘當初不革命，留在家中，八成不會喜歡這位舊時代女性。

自從汪精衛留學日本後，汪兆鏞便已經將婚姻手續安排完成，且已上報政府，成為了正式的法定婚姻，不可隨意更改，汪精衛今日卻要退婚，便要兩個家族一起同意才行退婚，劉文貞的哥哥轉告劉文貞要去縣城辦退婚手續時，劉文貞卻拉著他的手不肯讓他去，並言：「不管他是不是形式上的退婚，我仍願堅貞守候著他，決不改嫁。」劉文貞的哥哥雖然不贊成，但是看自己的妹妹如此堅持，還是只能順著她了。隨後汪精衛給劉文貞寫信，謂：「婚姻以愛情與名分為元素，今者名分既絕，彼此又夙無愛情，不宜再生糾葛……」[18]這使劉文貞對婚姻澈底絕望，開始發憤讀書，中學畢業後還考上了讓許多人朝思暮想的醫學院求學，最後成為一名婦產科醫生，且在廣東省立醫院婦產科當上主任，醫道醫德均為優良，名噪一時，也讓許多仰慕她才能的男性為之傾倒，但她卻始終保留著她的原則，終身未嫁，子守一生。

說到妻子，汪精衛這一生中最不缺乏的東西大概就是女性支持者了。他在革命生涯中缺過錢，在從政生涯中缺過勢，但不管在什麼時期，他都擁有一定數量的女性支持者，原因有兩個，其一：汪精衛是個美男子，可不是一般的美，胡適對汪精衛的臉龐做過評價：「我若是女人一定死心塌地的愛他，他是男子，我也愛他。」[19]徐志摩也曾在日記寫道：「精衛的眼睛，圓活而有異光，彷彿有些青色，靈敏而有俠氣。」[20]李宗仁曾說：「汪兆銘儀表堂堂，滿腹詩書，言談舉止，風度翩翩，使人相對，如坐春風之中。」[21]不僅如此，在民國建國後，國民黨元老之一的戴季陶曾對民國時期的政治人物做了些八卦評價，評出了民國四位外貌跟氣質兼具的美男子：汪精衛、周恩來、梅蘭芳、張學良。後來有幾位人士跳出來反對，從裡面加減幾位政治人物，但是汪精衛那第一名的排行卻從未被更改過，可見汪精衛的外表是大家一致公認的俊美。其二：汪精衛是個做事非常有規矩的人，他在革命生涯曾經公開發表過自己在革命尚未成功前是不會與女性交往的，而且還定了幾套規則給自己：不抽菸，不喝酒，不嫖妓，不吸鴉片。也許就是這種清流般的個性，搭配他那迷人的外表，讓他在無論什麼時候，皆有源源不絕的支持者擁戴他。

1 張江裁，《汪精衛先生年譜》，第一頁。

2 汪精衛，〈汪精衛自傳〉，摘自《名家傳記》，上海中華書局，民國二十六年三月，初版。

3 張江裁，〈汪精衛自述〉，摘自《汪精衛先生行實錄》。

4 汪精衛，《正月的回憶》（由作者江仲淵自行翻譯）。

5 汪精衛，〈汪精衛自傳〉，摘自《名家傳記》，上海中華書局，民國二十六年三月，初版。

6 汪精衛，《雙照樓詩詞稿》小休集卷上，第一頁。

7 汪精衛，〈汪精衛自傳〉，摘自《名家傳記》，上海中華書局，民國二十六年三月，初版。

8 關於胡漢民與汪兆銘的認識，由於史料考證不足以及雙方回憶錄對於早年生涯輕描淡寫，導致後世史學分成多種說法，大約可以分成三者，一者為在輪船上認識，這種說法最為普遍，但難以查證是否屬實；二者是在一九〇四年，二十一歲的汪精衛與家鄉青年共團組織了群智社，此乃一讀書社團，以鑽研文學為宗旨，史料紀載，社團內有胡漢民之弟胡毅生加入，但胡漢民本人並未加入，也未有參與讀書研討會的資料，但作者認為，胡漢民與汪兆銘是在群智社內就已經認識的機會是相當大的；三者為在法政大學認識，這是最保守的看法，因為早在廣東時期，汪胡兩家便已經有些許之往來。

9 汪精衛，〈日本的正月〉篇，《正月的回憶》（由作者江仲淵自行翻譯）。

10 同前註。

11 師永剛，《大清朝的最後時光（一九〇〇～一九一〇）》。

12 〈胡漢民自傳〉《近代史資料》，一九八一年第二期，第二十九頁。

13 周德偉，《落筆驚風雨：我的一生與國民黨的點滴》，台北遠流出版公司，二〇一一年，第一九三頁。

14 雷鳴，《汪精衛先生傳》，第四十三至四十四頁。

15 林思雲，《真實的汪精衛》第一部分：為了革命奉獻一切。

16 同前註。

17 汪精衛自述，《汪精衛先生行實錄》，第二頁。

18 程舒偉、鄭瑞偉，〈第二章：《民報》主筆〉，《汪精衛與陳璧君》。

19 《徐志摩日記》，一九一八年十月一日。

20 同前註。

21 李宗仁，《李宗仁回憶錄》，廣西師範大學出版社，二〇〇五年。

第二章　為革命犧牲一切

同盟會分裂

一九〇八年末的中國發生了許多大事，光緒皇帝及慈禧太后相繼過世、幼小的溥儀被推上皇位等等……以及，同盟會陷入了前所未有的分裂。

同盟會自一九〇七年初至一九〇八年末，總共發起了六次武裝起義，可惜相繼失敗。同盟會以陶成章、章太炎為首的光復會人物開始質疑了以孫中山為首的掌權派，認為他們只會宣傳革命，而不懂得如何指揮革命。為了將孫中山等人拉倒，他們開始進一切心力抨擊孫中山，主要在兩個方面攻擊孫中山：第一是批評孫對於革命戰略的看法有誤，且不知修正，「辦事近於專橫，常令人難堪」[1]，第二是批評同盟會高層不公開革命經費的使用情況，不少人懷疑孫中山將經費收於自己的口袋。

其實，陶成章在還沒反孫前就已經與孫文發生多次衝突了，時常利用些金錢糾紛的伎倆來困擾孫文，但礙於大部分革命黨員都護著孫，所以沒有在檯面上反孫。然而這次不一樣了，革命黨黨員開始對於孫中山失望，陶成章見機不可失，意圖趁勢將孫文一舉扳倒，公開宣揚「革命前必先革革命黨之命」，以光復會為正統，貶低興中會、華興會的歷史地位，爭奪同盟會的領導權，同盟會就此陷入分裂。

當時陶成章任職《民報》總編輯，在分裂時期，他不滿《民報》的三大寫手力挺孫中山，更厭惡汪精衛總是靠著《民報》來替孫中山解釋求情，索性退出《民報》編輯部，請光復會成員張炳麟寫了份《偽民報檢舉狀》分送道南洋、美洲各地，使華僑對此產生反感。上頭是這麼說道的：「昔之民報為革命黨所集成，今之民報為孫文、汪精衛所私有，豈欲申明大義，振起頑聾，實以掩從前之詐偽，便數子之私圖。」[2]梁啟超、康有為等保皇黨趁著《民報》內鬨，不得反擊之際，在《新民叢報》與《南洋總匯報》上撰寫新文章抨擊革命黨高層，其中最具影響力的當屬這句：「徒騙人於死，己則安享高樓華屋，不過『遠距離革命家』而已。」[3]梁啟超的批評反響很大，在海外華人中掀起批評革命黨高層的運動。同盟會今年才剛打完欽州、廉州起義及河口起義，折損了一定比例的同盟會人員，正招募新血進入，但就因為梁啟超那一段話，使得同盟會成為眾人唾棄的「詐欺組織」，無人願意加入革命。

不久這場內鬨就開始抓起孫中山私生活的辮子，陶成章撰寫《孫文十四大罪狀》一文，以「殘賊同志」、「蒙蔽同志」、「敗壞全體名譽」等三種十四項「罪狀」要求「開除孫文總理之名，遍告海內外。」十四大罪狀的內容十分偏激，不但將孫中山刻劃成了對於革命同志的冷血無情的卑鄙小人，還在文章中接露孫在遭到日本政府施壓出走南洋前，曾經拿日本朋友贈與的兩萬餘日元（當時汪精衛兼職翻譯員時月薪不過六十元而已。）孫中山並沒有將那兩萬元全數交給同盟會，而是僅抽出兩千元資助《民報》，其餘一萬八千元就猶如石沉大海般不得而知了，此舉也使得《民報》經常經費拮據，面臨無法出版而停刊的困境。

在同盟會分裂時期，汪精衛被派往日本掌控秩序。他並沒有因《民報》無法出版而對孫中山憤怒，反而在孫中山倍受謾罵之際成為力挺的代表。汪精衛熟知孫中山的個性，知其不可能做出這種勾當，且這件事情實在是太難以調查了，同盟會在正常情況下是不會公開經費使用情形的，因此難以一言以概的說孫中山確實貪汙了。但也因為不公開經費使用的關係，使得陶成章在謾罵孫文時，挺孫的支持者們一時找不出證據來證明沒有貪汙。

作者認為：一萬八千元並不是一個小數目，孫中山如果真的把那一萬八千塊給私藏到自己口袋裡，那他之後為何要淪落至前赴美國作餐廳員工呢？再舉撥款《民報》為例，河口起義失敗後，六百餘名參加革命的義軍跑到新加坡躲避中大清追殺，這些人到新加坡後臨時找不到工作，大部分都要靠孫中山透支薪水養活他們，成為孫文最沉重的負擔，此時陶成章卻在此時找孫麻煩，要求撥款兩千銀元作《民報》經費，孫中山深怕撥款後會無法支出伙食費給河口起義的革命軍，只好將自己的手錶、衣物交給成章變賣。而要是孫中山有貪污的話，那為何要將自己生活的必須用品給賣掉呢？運用這兩項事件可以查證到，孫中山的貪汙真實性卻時確實不大，但如果沒有貪汙，那一萬八千元到底為何憑空消失呢？這就成為千古不解的謎案了。

反孫人士讓孫文的威信遭到極大折損。湖南派領袖黃興雖然拚命為孫文辯護，痛斥陶成章是「神經病之人，瘋人囈語自可不信，且有識者亦已責彼無餘地也。」[4]但是華興派的多數人搞不清孫文是否有貪汙，所以採取中間態度，坐觀廣東及浙江派互鬥。而中立派人物陳其美也曾在私下評價過陶成章「為少數經費關係，不顧大體，掀起黨內風潮，是誠可憾。」[5]汪精衛也批評過陶成章：「離間同志，其是一例。願諸同志慎之也。」[6]

而這場內鬨似乎是誰也沒辦法取勝，廣東派也試著跟浙江派和談，但浙江派始終強硬。在誰也推不動誰的情況下，光復會乾脆不替興中會做事了。光復會擁有大量讀書人、知識份子，在同盟會的地位舉足輕重，因此，正式會員數僅六十九人的光復會居然讓龐大的同盟會陷入停機的情況，形同一攤散沙。

行刺前的準備

在「遠距離革命家」和「倒孫運動」的夾攻下，對革命灰心和懷疑的人士大量出現，一時間使同盟會陷入了失敗的邊緣，一九〇九年的整整一年的時間因為對內無法撫平內鬨，對外無法招募新人，無法繼續發動革命起義。

汪精衛看到同盟會雙方居然因為自己的權力利益而四分五裂，十分哀痛，為了讓大家喚起對於革命的初衷，為了挽救同盟會，為了回應「遠距離革命家」是錯誤的判斷，汪精衛在一九〇九年初主動提出自己要去中國刺殺滿清高官，表示此行並不著重於暗殺計畫本身是否能夠成功，只求一死能挽回民眾對於革命黨的信心。

早在汪精衛在宣布自己將回國行刺前，曾經以暗示的手段在《民報》二十六期發表自己內心的志向，這是汪精衛在《民報》發表的最後一篇文章。在《革命之決心》一文，汪精衛寫下著名的「薪釜論」：

> 勇、德之貞者也。二者之用，各有所宜，譬之炊米為飯，盛之以釜，熱之以薪，薪之始燃，其光熊熊，轉瞬之間成煨燼。燃體質雖滅，而熱力漲發，成飯之要素也。釜之為用，水不能蝕，火不能熔，水火交煎逼，曾不少變其質，以至於成飯，其熬煎之苦至矣。斯亦成飯之要素也，嗚呼！革命

黨人將以身為薪乎？將以身為釜乎？亦各就其性之所近者，以各盡所能而已。革命之效果譬則飯也，待革命以甦其困之四萬萬人，譬則啼飢而待哺者。革命黨人以身為薪，或以身為釜，合而炊飯，俟飯之熟，請四萬萬人共饗之。

汪精衛認為，燒熟米飯所需要的一是薪，二是釜。薪燃燒自己化為灰燼；釜則默默地忍受水煎火烤。革命黨人的角色同此有二，一作為薪，為薪的人需要奉獻的毅力，甘心把自己當作柴薪，化自己為灰燼來煮成革命之飯；二作為釜，為需要堅韌的耐力，願意把自己當作鍋釜，煎熬自己來煮成革命之飯。

在同盟會分裂時期，汪精衛被派往日本掌控秩序，準備行刺前，汪精衛百感交集，撰寫《致南洋同志書》，以文字來道別在南洋認識的各個革命志士。其中寫道：「今者將赴北京，此行無論事之成否，皆必無生還之望」、「嗟乎！革命之責任，必純潔而有勇者，乃能負之以趨。非諸同志之望而誰望，願同志同心協力，固現在之基礎，努將來之進行，則革命之成功，猶如明朝旭日之必東升矣。弟雖流血於菜市街頭，猶張目以望革命軍之入都門（京師）也。」[7]在南洋的孫中山、胡漢民收到此信後表示非常反對，孫中山雖然並不反對用行刺清廷高官的形式來挽回和喚醒民眾對革命的信心，但顧及汪精衛是同盟會中非常難得的人才，更是雙方數一數二的親信，因此苦口婆心勸退汪精衛。然而汪精衛已經定下決心，又何以反悔呢？他公開威脅革命黨眾人，如果有任何人阻攔，自己就學陳天華蹈海自絕，自此無人再敢反對。

在日時期，汪精衛、陳璧君二人與同盟會成員方君瑛、曾醒、黎仲實合資出租了一棟套房，互相照應，並結為密友，汪精衛還與曾醒、方君瑛結為義姊，而曾醒、方君瑛與陳璧君結為姊妹，可見五人的關係非常親密，形同家人。當汪精衛表示要回國刺殺官員時，四位朋友一致決定要與汪一同前往行刺。

汪精衛認為同伴僅有室友四人，難以成事，於是又邀請多位在《民報》工作的同伴們加入刺殺行列，不過除《民報》經理黃復生外，無人回應。黃復生與汪精衛同歲，原名黃樹中，在留學時加入同盟會，曾受孫中山讚揚，被稱之為「第一個睜眼看世界的隆昌人」黃復生當時任職《民報》經理，論職位似乎比精衛高了一截，但是思想是不分自身的地位高低的，黃復生在閱讀《革命之決心》一文後感動不已，因而對汪說：「我也願作革命之薪。」汪精衛明白黃復生的意思，但如此心甘情願反而讓汪內疚了起來，連忙向前勸退：「復生，去行刺高官很有可能連……」黃復生沒等汪說完，便豪爽道：「我參加革命時早已立志為革命而死，事到如今還談什麼呢，這次就讓我們一起作革命之薪吧。」[8]此外，黃復生也邀請四川同鄉羅世勳加入刺殺，羅世勳亦一口答應。

暗殺組織已有七人了，但有六人全是僅握過筆桿子而從未握過槍桿子的文人，有三人甚至是女兒身，想要靠著他們刺殺滿親官員可說是癡人說夢。黃復生深知團隊的不足，推薦汪精衛再加入一人，炸藥老師——喻培倫。喻培倫是中國遊學生，畢業於大阪高等工業預備學校，進入大阪化學研究所，專攻化學。他是同盟會中唯一一人專攻化學的知識份子，「在我們之間擁有化學知識的，只有他一人」[9]，喻培倫著有《安全炸彈製造法》一書，教導革命黨人製作炸彈，黃復生也是其門下的學徒之一。同盟會非常珍惜喻培倫這等人才，從未將他用在死亡風險極高的起義上，僅將他留在日本研製炸彈，血氣方剛的培倫不願只在後頭做事，也想在前線立功，於是在收到邀請後，喻培倫爽快地加入到刺殺行動中。

當然，最堅決和汪精衛一起行刺的便是陳璧君，在準備歸國行刺前，汪的朋友們辦了場告別餐會，正當聊得正開心時，有一人仗著酒意，開玩笑地對璧君說：「你有一張英國臣民的護照，當然不怕死，到關鍵時刻，你把英國護照一拋，英國領事館自會來救你。」陳璧君聽完後立馬拿出護照，當場撕成碎片，滿座皆驚，其性格強硬、慷慨豪放可見一斑。

宋教仁曾將革命地區分為三大區塊。第一塊為邊疆地區，優點是清軍兵力稀少，容易在第一時間成功，缺點是要從南邊一路打到北京絕非易事；且南方地理環境不佳，不易聯絡，容易在起義成功後面臨孤立無援的窘境。第二塊為長江起義，優點是革命黨人眾多，缺點為清軍兵力亦為眾多。第三塊為京師地區，優點為擒賊擒王，起義如果能夠成功，那大清將會以最快的速度瓦解，缺點為有著最高密度的兵力，行動非常不便，極可能在起義前就被鎮壓了。

汪精衛最初選擇了低風險的邊疆革命。說到邊疆，汪第一個想到的便是數年未返的廣東省，那兒的最大的官為水師提督李準與兩廣總督張鳴岐，李準當年對汪精衛有識才之賞，曾將之命為家教，汪不忍刺殺他，於是鎖定兩廣提督張鳴岐。汪精衛等人搭船回廣東歸國行刺時，卻被廣東臥底的同盟會成員制止，他們表示廣州將要有新一次的武裝起義，為了不打草驚蛇，請汪放棄這個目標。於是汪精衛等人北上前往長江地區，圖謀刺殺更具知名性的大官——兩江總督端方，也就是慈禧的外甥。端方在兩江總督任內間曾大肆搜捕革命黨人，無數英雄好漢身送東市，革命黨人對他恨之入骨，如果刺殺成功，必使同盟會士氣大振、重新團結。恰巧端方這時奉命調往直隸（今河北省），於是汪精衛決定在端方下火車時炸死他。汪精衛、黃復生、喻培倫帶著炸藥趕到漢口，在大智門火車站做好了暗殺準備。誰知端方行動詭譎，突然改變北上路徑，由武漢取水道赴上海，改乘海輪去天津。汪精衛等人撲了空。說個題外話，汪精衛等人為了不浪費炸藥和鐵殼，捐獻給在地革命組織共進會，以利他們將來革命，而自己則與同伴悻悻返回。那顆炸彈後來交給了孫武，孫武企圖以拆解零件來做反向工程，沒想到卻處理不慎爆炸，將孫武炸成重傷。

幾經不順，汪精衛等人決定不再從邊疆、長江地區下手，而是直接去防衛最為森嚴的京師地區刺殺清廷要員，掀起更大的革命波瀾，為了不驚動官兵，汪精衛打算只讓自己與黃復生、喻培倫、羅世勳四人前去赴京。（陳璧君堅決不肯離開行刺行動，汪精衛只得再加一人）

在前往北京的前一夜，七位協助汪精衛行刺的友人惶恐地睡不著覺，卻故作鎮定，閉眼等待天明。汪精衛也睡不著，他知道直搗黃龍是九死一生，毫無生還可能，於是思念起在同盟會所認識的革命志士，汪最捨不得的就是曾與他一同研讀法學、一同加入革命的摯友胡漢民。汪在重返東京時期與胡漢民在南洋離別，至今已有兩年沒有相見，雖然曾有過短暫的書信往返，但知音的相思之情卻無法遏止。汪精衛行刺前沒有向胡漢民道別，就怕自己一看到胡漢民後起了後悔之心。但汪這次北上也無從後悔了，他選擇在此時提筆告別胡漢民。

想說的話太多了，卻不知從何說起，汪寫了又寫，覺得寫得不好，又將剛寫好的文章一卷一卷的揉毀。不知不覺，所攜帶的紙已剩一張，汪慎重拿起鋼筆，不得再有失誤了，在即將觸碰到紙張之際，汪停頓了幾秒，隨後用鋼筆用力地刺向自己的手指，頓時血流如注，還醒著的友人們全都嚇著了，只見汪不慌不忙地用手上的鮮血在紙上抹了兩行字：「我今為薪，兄當為釜。」胡漢民接信後，哭得暈了過去，據《胡漢民自傳》紀載：「胡氏懷此書數年，及辛亥光復廣州後，石錦泉部闖入水師公所，倉促中乃失此書，其後以重金購求，不復可得，其甚恨之。」[10]

目標：銀錠橋

一九〇九年初秋，汪精衛與黃復生先行入京，在東北園租了一處房屋，以其為據點先行偵查。隨後，喻培倫攜帶在香港購買的照相器材來到北京，在琉璃廠火神廟夾道胡同設立「守真照相館」作為掩護。開相館有兩個好處：研製炸彈時飄出化學藥劑味不會引人懷疑，暗室可以偷偷研發炸彈。元旦過後，汪精衛等開設的「守真照相館」正式開業。老闆是黃復生，喻培倫負責照像，其他人協助工作。新奇的攝影技術招來了好多好奇的觀眾，照相館開張後，顧客絡繹不絕，生意非常興旺，意外獲得許多革命經費。

一九〇九年九月，黃復生、喻培倫前往東京，將炸藥裝在棉背心裡，穿在身上帶到天津。一九〇九年十月，汪精衛到天津接應拿回炸藥的黃復生、喻培倫，三人的任務是將炸彈運進北京，然而北京火車站盤查極嚴，可不是向入境天津那樣把炸藥隨便藏起就能通關的，正當三人愁苦之際，同盟會及時派出一位女會員前來解救，她是鄭毓秀。鄭毓秀的父親是天津有名的國際性企業家，她本人也是受外國教育長大的，精通各國語言，經常出沒於外國名流之聚會，可謂是天津的知名交際花。鄭毓秀經廖仲愷介紹加入同盟會，這次廖仲愷特別寫信給鄭毓秀，要求她全力幫助汪精衛等人的暗殺行動。汪精衛平日接觸的都是陳璧君那樣的革命烈女，見到鄭毓秀這樣活潑開放、風姿綽約的交際花，自然覺得十分不自然。汪精衛說：「聽說最近北京的火車站盤查得很嚴。我們這些男人攜帶炸彈容易引起懷疑，想請你幫我們把炸彈帶入北京。不過這是一件非常危險的事，炸彈在路上一不小心就有可能爆炸。」鄭毓秀當即答應：「如果不會爆炸，還叫什麼炸彈？這事就交給我了。」[11]汪精衛是個相貌英俊的美少年，口條清晰，又精通詩詞文章，鄭毓秀對汪很是傾心，多次以教她作詩為藉口和汪精衛接近，汪卻極力避開和鄭毓秀的單獨接觸。汪精衛此時已經下定決心像柴薪那樣為革命獻身，早把男女私情置之度外，和鄭毓秀的關係從來沒有越過同志的關係。後來鄭毓秀感歎：「汪精衛真是少見的道學先生。」[12]

不久喻培倫傳來話：正月十五（一九一〇年二月十日）將帶鐵西瓜入京，請汪等人去前門車站接站。汪精衛和黃復生趕到前門站，見鄭毓秀挽著一位白人紳士的手悠然走出車站，這個白人是法國大使館的職員，曾一直追求鄭毓秀，這次鄭毓秀請他幫忙，他當然一口答應。白人紳士的手裡提著一個沉重的皮箱，裡面裝著炸彈，車站的警官看也沒看就讓他們走出了車站。當時外國人在中國有治外法權，大家都怕惹麻煩，不敢隨便檢查外國人的行李。

炸彈運到北京後，喻培倫和陳璧君也趕到北京，他們一起商量暗殺的具體計畫。按照汪精衛的計畫，本想炸死以貪污聞名的總理衙門大臣奕劻，可惜汪精衛等人在偵查後發現奕劻侍從如雲，戒備森嚴，無從下手，於是又轉換目標。汪精衛又聽說攝政王載灃的弟弟載洵、載濤兩貝勒剛在歐洲考察完，不久將回國，便決定在港口前刺殺他們。載洵、載濤回國之日，汪精衛、黃復生、陳璧君三人雇一輛騾車前往前門站，精衛和復生攜帶裝有炸彈的皮箱在車站門口等候，而璧君則在騾車上接應，以便隨時逃跑。三人在港口前等了半天，終於等到郵輪的到來了，可惜汪沒有想到當時清廷正搞廉政運動，載洵和載濤不擺架子，混雜在一般民眾中一起出站。由於出站的人群中戴紅頂子官帽的人極多，汪精衛和黃復生無法識別目標，更不想傷及一般民眾，只好終止暗殺計畫。

這次刺殺失敗後，汪精衛等人把暗殺的目標定為攝政王載灃，也就是溥儀的父親，大清帝國的實際管理者。汪吸取了上次計畫不周而失敗的教訓，詳細調查載灃的行蹤。醇親王載灃的醇王府在什剎海附近，載灃每天早上八點出王府，經過鼓樓大街從景山後門進入皇宮。汪精衛等人本準備在鼓樓大街的矮牆後投炸彈，但正趕上鼓樓大街修擴馬路，閒雜人太多，無法行動。他們後來注意到什剎海和後海分界處的一座小橋，名叫銀錠橋[13]，這是一座很小的橋，長度僅有十二公尺，站在橋上可以遠眺什剎海的寬闊水面，以及遠方青灰色的西山，景色十分詩意，在清時期就被定為「燕京十六景」之一，是為「銀錠觀山」。汪精衛等人當然毫無觀山雅興，此橋在疏於管理且冬季乾枯的情況下，底下僅有淤積砂土而無積水，且兩旁荒涼空蕩，僅有幾戶人家，不容易被發現。汪精衛決定事先將炸彈埋在銀錠橋下乾枯的河床，自己則躲在橋旁的小陰溝洞裡，等載灃過橋時用電線引爆炸彈。由於炸彈威力要強大到讓水泥製的銀錠橋炸裂、使過橋中的戴灃粉身碎骨，一旁的汪精衛也必受波及，與其同歸於盡。

一九一〇年四月二日晚間十點，暗殺行動正式展開了。

黃復生和喻培倫前往銀錠橋埋炸彈，留下汪精衛和陳璧君兩人在照相館外頭的小木凳坐著。陳璧君知道汪精衛明天將在爆炸中和載灃同歸於盡，這將是他們兩人最後的一夜。捨不得離別的璧君拉著汪精衛的手輕聲地哭泣，汪精衛原本想要安撫她的情緒，但他選擇收手。汪精衛堅持原則不接觸愛情，但他內心是深愛陳璧君的，他也知道陳璧君同樣深愛著他，但汪精衛越愛陳璧君，就越不想與她有所接觸，他不願看到陳璧君為了他而失去一生的幸福。汪精衛努力壓下和自己心愛之人的生死離別之情，只是默默牽著陳璧君的手，讓時間一分一秒地流逝。

不久後，喻培倫突然從巷口跑來，上氣不接下氣地說：「大事不好，有人看見我們埋炸彈了！」不久黃復生也跑回來說：「員警已經發現我們的炸彈了。」14

本來汪精衛以為在寒冬的夜晚人跡稀少，在寒冷的深夜行事不會有人發現。可惜天公不作美，有位中年男子肚子不舒服，正提著燈籠去外頭解放（一說為妻子與人私奔，所以前往外頭散心），一解下褲子便看到陰溝旁有幾幢人影，他感到好奇，將燈籠提起往陰溝一照，只見兩位陌生男子正埋著一顆斗大的鐵球與幾條電線，該人感覺到情況不對，慌慌張張的跑走前去報警。黃復生和喻培倫忽然看到從附近閃出一個黑影跑走，意識到他們的行動被人看見了，喻培倫先跑回去向汪精衛報告，而黃復生則在橋下挖出炸彈，毀屍滅跡，一會兒終於將電線與炸彈全挖出來了，此時一旁傳來急促的叫呼聲，黃復生知道清廷士兵到了，行動失敗了。他試著提起做案物品往照相館逃去，可是他是個書生，力氣不大，更何況要一次拿起鐵鍬、炸彈、電線。於是將相關物件全丟入汪精衛在執行刺殺時要躲藏的深坑中後，跑到銀錠橋一旁的大樹下躲著觀察，只見剛才那位大叔攜著兩位官兵走入橋下尋覓良久，卻不見人影，正當他們要回去時，一旁的小坑洞的突出電線吸引了官兵注意，他們從坑拿出了炸彈，黃復生失望歸去，時已午夜二時。

守真照相館的成員全部到齊，在暗室中點了一盞蠟燭，大家圍著燈席地而坐，神情嚴肅的討論著之後的行動，喻培倫建議：京師的眼目非常多，遲早會被發現，現在立即離開北京，還來得及逃過清廷的追捕。汪精衛表示：員警未必能查出來是我們幹的，但為以防萬一，你們還是出國吧，我必須留著，照相館總要有一人繼續待著才不會引人懷疑。陳璧君十分不捨，執意要與汪一同留在北京，此時黃復生表示：陳璧君父母健在，不能做這事，我與羅世勛願與兆銘一同留著。最後會議結論為：喻培倫回日本購買炸藥和器材；陳璧君回南洋募款；通知黎仲實到南洋總部匯報並請示下一次行動方案，到廣東、南京等地籌款；汪和黃復生、羅世勛留守北京接應，準備再舉。

第二天北京各大報紙都登出了銀錠橋下發現炸彈，有人想行刺攝政王的新聞，不過報紙上的分析卻都認為這是清廷內部的勢力鬥爭。有人說炸彈中包炸藥的報紙寫有倫敦字樣，而載洵和載濤正好剛從倫敦回來，很可能是他們搞的暗殺陰謀；也有人分析認為是慶親王想篡權的陰謀，但沒有一篇新聞懷疑到革命黨，使汪等人大為安心，開始策劃下一次行動。

然而，汪精衛等人卻中了清廷的計謀。清廷軍警發現炸彈後，立即明白是革命黨所為。為了防止暗殺者們逃跑，清廷故意向新聞界放出朝廷內部暗鬥和兇手已經捕獲的小道消息，使暗殺者們安心留在北京。清廷官兵拆開炸彈後發現炸藥是外國制，但鐵殼卻是新得發亮，推測是近期製作的。於是警探到北京市內各個銅鐵店調查，騾馬市大街的鴻太永鐵鋪認出鐵殼為該店所作，是守真照相館的老闆要求他們作的。原來，當時從日本引進來的炸彈的炸藥裝載量太少，威力不夠爆破銀錠橋，於是喻培倫又請黃復生去鴻太永鐵鋪訂做一個可盛五十磅炸藥的鐵罐，刺殺計畫也因此留下蹤跡。

警探開始監視守真照相館，此時正好趕上照相館搞裝修，一些密探混入裝修工人中，從守真照相館中盜出了革命黨的機密檔案，發現這次暗殺正是革命黨所為，首謀就是清廷出十萬兩白銀懸賞人頭的朝廷欽犯汪精衛。

同盟會的老牌臥底白逾桓看不下去汪精衛繼續冒險留守，來到守真照相館催促他們快快逃走，表示偵察機關已全部出動，不可能不懷疑到這裡。汪精衛和黃復生聽完此話後深感不安，正躊躇是否離去。警方放出假將消息，宣稱在蘆溝橋抓獲什剎海炸彈案的案犯，使得汪黃二人心防鬆懈，卸下防備。

一九一〇年四月十六日，數名官兵衝入守真照相館，一舉捕獲汪精衛和黃復生、羅世勛。

審判入獄與無期徒刑生涯

謀刺攝政王是一個大案，民政部尚書肅親王善耆親自審理此案。肅親王是大清八大「鐵帽子王」（世襲王爵的俗稱）之一，但其言行卻不守舊，還曾極力贊成清廷立憲，是當時清廷中少數有遠見的人才。肅親王在閱讀從汪精衛身上搜繳的三篇汪精衛的親筆手稿《革命之趨勢》、《革命之決心》、《告別同志書》之後，感到感慨萬分，問汪精衛為何帶此，汪回答：「這些文章從前用墨寫成，今則想以血寫之。」[15]

肅親王非常佩服汪精衛的人品見識，更佩服汪精衛為革命獻身的精神。肅親王回頭看看大清門下，又有多少人能為了理想而付出一切？對汪精衛的同情心理因此油然而生，據說在審案期間，肅親王曾對汪戲言：「如果我不是出生在王族，我早就加入革命黨反叛朝廷了。」[16]

由於清廷已經宣布預備立憲，一九一〇年四月二十五日清廷法部按照文明國家之法，開庭審理「銀錠橋行刺未遂案」。庭中炸彈、電線等物證排在一塊，在生死關頭，汪精衛面不變色，在被告席上昂首挺胸，肅親王還未開口，汪便義正嚴詞地承認自己的所有罪狀，並大聲宣讀即時寫成的四千餘言的供詞，解釋中國非實行革命，作根本上的解決，必無振起的希望。謂：「汪兆銘，別號精衛。前在東京留學時，曾為《民報》主筆，生平宗旨，皆發之於《民報》，可不多言。丁未年孫逸仙起事時，兵敗後攜炸藥軍器等出。我潛以此等物件，納入書篦內，寄存友人處。後復在南洋各埠演說，聯絡同志。繼思於根本之地，為振奮天下人心之舉，故來。供詞痛斥了所謂今日中國已立憲矣，何猶思革命而不已立保皇言論。指出，今號稱立憲，而其目的在於鞏固君主之大權，是其強權較昔加厲，清政府終為民族、民權兩主義之敵。並痛述中國在國際上已面臨一亡而不可複存，一弱而不可複強之局面。此情尤令人驚心怵目，而不能一刻以安。今之中國非於根本上為解決，必無振起之望。慷慨激昂，痛斥清廷侈談立憲的極端虛偽。……。」[17]

再審判過程中，汪精衛在法庭上不但沒有招供同黨，反而和黃復生爭著說自己是行刺的主謀，希望為對方減輕刑罰，使肅親王意識到：革命黨的行刺目的就是為了玉石俱焚，殺了他們不但威嚇不了革命黨，還只會讓革命黨更加激進。肅親王決定將其二人免死，但攝政王載灃可不同意了，他主張照《大清律》立即將汪黃二人滿門抄斬，還好肅親王在苦口婆心的勸說下，攝政王最終同意免死，批諭：「我國正預備立憲，該生等係與政府意見不合，實不知朝廷軫念民庶情形，宜以漸進，徐圖改良國政。該生等躁急過甚，致陷不軌之誅，日後當知自誤也。此與常罪不同，為國罹罪，宜從寬典。」[18] 四月二十九日，宣統皇帝發布上諭：「汪兆銘、黃復生，著交法部永遠牢固監禁，羅世勳著牢固監禁十年，餘依議，欽此。」[19] 三十日，汪精衛、黃復生由民政部內總廳解往法部監獄（北監）關押，開始了鐵窗生涯。

汪精衛接到免死的判決時的心情是非常矛盾的，他一心求死，卻未能得死，憤而寫下「一死心期殊未了，此頭須向國門懸」的慷慨豪語；但另一方面，汪精衛又對肅親王心存感念，無法忘懷，數十年後曾這樣說道：「救我命的是肅親王……我的能免一死，也許有一種政治的作用；但是，我每回憶到這個時候的事，總能想到這位清朝末期的偉大政治家。」[20]

入獄期間，肅親王善耆多次到獄中看望他，想藉機做汪的思想改造，希望能為己所用。但結果是，兩人的談話每次都如一場辯論比賽，但二人旗鼓相當，誰也說服不了誰。據《汪精衛與陳璧君》所記載，兩人曾有這番對話：

肅親王說：「汪先生在《民報》的篇篇大作，我都拜讀過。汪先生主張中國必須自強自立，改革政體，提倡民眾參政，效法西方立憲，這些與朝廷的主張都是一致的。目前朝廷正在籌辦預備立憲，建立國會讓民眾參政議政，這些不正是先生所爭取的革命目標嗎？」

汪精衛反論說：「我們革命黨人所主張的絕不是立憲，而是要推翻封建專制，實行三民主義。親王既然讀過汪某在《民報》上的文章，對汪某的革命主張應有所瞭解。」

肅親王說：「你們革命黨的確有很多傑出的主見，但你們也應該認真傾耳聽聽我們的看法。說實話，我認為三民主義是一種見識褊狹的理論，不能成為今後中國的指導理念。為什麼要宣揚滅滿與漢？這樣宣揚民族仇視能夠使中國實現五族協和嗎？為什麼要搞平地起風波的流血革命，我們不是已經答應實行憲政，讓各種政治主張都有實現的機會。用和平的憲政方式來實現自己的政治主張，不是比用多量人命財產損壞的革命方式來實現自己的政治主張更好嗎？鄰國日本不正是君主立憲的成功榜樣嗎？」

汪精衛反論說：「我們主張革命的時候，很多人用日本君主立憲成功的事例來反對革命。但日本明治維新，是西鄉隆盛用武力從幕府手中奪來的政權，絕不是幕府微笑著把政權交出來的。現在中國搞君主立憲，並不能解決長年的腐敗弊害，而且把國會作為民權的支柱不過是一種幻想，國會只不過是君主的傀儡走狗而已。只有民主革命才是救中國的唯一道路。」

肅親王說：「中國的政治十分複雜，各種民意紛纏不一，改革政體豈能操之過急？螳螂在前，黃雀在後，列強不是在覬覦著我們嗎？不忍不謀則亂，還請汪先生三思。」

當年，汪精衛正值二十八歲，肅親王卻是初老的四十五歲，思想上雖然背道而馳，誰也說服不了誰，卻互相產生了敬佩之心，汪精衛曾回憶：「他常常到監獄中來，與我談論天下大事。」肅親王經常對汪實行思想改造，以便將來蔚為己用，但汪精衛的意志卻從未動搖：「肅親王為使我拋棄革命的決心，用盡了種種方法，曾經有一次，把我帶到法場上，逼迫我變更革命的決心。」[21]肅親王原想說降汪精衛為清廷效力，但見汪精衛革命志堅，也就沒有再為難汪精衛，兩人之間的關係也從政敵，轉變成近似朋友的關係了。

在海外，汪精衛的犧牲得到了應有的反響，同盟會又重新團結在了一塊。同盟會在東京總部和世界各地的支部開始發起營救汪精衛的行動，胡漢民親自奔走各地為營救汪精衛演講籌款。通過營救汪精衛的活動，陷於分裂的同盟會內部開始彌合，也使民眾重新認識到革命黨的決心，對後來辛亥革命的成功起了十分重要的作用。孫中山在紐約得知汪精衛被捕的消息時喟然長歎道：「昨汪精衛先生在北京謀炸載灃失手，不幸被捕，已被監禁，將來必無倖免，此及無異斷吾臂也。」[22]又對眾黨人說：「以前在國內失敗，多次猶處之泰然，汪先生今下正如探虎地獄而超眾苦，所做去的難，留回易的於我做矣！此後惟有希望你等繼汪先生未竟之志便是。」[23]六月五日，在致紐約同盟會的信中又說：「精衛君往北京，身入虎口，欲有所圖，不幸事敗被拿。昨日得接香港漢民君來電云『精永禁』，蓋精衛君已被虜廷永遠監禁也。虜之不殺，想有顧忌而不敢也。」[24]革命黨內除陳璧君外，最悲痛是胡漢民，當他初聞汪精衛被捕，以為必死無疑，極為悲痛，特作《在星洲得港訊知精衛等失陷》悼之。其詩云：

挾策當興漢，持椎復入秦，問誰堪作釜，使子竟為薪。

智勇豈無用，犧牲共幾人，此時真決絕，淚早落江濱。

汪精衛在行刺之前被稱作是孫中山的三大心腹之一，與黃興、胡漢民並駕齊驅。在刺殺行動結束後更是提高了孫中山對他的信任，使汪精衛在孫中山逝世前地位躍升為一人之下，萬人之上。

汪精衛在獄中無事可做，十分無聊，好在肅親王十分慷慨，不久便叫人搬來了桌子椅子，贈送汪精衛數本古書，還予以筆墨紙硯和一疊紙稿，讓他抒發心中苦悶。汪精衛獄中寫出了多首詩作，最有名的一首為《被逮口占》：

街石成癡絕，滄波萬里愁；
孤飛終不倦，羞逐海浪浮。
詫紫嫣紅色，從知渲染難；
他時好花發，認取血痕斑。
慷慨歌燕市，從容作楚囚；
引刀成一快，不負少年頭。
留得心魂在，殘軀付劫灰；
青磷光不滅，夜夜照燕台。[25]

作者認為，葉嘉瑩《汪精衛詩詞中的精衛情節》雖然口語化，卻是《被逮口占》的最佳解讀：「啣石成癡絕」。「啣石」指的就是填海的精衛鳥。就如李商隱說的，「何日桑田懼變了，不教伊水向東流」，你能夠讓滄海變成桑田嗎？所以汪精衛說「啣石成癡絕」，你能夠挽回這個東流的逝水嗎？你這個精衛的小鳥，想啣著一個一個小石頭去填那個滄海，你填得了嗎？然而填得了填不了是一回事情，我有這種理念又是一回事。所以「啣石成癡絕」，那真是「痴」啊！有這種理念的人當然是傻瓜了，你抱著一個你自己要追求的理念，而你能不能成功是淼不可知的。你要填的是滄波萬里的大海，所以「滄波萬里愁」。「啣石成癡絕，滄波萬里愁。孤飛終不倦」你們大家都不肯做那個傻瓜的精衛，你們大家都不肯啣那個石頭去填海，所以我是孤獨的，可是我「終不倦」，我不懈怠、不停止，「羞逐海鷗浮」，海鷗怎麼樣？海鷗到處追逐食物，船上有食物，牠就站在船上的桅杆上；海邊上有食物，牠就落在海邊上。而我精衛是恥於這麼做的，所以「孤飛終不倦，羞逐海鷗浮。」第二首，「姹紫嫣紅色，從知渲染難。」姹紫嫣紅的這麼美麗的顏色，你是用什麼顏料把它染出來的？他說「他時好花發，認取血痕斑。」將來有一天那麼美麗的紅花開出來，那是多少仁人誌士用他們的鮮血染成的。第三首是最有名的一首了：「慷慨歌燕市，從容作楚囚。引刀成一夥，不負少年頭。」少年人都容易感激奮發、激昂慷慨，所以「慷慨歌燕幣，從容作楚囚」，我現在被捕了，但我不畏懼，我會從容赴死，為我的理想付出生命；「引刀成一快，」斬首對我來說是一種痛快，因為這是在成全我、完成我的理念，所以，「不負少年頭」，我為了理想、為了革命、為了國家而犧牲，我覺得這是值得的。第四首：「留得心魂在，殘軀付劫灰。青燐光不滅，夜夜照燕台。」我雖然死了，但是我的心魂還在，我的身體就變成劫後的寒灰，我的骨頭的那個磷火不會消滅，每夜都要照在當時的燕京。

正如史學家林懷青所道：「詩詞本來是世界上最柔弱無力的東西，但當其觸動民眾的心房時，其力量卻勝過千軍萬馬。」此詩從獄中傳出後，立即被許多報紙爭相轉載，其中最為著名的方為這句「引刀成一快，不負少年頭」，成為了當時革命青年們廣為傳頌的詩句。後來溫生才決意刺殺廣東將軍孚琦時，在行動前留給南洋友人的絕筆信中，就以汪為榜樣，表達希望能步其後塵的心願。當汪在獄中得知溫生才遇難後，寫下「長記越台春欲暮，女牆紅遍木棉花」的詩句，以示感懷。木棉花又叫英雄樹。汪以木棉花隱喻革命者，傳達出革命黨人血染天涯的悲壯豪情。

汪精衛女婿何孟恆曾道：「要了解汪精衛其人與其政治思想及理念，只要去讀他所寫的詩與文章。特別是《革命之決心》及《述懷》兩篇為探討汪精衛一生為人行事之必讀。」作者認為《被逮口占》雖然名滿天下，然而有得必有失，過於慷慨激昂的文章，難以從中窺知汪精衛的思想及感性的一面，而在《述懷》中，汪精衛敘述其學養及獻身革命的心路歷程，充分表現出其革命理念及心跡，以下是《述懷》原文：

形骸有死生，性情有哀樂。此生何所為，此情何所託。
嗟余幼孤露，學殖苦磽确。蓼莪懷辛酸，菜根甘澹泊。
心欲依墳塋，身欲栖巖壑。憂患來薄人，其勢疾如撲。
一朝出門去，萬里驚寥落。感時積磊塊，頓欲忘疏略。
鋒鋩未淬厲，持以試盤錯。蒼茫越關山，暮色照行橐。
瘴雨黯蠻荒，寒雲蔽窮朔。山川氣凄愴，華采亦銷鑠。
愀然不敢顧，俯仰有餘怍。遂令新亭淚，一灑已千斛。

回頭望故鄉，中情自惕若。尚憶牽衣時，謬把歸期約。
蕭條庭前樹，上有慈烏啄。孤姪襁褓中，視我眸灼灼。
兒乎其已喻，使我心如斫。沈沈此一別，賸有夢魂噩。
哀哉眾生病，欲救無良藥。歌哭亦徒爾，搔爬苦不著。
針砭不見血，痿痺何由作。驅車易水傍，嗚咽聲如昨。
漸離不可見，燕市成荒寞。悲風天際來，驚塵暗城郭。
萬象刺心目，痛苦甚炰烙。恨如九鼎壓，命似一毛擢。
大椎飛博浪，比戶十日索。初心雖不遂，死所亦已獲。
此時神明靜，蕭然臨湯鑊。九死誠不辭，所失但軀殼。
悠悠檻穽中，師友嗟已邈。我書如我師，對越凜矩矱。
昨夜我師言，孺子頗不惡。但有一事劣，昧昧無由覺。
如何習靜久，輒爾心躍躍。有如寒潭深，潛虬自騰轢。
又如秋飇動，鷙鳥聳以愕。百感紛相乘，至道終隔膜。
悚息聞師言，愧汗駭如濯。平生慕慷慨，養氣殊未學。
哀樂過劇烈，精氣潛摧剝。餘生何足論，魂魄亦已弱。
痌瘝耿在抱，涵泳歸冲漠。琅琅讀西銘，清響動寥廓。

汪精衛的詩詞因政治等關係，鮮少人願意解讀，特別是長篇詩稿，因其文筆高深，大量使用國學典故，深難字詞為數眾多，致使有興趣者也避而遠之。作為少數了解汪精衛的後人，何孟恆曾將《〈述懷〉〈一九一〇〉，何孟恆以廣東話朗誦並解讀》一錄音稿公開捐獻至汪精衛紀念託管會，使長篇詩稿《述懷》得以解讀：

人的軀殼有死有生，性情亦有偏向悲觀或是樂觀的。究竟我這一生做什麼呢？我的精神，我的性情，又依託在什麼之上呢？死生在一個人的軀殼上，而從另外一方面想，在軀殼之外，不是「死生」兩個字可以管制到的。

我哀嘆自幼就孤苦無依（汪精衛在十三歲時母親去世，父親於一年後亦隨他而去），學問的滋長就如同植物生長在貧瘠的土地上般困難。（何註：這表示作者自己的學問沒有進步，沒什麼好，這是他自歉的話。）時常就好像《詩經》裡蓼莪的孝子，沒辦法好好的孝養父母一樣的懷念雙親，滿肚辛酸。而自己只想過些淡薄普通的日子，已經很足夠了。

我的心只想留守在父母的墳墓旁邊，棲身在荒野的山岩洞穴之中躲起來，不期望有什麼大的作為。但人間的憂患卻突然來侵擾我的心，來勢之快就好像一下子撲到你身邊一樣猛烈，一樣急促。到有一天我不得已離開家門的時候，才發覺這個世界原來是如此大，如此廣闊。因為人不能夠和世界分開，感觸到紛亂國事的時候，心胸自然會好像積藏了石塊放不下一樣不安，將心中本想好了的辦法和思路都搞亂了。

因為我自己沒有什麼學問，只有如未經過淬水和磨鍊的刀鋒，在盤根錯節的困境中試一試。

天未亮就越過了關口和高山，直到黃昏時暮色照到我的行囊時才作罷。去到所謂有瘴氣和霧雨的南方，和被烏雲所蔽屏的寒冷北方。一路見到高山河川的氣勢都顯得淒涼悲愴，本來華麗的姿采亦消失殆盡。這無非是因為感受到當地人士淒慘的情形。

見到這些情景就很不開心地不敢多看一眼，一俯首一抬頭都有很多令我覺得慚愧的。因為看到山川的淒慘都與我有關，於是不知不覺流出了達到千斛之多的「新亭淚」，即是《世說新語》形容南渡晉人聚集在高高的新亭北望，懷念故國而悲傷痛哭的典故。（當時有人批評，哭有什麼用？應該大家有澄清天下之志才對。）回過頭來看一看自己的故鄉，回憶當初離開的情形時，心中充滿著憂懼。還記得臨別時拉著家人衣袖依依不捨，只好隨便約定一個歸家的日子。

記得家中庭院前有棵樹，蕭蕭條條的，上面有一隻慈烏，是一種會反哺的烏鴉，好比父母養大我們，到老的時候我們會照顧他們一樣。（何註：作者用這個譬喻來形容自己蕭條的家庭內，自從他母親一早去世後，撫養他大的就他的嫂，他早死的二哥汪兆鋐的寡妻。）她的一個還在襁褓中的兒子（名彥芳）眼光盯著我，好像已經明白了真相，知道我歸家的話，只是隨便說的。想起來，這個情形令我的心好像刀砍一樣悲痛。於是自此一別就如石沈大海，將來只有在夢中驚醒想起寡嫂來，還希望有機會能像慈烏一樣反哺她，也想起我侄子問我什麼時候會回家碌碌的眼光。為什麼會這樣呢？因為全國的人民都在生病受苦，我想救他們又沒有好辦法。即使放聲高歌、大哭亦無補於事，抓撫也總搔不著癢處。用針用石去醫都無法正中病徵的所在。痿縮麻痺的人體如何才能重新活動起來呢？於是想到易水之事，嗚咽之聲一如以往。即是荊軻的故事，太子丹因為沒有其他辦法，所以要找荊軻行刺秦皇，替他報復秦皇無禮、侵略的事。

（何註：作者在此借用荊軻的故事來形容自己在逼不得已的情形之下，要用行刺攝政王的手段。如荊軻行刺秦皇一樣，希望以一擊之下，振奮人心。荊軻本來是想和他的朋友高漸離一起去行刺秦皇的，結果高漸離趕不及沒有到，只有找秦武陽同去。到了燕市〔即北京〕見到很落寞的樣子，沒有很多人幫忙的情形。這是形容這件事不是很多人贊成，很多人知道的。這是非常危險，很少人做的事情。）

覺得北京當時天邊襲來悲苦之風，城郭也變得陰暗。這個情形令我覺得很難過，痛苦比受炮烙酷刑更難受。恨意就像九只鼎（用來祭祀金屬造，很重的的盛器）壓著那麼重。比較起來，自己的生命算得什麼？一個人喪失的生命只是一條毫毛這般輕。（何註：以下作者引用典故來比喻自己行刺攝政王之事：張良因為自己沒力量，找力士用大椎在博浪沙飛擊秦皇，只中旁邊的副車，好比自己行刺攝政王並無成功一樣。）結果引來逐家逐戶長時期的搜索。我的初心雖然得不到結果，但因為此舉目的在振奮人心，我亦死得其所。這時候我的精神和心智都非常寧靜，即使面對燒紅了的油鑊，我的態度仍是相當蕭閒的。即使再死九次我都不會推辭，因為所失者只是我的軀殼而已。（何註：這裡回應了這首詩開始的「形骸有死生」，意謂自己精神不死，並無喪失。）

在監獄中悠長的時候，我的良師益友離我很遠。只有我的書好像老師一樣，指引教導我。昨夜這老師（即書本）曾對我說，其實你做事是挺不錯的。只有一事卻相當差勁，有一個道理你總是弄不明白。你本來已經靜靜地練習自己的修養很久了，為什麼這樣容易就心動呢？就好像在一個很冷很靜的深潭裡，藏匿著一些會突然翻騰跳躍的小龍。又好像吹起秋風的時候，鷹和鷲這類猛禽受到的驚愕一樣。所有的感觸隨時都能侵犯你平靜的心，這就成為了你修成最高境界的隔膜。

聽到老師的話我大吃一驚，感到慚愧而汗流浹背。不錯，我一生都仰慕慷慨悲歌的人物，但真正的修心養性卻未有學好。（何註：其實這是作者自謙而已，因為老師都曾經說過他已經靜靜地練習修養很久了，這是不容易做得到的。）一個人的性情大喜大悲而過於劇烈的話，精神氣概就會漸漸喪失消磨。剩下來的生命又算什麼呢？這樣下去，魂魄精神亦變得薄弱。

世人的病痛時常都記掛在我心胸之中，我要在很空虛廣闊的地方來修養。我琅琅地讀西銘（西銘是北宋哲學家張載的著作，提出了民胞物與的大同理想），這讀書聲好像在很空闊的地方都得到回應。

汪精衛的迷人之處不在於相貌，而是他的文學造詣極富水準，但這項優點卻被刻意掩蓋掉了。《被逮口占》、《述懷》是汪精衛一生中最富盛名的詩詞，然而因政治因素，許多人雖然能吟誦出「引刀成一塊，不負少年頭」的壯志豪語，卻不知道原來這句話是汪精衛所說。正如葉嘉瑩所說：「汪精衛詩詞藝術造詣出類拔萃，在近現代中國屬最有代表性的詩詞名家之一。多年來，因為「漢奸」罪名，《雙照樓詩詞藁》一直未能在海內外中國人社會得到廣泛重視。」此話不虛，自國民政府撤退來台後，兩岸史學家皆不看重《雙照樓詩詞藁》，直到近代（二〇〇二年），臺灣才首次出版關於汪精衛詩詞解讀的書籍。

監獄中的生活是艱苦的，據汪精衛《正月的回憶》中文翻譯：「一九一一年的正月，在北京的鐵窗下過的，那時的監獄正在改善囚犯待遇，比起以前要人道的多了，但是，我的腳還是上了鐐銬。每天的三餐是一碗黴變的陳米，和鹹蘿蔔一碟，清湯一杯，每五天吃一次豆腐。……當時我還是正值茁壯的青年，因此經常鬧肚餓荒。一年有三次能夠吃肉，分別是端午，中秋及元旦。尤其是元旦，每個人可以吃一斤肉。

在獄中的正月時，我能忘卻一切，貪婪的吃肉。」

在南洋籌錢策劃下次刺殺行動的陳璧君在報紙上得知汪精衛被捕後非常著急，整天以淚洗面，為了籌措營救汪精衛等人的經費，陳璧君、黎仲實來到新加坡，會見胡漢民等革命同志，大家相對落淚，表示嘆息。胡漢民召開同盟會分會會員會議，提議拯救汪精衛，但會員大多沉默不語，氣得胡漢民拂袖而去。大家雖四處募集經費，但經費仍然不足。胡漢民曾回憶：「璧君偶言：『無巨金則所事更難，近來籌措無術，聞人有以博勝致富者，我等童不為孤注一擲，為精衛兄，當亦無所惜。』餘大然其說，即借璧君，佩書往澳門博場」。[26]陳璧君剪去長髮扮作男子，與胡漢民一同假扮富豪，去了澳門賭場。澳門當時已是東方有名的賭城，除專門賭場外，不少旅店也設有賭場，賭的方法更是五花八門。這些賭場都由黑社會所控制，他們相互勾結，從中搗鬼，外人是贏不了的，即使贏了，錢也很難帶出賭場，外人進去只有輸光為止。陳璧君和胡漢民等人根本不諳此道，不知深淺，貿然闖入，結果將帶來的百金輸光，狼狽而歸，反倒增添了更多煩惱。

陳璧君為營救汪精衛四處奔波，汪精衛在獄中也思念陳璧君，專門寫了一首憶陳璧君的《秋夜》詩：

落葉空庭夜籟微，故人夢裡兩依依；
風蕭易水今猶昨，魂度楓林是也非。
入地相逢雖不愧，擘山無路欲何歸；
記從共灑新亭淚，忍使啼痕又滿衣。

此詩後來發表時，汪精衛寫有附記道：「此詩由獄卒輾轉至冰如（陳璧君）手中，冰如持歸與展堂（胡漢民）等讀之，伯先（趙聲）每讀一過，輒激昂不已，然伯先今已死矣，附記於此，以志腹痛。」一九一〇年冬，陳璧君不畏生死，冒著生命危險決定帶領幾位親信前去北京營救汪精衛。臨行時，胡漢民為其送行，並誦葉清臣《賀聖朝》詞雲：「不知來歲牡丹時，再相逢何處？」眾人相對泣下，不勝悲壯。陳璧君等到北京後，異想天開的策劃挖地道劫獄，打算一直挖到刑部大牢，用地道戰解救汪精衛。一行人雖然拿著鏟子興匆匆的跑到了京師，誰知到達後大部分友人皆害怕得紛紛歸去。悲憤交加的陳璧君什麼法子都救不了心上人，眼看前赴北京的革命經費已經見底，陳心情鬱悶至極，在一日嚴冬風雪的深夜，陳璧君將她在北京的所剩不多的盤纏集合在了一塊兒，偷偷賄賂了一名監獄大門站崗的士兵，懇求他幫忙將定情之物交給汪精衛。

午夜時分，獄卒悄悄給汪精衛塞了個青布覆蓋的木藍，頭也不回地走了，汪很是疑惑，一掀開青布，原來只是十顆雞蛋。這是誰送來的雞蛋呢？汪精衛拿著雞蛋仔細端詳了半日，只見一顆雞蛋上寫著一個小小的「璧」字，內藏有書信一封，上頭僅見「忍死須臾」[28]四字。汪精衛悲喜交集，原來是陳璧君冒死來北京來救自己了，他忍不住流出了眼淚，抱著那籃雞蛋睡了一夜。

第二天夜晚，那位獄卒又悄悄來到汪精衛的囚房說：「你有什麼話想說，我會轉給送你雞蛋的那個人。」汪精衛感情激蕩，心中有太多話說不出口，只好將這些思緒寄託在詩詞之上，作一首《金縷曲》送陳璧君：[29]。

別後平安否？便相逢淒涼萬事，不堪回首。國破家亡無窮恨，禁得此生消受，又添了離愁萬鬥。眼底心頭如昨日，訴心期夜夜常攜手。一腔血，為君剖。

淚痕料漬雲箋透，倚寒衾循環細讀，殘燈如豆。留此餘生成底事，空令故人潺愁，愧戴卻頭顱如舊。跋涉關河知不易，願孤魂繚護車前後。腸已斷，歌難又。

汪精衛在《金縷曲》後面，寫上了五個大字：「勿留京賈禍」[30]，要陳璧君趕緊離開危險的北京。過了幾天，汪精衛收到獄卒轉來的陳璧君的一封信，陳璧君在信中說：「我們兩人雖被牢獄的高牆阻擋無法見面，但我感到我們的真心卻能穿過厚厚的高牆。我將遵從你的忠告立即離開北京，不過在此之前有一件事想和你商談。你我兩人已不可能舉行形式上的結婚儀式，但你我兩人從現在起，在心中宣誓結為夫婦，你看好嗎？」[31]

汪精衛是一位被判無期徒刑的囚人，依照當時的法規來說，根本沒有能假釋出獄的機會，唯一可以盼望自由的那天，只能是革命勝利的那一天，但這天什麼時候才會來呢？是十年？還是二十年後？也許他見到陳璧君的那一天，雙方已是鬢絲禪榻的垂暮之人，也許他們永遠見不到對方了。汪精衛為陳璧君的貞堅所動容，滾滾淚水滄然落下，他咬破手指，以鮮血寫上：

「諾。」

陳璧君接到汪精衛的血書哭了三天，經過了多年的相輔相依，汪精衛終於明白了自己的真情了。陳璧君按照汪精衛的話，離開北京前往南方參加革命。而陳璧君的來書存之不能，棄之可惜，汪精衛最後竟嚼而吞之。[32]

孫中山見陳璧君等營救團隊劫獄未果，來到檳城招集黃興、胡漢民等人開會商討。孫中山對胡說：

「我知子等謀營救精衛，我意再起革命軍，即所以救精衛也。夫謀殺太上皇而可以減死，在中國歷史亦無先例，況於滿洲？其置精衛不殺，蓋以革命黨之氣所懾矣。子亦嘗料滿洲必覆，則何不勸仲實、璧君諸人集中致力於革命軍事，而聽其入京作無益之舉，忠於感情，而失卻辨理力，我不意子亦如是也。」這就是說，只有發動革命軍起義，取得革命勝利，才是營救汪精衛的最好辦法。胡漢民接受了孫中山的意見，立即通知在北京的陳璧君等人返回香港，預備響應廣州起義。

一九一一年四月二十七日，黃興率領百餘名革命黨精銳隊員突襲兩廣總督署，不料起義不順，兩廣總督張間白在第一時間便翻牆逃跑了。大清援軍立即趕到，而起義軍卻因為聯繫問題而無法及時增援。如此不對等的戰局讓起義僅僅三天便宣告失敗。喻培倫等壯士被俘後，被公開處斬在廣州菜市街頭。此次事件讓大清獲得了大勝，汪精衛在報上得知起義失敗，胡漢民在起義中犧牲後，悲痛作詩悼其友：

《辛亥三月二十九日廣州之役余在北京獄中聞展堂死事為詩哭之才成三首》[33]

馬革平生志，君今幸已酬。卻憐二人血，不作一時流。忽忽餘生恨，茫茫後死憂。難禁十年事，潮上寸心頭。

落落初相見，無言意已移。弦韋常互佩，膠漆不曾離。杜鑴朝攜處，韓檠夜隊時。歲寒樂相共，情意勝連枝。

日日中原事，傷心不忍聞。賦懷徒落落，過眼總紛紛。蝙蝠悲名士，蜉蝣歎合帬。故園記同眺，愁絕萬重雲。

此詩處處流露出了對胡漢民的思念及哀痛，可見對汪打擊之大，出獄後，汪精衛雖然已經知道是為誤傳，但與胡漢民再相見時還是案耐不住情緒，相擁而泣。

一九一一年十月十日，武昌起義爆發。在短短十幾天內，全國二十多個省紛紛響應，宣布獨立。大清深感不安，請陸軍大臣蔭昌指揮新軍鎮壓革命，蔭昌雖然是治軍之才，但是其指揮的新軍是袁世凱一手訓練出來的，底下許多軍官都不服氣蔭昌管理部隊，以各種理由拒戰。隆裕太后眼看不是辦法，將被逼官引退的袁世凱請出山，請他接替指揮新軍的工作，而袁世凱看準了大清的困境，在出山前還不忘獅子大開口一番，提出解除黨禁、釋放政治犯等條件，清廷只能全數同意。由前兩項政策可以看出，這時袁世凱已經有和革命黨示好的初步動作，使日後的南北談判更為順利。

其中，釋放政治犯這一政策對袁世凱來說是最為重要的，能夠與革命黨的政治犯交好，趁機拉攏，實屬千載難逢。而最負名氣的政治犯就是汪精衛和黃復生兩人，兩人因此成為首批釋放的革命黨人。一九一一年十一月六日，汪精衛和黃復生一走出法部大獄門，便被北京各界一千餘人包圍歡迎，相機的閃光燈及掌聲在獄門前此起彼落，汪精衛與提牢官「彼此互揖，感情極洽。旁觀人甚多，無不讚歎！聞汪君等出獄後，寓於騾馬市大街長發棧」，[34]群眾呼聲不斷，一同歡迎這兩位刺殺攝政王的義士。

1 林思雲，《真實的汪精衛》第一部分之二：玉石共焚。
2 《中華民國史第一編（下）》，第一四三頁。
3 《汪精衛先生傳》，第四十七頁。
4 羅家倫，《黃克強先生全集》中央文物供應社經銷，一九六八年，第五四二頁。
5 楊天石，《找尋真實的蔣介石──蔣介石日記解讀》，第二卷，第二頁。
6 汪精衛，《致南洋同志書》。
7 〈汪精衛與胡漢民書〉，《汪精衛先生庚戌蒙難實錄》，第四、五頁（一九三九年《雙照樓》校印本）。
8 程舒偉、鄭瑞偉，〈第三章：行刺攝政王名揚中外〉，《汪精衛與陳璧君》。
9 汪精衛，〈日本的正月〉篇，《正月的回憶》（由作者江仲淵自行翻譯）。
10 《胡漢民自傳》，臺灣傳記文學出版社，民國七十一年九月一日再版。
11 林思雲，《真實的汪精衛》第一部分之二：玉石共焚。
12 同前註。
13 一說為甘水橋，但史學資料主要傾向銀錠橋。
14 林思雲，《真實的汪精衛》第一部分之二：玉石共焚。
15 汪精衛紀念託管會，汪精衛網站：〈留日與革命一九〇〇～一九一一〉。
16 林思雲，《真實的汪精衛》第一部分之二：玉石共焚。
17 聞少華，《從烈士到漢奸汪精衛傳》，第二十五頁。
18 程舒偉、鄭瑞偉，〈第三章：行刺攝政王名揚中外〉《汪精衛與陳璧君》。
19 同前註。
20 雷鳴，《汪精衛先生傳》，第七十四頁。
21 同前註。

22 吳朝晉，〈孫中山三赴紐約〉，《近代史資料》總六十三號，第七頁。

23 同前註。

24 同前註。

25 汪精衛，《雙照樓詩詞稿》小休集卷上，第一至二頁。

26 胡漢民，〈第十八章：設法營救汪兆銘〉，《胡漢民自傳》。

27 汪精衛，《雙照樓詩詞稿》小休集卷上，第一至二頁。

28 汪精衛，《金縷曲原題注釋》。

29 汪精衛，《雙照樓詩詞稿》小休集卷上。

30 林思雲，《真實的汪精衛》第一部分之二：玉石共焚。

31 同前註。

32 汪精衛，《金縷曲原題注釋》。

33 汪精衛，《雙照樓詩詞稿》小休集卷上。

34 〈重見天日〉，《北京愛國報》，資料來源於臧卓，《我在蔣介石與汪精衛身邊的日子》獨立作家出版，二〇一三，供詞散失的經過。

第三章　葬送帝制

袁世凱的如意算盤

辛亥革命爆發前，袁世凱遭受攝政王等權貴打壓，被迫退休，然而在辛亥革命開打後，大清無力管理新軍，袁藉著他對軍隊的控制力重新受到大清任用。清政府這樣「用人朝前，不用人朝後」的卑鄙手段，使袁世凱對清廷灰心不已，袁認為朝廷依然不重視自己，只是想讓革命平定而短暫任用自己罷了，如果革命真的平定了，自己必定無法維持戰時的榮華富貴，甚至難逃兔死狗烹的下場，這是袁不樂見的，他開始利用大清與革命黨的相互矛盾，在大清方面拖延戰事；在革命黨方面則互相談判、湊合，企圖從中取得最大利益。

出於政治上的考慮，袁世凱有意與汪精衛搭起友誼橋樑。汪精衛在同盟會中擁有一致的優良名聲，且在孫中山心目中的地位數一數二，如果能拉攏成功，無疑是增加了大筆的談判籌碼。

汪精衛也有意與袁世凱認識，比起稱帝後的一片叫罵，當時袁世凱的名聲不論國內外，都是冠絕一時，他在軍政、行政方面的改新，甚至影響至今，舉例為證，袁世凱曾經力排眾議，將現代化警察制度傳入中國，創始性的招募了兩千名警察為天津管理秩序。另外，袁世凱是清末屈指可數願意與外人溝通的大清官員，這是汪精衛樂意認識袁世凱的主要原因，汪知道，袁世凱要是真要將革命平定只是早晚問題，但他之所以一拖再拖，讓革命得以繼續延續，那他一定是有意做出什麼打算。因此在出獄後與袁世凱來往非常密切。

袁世凱聽說汪精衛等人遭到釋放後，吩咐長子袁克定將他們留在北京裡，命其好好拉攏、討好他倆。袁克定派人送信給汪精衛、黃復生，表示袁世凱將返回京城，請你們繼續留在京城。黃復生認為袁世凱的到來絕不是什麼好事，因此不願再冒風險，南下到上海避難。出走前，黃復生曾請汪精衛跟著一起南逃，但汪認為現在袁世凱舉棋不定，且沒有想要一舉殲滅革命黨的行動，因此認為袁世凱是有意談判的，於是汪精衛獨自留守北京，等待袁世凱的到來。

袁世凱因公事繁忙遲遲不來，派遣袁克定每日前來汪的住所拜訪聊天，汪精衛經常對他講述革命，袁總是聚精會神的學習，時不時表達自己的看法。在這種模式下，雙方頗相投契，不久後便成為了好友，此事傳到袁世凱後，袁見時機成熟，終於會見汪精衛。據汪精衛後來對其侄汪希文說，他初次到洹上與袁世凱相見時，伸出右手準備與袁握手為禮，不料袁不習慣於此，笑著向汪深深打了一揖，汪緊忙還了一揖，隨後就坐[1]。

袁世凱笑著對汪說：「素來仰慕閣下是海內大文豪，今獲相見，深感欣幸。」接著又稱道「銀錠橋之壯舉，可與漢朝開國功臣張子房博浪之一擊，先後媲美。」[2]

袁世凱是官場的老油條，阿諛技術一流，汪精衛聽後深感飄然。兩人覺得頗為投機，只感相識恨晚。汪精衛希望袁世凱倒戈，以所擁兵力推倒清廷；袁則想利用革命軍的聲勢壓清朝皇帝退位。兩人一拍即合。此夜汪精衛與袁世凱密談到深夜，在場侍坐者僅袁克定一人。

第二天清晨，袁世凱命袁克定伴送汪返京。臨行前，袁世凱寫信給梁士詒，囑他籌款十萬贈送於汪，作為路費。汪一生未見過如此厚禮，不免大吃一驚，認為非義之財萬難接受，堅不肯要。梁士詒勸道：

「閣下北京剛剛恢復自由，離家萬里，身邊豈能無錢，就是赴天津、上海斡旋國事，亦非錢不可。此是袁宮保的美意，何必客氣？」最後，汪接受大洋一千元，退還了九萬九千元。[3]

汪精衛從商談中認定袁是確實有意反清的，於是與其一同合作。十一月十五日，在經過袁世凱的同意下，汪精衛與楊度組織「國事共濟會」，兩人分別代表革命黨與立憲派，試圖以國民會議來停戰議和。

楊度比汪精衛大八歲，早在汪精衛加入同盟會前就已經互相認識了，是同大學、同科、同屆、同班的好友。楊度雖然不贊成孫的革命思想，主張君主立憲，卻不像普通立憲派人物常與革命黨處處刁難，而是與其頻頻接觸。楊度與孫中山是好友，他甚至幫助革命黨，將黃興介紹給孫中山，促成雙方合併成同盟會，使得革命黨人團結於一心。武昌起義爆發後，他來到袁世凱的陣營，成為袁的幕僚。且藉著自己與孫中山、黃興和袁世凱都有密切關係，於是與汪精衛組織「國事共濟會」，試圖調停革命。

國事共濟會的創見宗旨為：「使以君主民主一問題，不以兵力解決，而以和平解決，要求兩方之停戰，發起國民會議，以國民之意公決之。」[4]才剛創立，二人便立馬上書資政院，要求資政院上書清廷聲明實行停戰，請召開臨時國民議會，議決君主民主問題。

發表此論後引來雙方陣營的一片罵聲，由宋教仁主編的革命刊物《民立報》更寫出了《無聊之共濟會》一文，內容說道：「及如汪兆銘，亦鼓吹革命有年，乃黨人之有學識者……竟敢虜廷不殺之恩，而為彼滿皇說法乎？」、「中國為君主為民主，尚欲開會解決耶？」[5]大清資政院曾三度集會討論共濟會的停戰請願書，但由於議員們大多守舊，更因為南方革命勢力的反對而草草收場。國民會議迅速解決內亂的計劃流產了，只得於十二月五日宣布解散國事共濟會。但汪精衛與楊度不放棄南北議和，直接與黃興通電商討議和問題，當時黃興身在戰場前線，深知攻下清廷絕非易事，因此也有意與袁和談，表示：「中華民國大統領一位，斷推舉項城（袁世凱是向項城人，因此又名袁項城）無疑。」[6]

十二月十五日，南方議和終於在多方政治領袖的贊成後喬定，汪精衛也參與了南北和談，並擔任參贊（顧問），和談時主張孫中山讓權，推舉袁世凱為臨時大總統。讀者可能會認為汪精衛忘恩負義，居然反對將自己親手扶上政台的孫中山，但其實讓位給袁世凱是必然的，就連先前反對和議的宋教仁，這次也主張讓權給袁世凱。宋教仁之所以態度轉變，是因為革命黨有三項內憂外患：

一、先前革命黨並不知道北洋新軍是在袁世凱的指示下保留實力打仗的，現在再不讓權，袁世凱必定大舉南下平定革命。

二、革命黨面臨財政危機，歐美國家與日本都表明坐觀虎鬥，不予援助。

三、外國列強，特別是歐美等國支持袁世凱上位。

南北議和最終達成共識：袁世凱支持逼清廷退位，以此來獲得擔任中華民國大總統的機會，革命黨人也表示會將總統之位保留。袁世凱終於在這次談判中取得了最大利益，袁心滿意足了，開始策畫如何遊說太后下台。

但南北議和經過數天後，孫中山從國外歸來，同盟會連夜赴南京召集代表開會，提出成立南京臨時政府。孫中山以十七票得十六票當選為中華民國臨時大總統。

汪精衛雖然在辛亥革命前後都贊成袁世凱當選總統，但在接到孫中山回歸的訊息後卻離開北洋，南下歸宿孫中山的南方政府，還幫孫代寫了《臨時大總統府就職宣言》。此舉不難看出，汪精衛雖然主張孫中山讓權，實際上卻不滿袁世凱野心勃勃，想讓孫中山先行成立政府，挫挫袁的銳氣，讓他不要以為革命黨人只會單方面的對他妥協。事實上，汪精衛的思想與孫中山提前建立政府的目的不謀而合。

一九一二年二月十一號，袁世凱進宮勸諫隆裕太后實行議和成功，隆裕太后發布《退位詔書》，統治了中國二百六十八年的大清帝國正式終結。

教育救國的理念

清政府下台僅過一天，孫中山遵守自身的承諾，提出辭呈，讓袁世凱擔任中華民國第二任臨時大總統。之後的短短一個月，袁世凱邀請孫中山到北京談論政治多達十餘次，每每都是孫中山慷慨陳詞，孫藉機提出他畢生追求的理念：民族、民權、民生——三民主義。

袁世凱贊成能夠凝聚國人愛國心的民族主義，但卻不贊成孫中山的民權主義以及民生主義，袁認為這兩大主義給民眾的權力太多了，他個人比較傾向實行「開明專制」。但自創建同盟會以來，孫中山的革命目標便是民族、民權、民生，三者缺一不可的三民主義，辛亥革命雖然實現了三民主義中推翻滿州民族統治的「民族主義」目標，可是在「民權主義」和「民生主義」方面，孫卻向袁世凱妥協了。不少同盟會成員批評他不應該放棄同盟會當初的平均地權、男女同權等革命目標，應該要向袁提出反對，汪精衛也向孫中山進言，希望同盟會不要僅僅滿足於打倒滿族人政府，更需要堅持原本的理念。然而孫中山認為這樣的妥協是必要的。

孫中山在讓權後不久後宣布退出政界，專注於建設中國鐵道，並在此後提出「要立志做大事，不要做大官」的思想，開始在中國各地演說平均地權、民生主義的需要，以此來完成成立三民主義的約定。汪精衛跟隨孫中山的腳步，在此時提出「六不主義」，主張「不做官、不做議員、不嫖、不賭、不納妾、不吸鴉片」。汪精衛力行六不主義，自袁世凱上任大總統後，袁曾將宋教仁、蔡鍔、汪精衛定為三大拉攏對象，為了表示真誠，曾有意將廣東省都督一職讓給汪精衛，這是個對汪極有誘惑力的官職，不但職位崇高，且還是老故鄉，但汪精衛依然堅守自身的承諾，婉言謝絕袁，此舉得到了中國各處文人的極高評價，上海的《公論》雜誌這麼說道：「求一如潔玉清冰、絕無瑕疵，婦人孺子，莫不知名，南人北人，同聲感頌者，不可多得有之，其惟汪精衛先生乎！」當初使同盟會分裂、與汪精衛撕破臉的光復會領袖章炳麟也不得不改變自己的想法，說道：「論才，當屬宋教仁；論功，當屬黃興；論德，當屬汪精衛！」[9]不過汪精衛自謙地表示：「現弟所有者只社會上之虛名，此等虛名，自誤誤人。」[10]引退政壇後，聯合了蔡元培、吳稚暉等人提出了「教育救國」的理念，頗受迴響。並與友人組織了三個非政治性質的教育性黨會：

德進會

汪精衛首先組織的是進德會，此會是與蔡元培、吳稚暉等前革命黨人一同創辦的，創建目的在於改變社會腐敗的風氣。有趣的是，此會並不設立幹部，僅用所守戒律的多寡來區分，由下而上分別是普通會員，甲部會員，乙部會員，丙部會員。而為了徹底落實平等原則，此會還特別聲明這四個階級將是不分高低的。

成為普通會員需要不狎邪（品行不端）、不賭博、不納妾，成為甲部會員需要增加不做官的戒律，而成為乙部會員需要再加上不做議員、不吸煙的戒律，丙部會員則需要再加上不飲酒、不食肉的極端戒律。此時期汪精衛曾短暫吃素，因此成為了此會僅為屈指可數的丙種會員。

另外進德會還有條特別的規則：不收會費。因為汪精衛等創始人認為要改變社會的腐敗，是金錢沒辦法做到的，僅能憑意志以及教育達成。且此會本來的主旨就是要讓更多更多的民眾加入，那為何要用金錢來阻攔他們呢？

六不會

同時，汪精衛與蔡元培、宋教仁等人也發起了與進德會性質相近的六不會，此黨人數甚少，僅有三十餘民會員，並不是因為招不到人，而是因為他們的政治理念太難以達成了——奉行六不主義。這不是之前所說的「前」六不主義，而是將六樣戒律改成了不嫖、不賭、不納妾、不吸煙（前身為不吸鴉片）、不飲酒（新增）、不食肉（新增）的新六不主義，而前六不主義中不做官、不做議員的思想因為不符合政治考量遭到改除，但汪精衛仍舊履行諾言。

留法儉學會

在以上兩個團會的主旨皆為改善社會風氣，而在創辦此二者的同時，汪精衛與吳稚暉、張繼等人又組織留法儉學會，這是汪精衛在這段期間辦得最為成功的黨會。早在大清未亡時，政府就會組織公費留學生出國見世面了，而此時民國百廢待新，當然沒有公費留學這種「奢侈品」了。汪精衛等人懼怕如果現在繼續停止留學，以後便會出現教育斷層，中國將更為落後。因此汪精衛等人組織留法儉學會，成立主旨在於

「以節儉費用，為推廣留學之方法；以勞動樸素，養成勤學之性質。」[7]之所以說是要節儉，不如說當時中國鮮少有人能有經濟能力出國留學，所以節省一切資源變成了主旨。

儉學會成立不久後，便在北京設立預備學校，徵招滿十四歲且有意自費留學者成為學生會員，成為會員後預備學校還會先教導學生法文，以及學習法國的文化習俗，或是培養以後留學時要兼差的工作。儉學會在成立第一年就即刻培養出八十餘名會員赴法留學，可謂非常成功。

可惜後來儉學會因政治原因遭到袁世凱政府的破壞，留法儉學會因李石曾、蔡元培等人被迫流亡法國而廢除此會。但是留學教育卻未曾中斷，而是成立新的黨會「留法勤工儉學會」及「華法教育會」，繼續支持著上千名中國學子留學法國，也包括後來成為共產黨政星的周恩來與鄧小平。

南社

南社為清末民初的革命兼文學組織，辛亥革命後專門寫些提倡復新漢人文化的文章或詩詞，而辛亥革命前則是革命組織，於一九一九年所建，和湖北的「文學社」有著異曲同工之妙，都是喜歡互相聚在一塊討論革命文學的人士所創辦。之所以取名「南社」是因為他們認為「南」是代表漢的，「北」是代表滿的，兩個不同民族應南北分治，所以就這麼取了帶有些許種族歧視的名稱了。汪精衛在南社的地位舉足輕重，是整個社團中的精神領袖，社團創辦人劉牙子曾說：「南社的代表人物，可以說是汪精衛。」[8]此話並無誇大之嫌，我們可以用當時的南社領袖包天笑所撰的《海上蜃樓》第二十回，群眾們一齊朗讀著汪精衛的詩詞，間接看出當時南社成員對於汪精衛的尊崇與愛戴（包天笑以免引起爭議，習慣用諧音或典故來將文章人物姓名更改，因此以「汪填海」來代指汪精衛）：

這時大家都湊上去，瞧那汪填海的詩，也有搖首沉吟的，也有高聲朗誦的。

褚長真道：「好一個『伶俜吟影淡於秋』，汪填海真是一個絕頂聰明的人。我知道他奔走國事，卻不知道他於文學上雅有天才。這種句子要是一個鈍根人，便埋頭苦吟十年，也做不出這個句子咧。」

諸季屏道：「汪填海近來很有犧牲此身以報國之志。只瞧他第一首裡面的『九死形骸』、『十年師友』一聯，和第二首裡的『鵑魂馬革』一聯，便意在言外了。聽得他從小本來對了一頭親事，後來因為執定要犧牲此身以報國家，把這頭親事退了。因恐有了家室之累，反多牽掛。但他卻是一個多情人。讀他的詩，便知道他的為人了。」

祖書成道：「聽說汪填海年紀還很輕，正是個英俊少年，怎麼是個激烈家？犧牲無不可惜。」

諸季屏道：「人各有志，奚能相強。」

陳百忍低低的道：「你不知道汪填海已入了黨中實行部部長。所以他把已聘的這位未婚夫人退了。他說乾乾淨淨一死而已，無以家室為累。所以你瞧他的詩中如『九死形骸慚放浪，十年師友負綢繆』之句，與『鵑魂若化知何處，馬革能酬愧不如』之句，都是很明顯的了。」

功成身退

一九一二年四月，民國雖然百廢待興，而且還有頗多政治矛盾還未化開，但其共和的地基已經打穩了，汪精衛也正式宣布退居政壇、離開京師，正前往上海，那裡有位犧牲了青春歲月的少女正盼望著他。

那年，汪精衛二十九歲，陳璧君二十一歲，雙方歷經艱辛，終於又重新回到了一起，汪精衛遵守了他的承諾，與陳璧君正式成婚。隨後兩人前赴廣州舉行了盛大婚禮。還請來了當時任職廣東都督的胡漢民擔任證婚人，胡在婚禮上稱讚汪精衛、陳璧君為「患難姻緣」，一時傳為美談，頓成人間楷模。

在婚禮結束後，汪精衛對陳璧君說：「我在十年內皆奔走革命，無暇求學，為生平直大缺憾。」陳璧君懂汪的言外之意，同意與汪再次遊學。不久，汪精衛與陳璧君、曾醒、方君瑛、曾仲鳴（曾醒之弟）、方君璧等人一同乘船前往法國。途中，汪精衛無官一身輕，心情十分輕快，因此賦詩多首。在《登鼓山》詩中云：

登山如登雲，盤紆千仞上，
寥寥萬松陰，惟聽疏蟬響。

在《太平洋聽瀑布》詩中云：

一片淪漪不可收，和煙和雨總無愁；
何當化作岩中石，一任清泉自在流。

在法時期，汪精衛等人對國內政治十分冷淡，過著充實的學習生活，他攻讀里昂大學社會學，陳璧君、曾醒、方君瑛四人則請家庭教師補習法文，並由汪精衛講授國文和詩詞。在空閒時光中，汪精衛經常主導留法儉學會的各項活動，並一同創辦《民德》、《學風》等雜誌，成為教育救國的典範。

一九一三年四月陳璧君產下了第一位孩子，是個男孩，汪精衛夫婦以好友方君瑛的「瑛」的諧音來命名，是為汪嬰。一九一四年第一次世界大戰爆發後，汪家為躲避戰亂遷到了法國南部的波爾多城，此時陳璧君正懷著第二胎，旅途勞累導致璧君早產，女兒出生時還未滿七個月，生下來只重三磅，且在細心照料下，孩子的生命並無大礙。依照上次的慣例，汪陳取了好友曾醒的「醒」字命名，是為汪惺（後更名為汪文惺）。

大家可能很難想像，雙方的友情居然深厚到讓自己的兒女以對方的名字來取名。但可別忘了，方君瑛、曾醒二人可都曾參與過回國刺殺行動，還與汪陳結拜為家人，革命情誼不言而喻。

一九一四年，歐洲爆發了長達四年的第一次世界大戰，居住在前線的汪精衛也遭受了池魚之殃，被迫離開公寓，逃往後方，當時法國經濟、秩序、民生品質嚴重下滑，汪精衛因此過得十分拮据。《汪文惺的回憶》中透露出了這段期間汪精衛在法的私下生活：

我出生不足月份，應當時在戰爭，只有坐馬車，顛簸之下生的。當時歐戰，交通阻塞，十二月那麼冷的天氣對不足月嬰兒不能接受，父親到柴店親手抱著柴回家，燒火為的是我母女！醫生還說，她長大後體衰弱，還是不要養吧。但是外祖母（衛月朗）已在法國和爸媽居住，她便說我來代養吧，生死聽其自然，不能見死不救，便把我撫養下來。用滴眼的管子餵牛奶，一點一滴灌下，一年後和童年的孩子一樣，我便漸漸長大，就是體弱容易生病。祖母特別偏愛。

父親並不嫌我，母親是嚴厲的人。我往往因少小事便愛哭，母親最討厭人哭，我則越罵越哭，所以孩童實母親並不愛我。而我的哥哥（汪嬰）身體強健，敢作敢為，常常打抱不平，維護我，所以表兄們在哥哥面前不敢欺負我。

暑假回家最擔心的事就是怕成績單到父母手中。有一次成績單在母親手中，我低下頭不敢仰望，心中忐忑跳動，成績單上是丙等，丙等只是及格而已。我又慚愧又驚心，母親瞪了一眼並沒有罵，而我淚水又留下……跑入書房，蹲在書桌下哭。父親悄悄跑來，抬起雙手捧著我的面頰安慰我，我喃喃低聲說：「我又蠢又懶……」父親輕輕說：「無論你是聰明還是愚蠢，我一樣疼愛你。」以後無論有什麼憂愁，一想起父親愁容愛莫能助的樣子，我便嚥下苦果，展開笑容，不改露出愁苦的樣子，令父親憂傷。[11]

另外，在《正月的回憶》一文中，汪精衛也對在法時期作出描繪：

我在歐洲過了好幾次的正月，但是卻沒有印象特別深刻的正月。我在歐洲的這段期間，常常受到故國政局的變化而往返，大體上來講，在西洋的正月沒有給與我多大的印象，倒是聖誕節的印象來得較為深刻。在聖誕節及其前夜裡，教堂的鐘聲時常引起我的注意。老實說，我不太喜歡西洋的大教堂（西洋人聽了，也許會發怒）。因為當我走進西洋教會的建築中，便想到兒時每逢正月總要去的故鄉城隍廟，在這座城隍廟中有著地獄的模擬造景，威風凜凜的十殿閻王、大大小小的紅鬼青鬼、牛頭馬面等怪物將死者逼到火山、針山上去，以小孩的角度來看，這些東西是很可怕的，我回到家後，甚至還會做惡夢。幼年時代的印象，我至今仍歷歷在目，所以在西洋看到教堂時，便會聯想到幼年時代的故鄉看到的地獄造景，因而毫無興味。[12]

與汪精衛同行的方君瑛於一九一三年完成留學，她本來滿懷希望歸國，憧憬著能看到一個富強的新中國，沒想到卻看到政府貪污成性，腐敗程度於滿清有過之而無不及，更令她打擊的是，有許多當時一同留學的同學現今也過著此等腐敗的日子，方君瑛無法接受殘酷的現實，服毒自殺。留下遺書：「國危如壘卵，民若倒懸，而同志猶多她背弗振，社會尤腐敗至極，字恨力不能濟，只有死耳！」[13]方君瑛的死讓汪精衛夫婦十分惋惜，汪精衛親手寫下輓聯，又幫忙寫了墓表。汪精衛夫婦曾與君瑛一同郊遊於廣州白雲山麓，方君瑛很喜歡白雲山麓蒲澗廉泉的清幽的清幽，希望將來能一起葬在這。三人雖然都說好，但世事難料，最終能歸葬在這裡的，只有方君瑛一人。

如果讀者先前有接觸汪精衛歷史，肯定會讀到「方君瑛是因為得不到汪精衛的愛而死的」的說法，這種說法是從一九六〇年代，由李姓中國作家所寫出的歷史杜撰小說《汪精衛戀愛史》的劇情，這本書應抱持著玩笑心態觀看，漏洞百篇，不攻自破，就連略讀過汪精衛歷史的人都能一眼識出盲點，但當時中國大陸由毛澤東統治，盛行鬥毆思想不一者、醜化投敵者，所以多數史學家深怕惹事，選擇不予批評，致使《汪精衛戀愛史》在往後一直被大陸民眾誤認為正史，廣為後人所傳載。汪精衛逝世前中日擁有的所有資料，是從來沒有出現過這種事的，何孟恆也曾澄清：「訪問流傳之汪方陳三角關係，及方均瑛自殺為陳璧君所逼，純屬無稽之談。」[14]另外，「汪精衛在成立南京政府後愛上了施旦」的說法亦是《汪精衛戀愛史》的杜撰劇情，施旦乃為李姓作家為劇情所需而杜撰出的虛構角色，實為野史，不具參考價值。

汪精衛剛離開中國後的這段期間，中國雖然看似一片團結，但底下又是一回事了。袁世凱為了實踐開明專制的政策，曾在南北議和明確表示新政府必須是總統制，南方議和代表雖然表面上同意，但私下卻祕密頒布《臨時約法》，讓總統成為虛職，國會才掌握權力。在中華民國第一屆國會大選中，國民黨以四十五%的國會席次贏得勝利，而袁世凱的進步黨僅有二十五%，其他政黨則為三〇%。隨著國民黨政局的連連勝利，袁世凱將自我的失敗轉化成憤恨，雙方的分歧越來越大，終究還是用槍桿子解決紛爭。一九一三年三月二十日，正帶領議員前往北京組閣的宋教仁在上海遭到槍擊，送醫後宣告不治。暗殺事件尚未平息，袁世凱又未經國會允許，私自向英、法、德、日、俄五國銀行團簽訂借款合約，共將兩千五百萬英鎊收入北洋政府的口袋中，聲稱是為了填補見底的國庫。但私下卻是用來擴充軍備，令南方政治家們深感不安，為避免成為待宰之羊，南方數省相繼宣告獨立，意圖顛覆北洋政府，創建真正共和。此次事件史稱「二次革命」。

其實早在二次革命前，雙方已經察覺戰爭已經不可避免，為了增加籌碼。汪精衛成為孫中山、袁世凱的拉攏對象。孫中山急電汪精衛等人，命他們迅速返國；袁克定則發了封頗為肉麻的電報，說「分別已經一年了，很想見到你」、「希望你能早點來，也好安慰我這個有病的老朋友」[15]，以示拉攏。不過在這段期間內，汪精衛受到一次世界大戰的刺激，對戰爭深感厭惡，因此不力挺任何一方，表示：「一尊重法律、維持人道之決心。」[16]汪精衛回國後想重操調停舊業，跟袁世凱的幕賓謀士張謇、趙鳳昌等人協商議和條件，不過還未商量出個所以然，二次革命就已經爆發。

不知是政治上的勾心鬥角，還是對和平調停的心灰意冷，汪精衛在戰爭爆發後選擇加入孫中山陣營，負責宣傳、籌募資金等事，不過起義軍隊在袁世凱的強大政府軍面前，革命在三個月內迅速土崩瓦解，一九一三年九月一日，南方大本營南京陷落，這標誌著二次革命失敗。

二次革命失敗後，孫中山逃往日本，汪精衛逃往法國，國民黨被袁世凱強行解散。汪精衛的人生觀也因此發生了根本的變化。以前汪精衛以為中國的一切罪惡之源就是滿清政府，只要打倒了滿清政府，中國就會成為民主強盛的國家。但他萬萬沒有想到自己曾經為之獻身的革命事業，竟然得到這樣一個結局，革命不但沒有使中國民主強盛起來，反而比以前清王朝的時代還要糟糕。

汪精衛在坐船前往法國時心情低落，想起在遭受關押的那段時間，肅親王曾多次來到監獄中探望精衛，與他論道立憲及革命，在一次爭論結束後，肅親王嘆了口氣，說道：「你們革命當然是有原因的，看我們清朝太壞了。唉……假如你們成功了，我看你們也不能強過我們。」汪精衛沒料到肅親王的想法真是靈驗了，自嘲道：「真是還不如人家前清，弄得這麼糟糕！」[17]

徘徊於教育與政治間

《真實的汪精衛》作者林思雲老師曾說：「一個人對一個事業投入的越多，對事業失敗的悲痛和挫折感就越大。」汪精衛曾把自身的性命都交給了革命，換來的不是中國的再次富強，反倒是連年的軍閥混戰，這樣一個殘酷的現實，使汪精衛的革命理想消失得無影無蹤，一下從一位對革命充滿希望的熱血青年，轉變為一位對國事萬念俱灰的引退者。

儘管汪在法致力教育救國，但是國內政治的腐惡，以及風雨飄搖的政局，又使汪難以安心於教育宣傳。在留法數年中，汪精衛徘徊於教育與政治之間，每當國內政治出現危機，他侷促不安，以為自己如果身在漩渦之中，總可以多少挽救一些負面發展。然而等親身回國參與其中之後就會發現，國內政局之困境，遠非自己當初的簡單設想所能應付。但若完全置之不理，專門從事教育，內心又感到不安。

在這種複雜思緒下，汪精衛在法國得戰戰兢兢，十分擔憂中國之發展，一九一二年冬天，汪在法國寫下一首《蝶戀花・冬日得國內友人書，道時事甚悉，悵然賦此》：

雨橫風狂朝復暮，入夜清光，耿耿還如故。抱得月明無可語，念他憔悴風和雨。天際游絲無定處，幾度飛來，幾度仍飛去。底事情深愁亦妒，愁絲永絆情絲住。

在與吳稚暉的私電中，汪精衛表白自己的心情：

先生望弟向學之心至般至厚，令我且感且懼。回憶二十一歲初留學東京時，原欲摒棄一切、專心學問，而卒以從事革命之故，奪去修學時間無數，時時以此自疚。然使置革命事業於不顧，以一意於學問，又非此心之所能安。此兩者兼顧不可、擇一不可，真是一大苦事。每當擲卻書卷、收拾行李時，輒欲發聲一哭。[18]

兩篇文章中，汪精衛對於國內政治形勢的憂思和身在天涯的感懷之情溢於言表，然而汪精衛卻仍然徘徊在教育與政治間。他在這段期間特別勤奮於教育，似乎想遠離政治的漩渦，但中國政局的風起雲湧，迫使汪精衛在赴法後還是得面對政治的束縛。首先是袁世凱企圖將汪拉回政台，雖然汪精衛在二次革命出席反袁，甚至把袁稱之為「人民公敵」，但袁世凱並不記恨汪精衛，反而非常欣賞汪精衛的膽識和才能。在汪精衛流亡法國期間，袁世凱再度邀請汪做北洋政府官員，這次給的官位不是廣東省省長了，而是總統府的高級顧問，這可相當於古代的宰相了。但汪精衛又拒絕了袁世凱的邀請。由此可以看得出來，汪精衛並不是一個特別喜歡追逐權力的野心家。

孫中山也想把汪精衛拉回政台上。一九一四年七月，因革命失敗逃亡日本的孫中山在東京成立了中華革命黨，以元勳公民、有功公民、先進公民的階級制度區分黨員，使黨員立誓服從孫中山，「如有二心，甘受極刑」，並蓋指模為證。此舉遭到黃興等革命元老的強烈批評，黃興認為黨是為民主而革命，不該使用專制制度來管理革命。孫則認為要使中國民主，不是要靠自己先行民主，而是要將自己專制，建立鐵的紀律，才能保位中國的民主。

黃興勸不動孫中山，於是與其絕交。

孫中山也寫信邀請汪精衛加入，汪精衛不過對此與黃興抱有相同反應，欲與孫中山絕交。汪在與吳稚暉的私信這樣說道：「年來國民黨受人誹謗，有甚於千夫所指，然無論如何，誹謗終不至有失其立腳地。今中山黨綱已成，則彼立腳地而自失之矣。盡千萬偵探之造謠、千萬文人之曲筆，當亦不能想到杜撰出如此之黨綱以污革命黨人之面目，今竟自做出來。……讀其黨綱，如讀彼等死刑之宣告。彼等死矣，無可再生，不須更為之一計將來，但痛恨既往之逐臭而已。」[19]中華革命黨成立後，即在孫中山的組織下展開武裝討袁鬥爭。汪精衛則繼續在法國讀書、寫作、組織華法教育會，繼續踐行教育救國的理念。

在這徘徊猶豫的數年中，汪精衛舉辦的文化教育、政治活動都沒有達到預期效果，再加上「留法儉學會」遭到袁世凱查禁，臨時成立的教育黨會「留法勤工儉學會」及「華法教育會」皆沒有繼承「留法儉學會」的能力，這使他陷入更深的苦悶彷徨之中。對比當年《民報》的影響力，汪在法國創辦的《民德》、《學風》等雜誌皆未能成為在法華裔人士的主流刊物，甚至曾有印刷虧損的經歷。對於這幾年來屢屢受挫的處境，汪曾比喻自己本為一錘，「欲熔而鑄之以為鋸，最終卻落得錘不成錘，鋸不成鋸。」[20]連年的失意，使他開始反思自己堅持「革命成功後不當官」的理念是否正確。

歸國反袁

孫汪二人的衝突沒有持續很久，這主要還是要「歸功」於袁世凱的稱帝。一九一五年十二月，袁世凱廢除共和制，改國號為「中華帝國」，自稱中華帝國皇帝。袁世凱的帝制復辟，引爆了新一輪的反袁運動，也就是所謂的「三次革命」、「護國戰爭」。在法的汪精衛聽聞此訊後怒髮衝冠，立即響應孫中山之邀回國，參加反袁護國軍。

在護國戰爭期間，袁世凱在前線一籌莫展，與討袁軍打得起鼓相當；在後方不得人心，段祺瑞、馮國璋等人稱病不戰；國際上遭受打壓，無人承認中華帝國。袁世凱恐懼於以上壓力，不得不宣布恢復共和制，此後不久，他在一片罵聲中鬱鬱寡歡，最終抑鬱而逝。

護國戰爭表現出中國人民對幾千年來延續的帝制已經澈底厭煩，使中國復辟帝制的企圖再也無法得逞。雖然「三次革命」成功地阻止袁世凱的復辟帝制，不過孫中山的國民黨並沒有獲得政權。袁世凱死後，政權依然掌握在握有槍桿子的北洋軍閥手中。當時中國之所以形成軍閥混戰的局面，很大的因素在於沒有徵兵制、也沒有軍官退休制度。在中國徵召士兵並不是由國家機構統一進行，而是由各路將軍私人徵召，這就形成了士兵不忠於國家，而忠於地方領袖的私家軍制度。

孫中山雖然長年從事革命，在民眾中有較高的威信，但由於沒有自己的私人軍隊，所以經常在政壇上遭到架空。孫曾經試著解決過此盲點，他給予廣州四周的軍閥部隊大量金錢，藉此來拉攏對方效忠自己，但他們僅是表面上服從孫中山罷了，私底下還是會考量自身利益，舉桂系為例，桂系曾推舉孫中山為大元帥，但不久後雙方逐漸衝突，最終孫中山於一九二〇年聯合陳炯明鎮壓桂系，雖然勝利，但汪精衛的外甥朱執信卻因而陣亡。汪精衛悲痛欲絕，親自撰寫一千餘字的朱執信生平事跡，託人刻上墓碑。又和陳璧君一同發起「朱執信學校募款活動」，立志讓朱執信流芳中國。

朱執信的死讓孫中山痛感槍桿子裡面出政權的真理、痛感有必要從頭創建一隻效忠於自己的軍隊。但孫中山本人的職業原是醫生，不懂軍事，也沒有帶兵打仗的經驗。而孫中山周圍的忠實追隨者汪精衛、廖仲愷、胡漢民、朱執信等人盡是書生，沒有會帶兵打仗的將軍。孫中山開始著重搜羅軍事人才，在日本軍事學校畢業的蔣介石，很快受到了孫中山的青睞。

關於外交方面，最支持孫中山的國家當屬日本，但在提出苛刻的二十一條後，日本已經遭到中國民眾的普遍反感，孫中山也因此放棄與日本的外交事務。一九一七年蘇聯成立以後，開始了輸出共產主義的革命外交，當時西方資本主義國家都聯合排擠蘇聯，使其孤立無援，蘇聯只能與中國等經濟、秩序較為落後的地區作外交，為表示誠意，蘇聯慷慨宣布放棄沙皇時代與中國簽訂的各種不平等條約（除土地賠償），使中國人民對新興的蘇聯政權產生了極大的好感。而在中國的各大軍閥中，由於大部分皆已經有資本主義外強資助，蘇聯對沒有外強參與的孫中山國民黨政府十分有興趣，孫中山政權當時孱弱不堪，正好急需外國的支援，兩方一拍即合，孫中山開始在蘇聯的援助下籌建一隻完全效忠於自己的國民黨軍隊，一九二四年六月創建了黃埔軍校，委派蔣介石出任校長。

不過，作為獲取蘇聯大量物資的代價，蘇聯要求孫中山和剛成立不久的中國共產黨進行合作，孫中山只能答應蘇聯的聯共要求。孫中山的聯共政策有頗多爭議，特別是允許共產黨員以個人身分加入國民黨，在國民黨內引起很大的反對聲。很多國民黨的高級幹部，包括汪精衛和胡漢民，以及剛從蘇聯考察歸來的蔣介石都曾反對孫中山的聯共政策，只有廖仲愷積極支持聯共。國民黨的聯共政策基本上是靠孫中山個人的威信強行實施的，這為孫中山死後國民黨內部的分裂及清黨運動埋下伏筆。

有部分學者認為汪精衛歸國反袁的原因是虛榮心作祟，為了搭順風船，贏得「討袁」美名，也為了名正言順的歸回政治。但作者並不這麼認為，自袁世凱倒台以後，汪精衛待在孫中山身邊擔任祕書一職，此時他的行動十分低調，史料鮮少提到汪在這時期的歷史，他仍舊保持著不當官的原則，只在孫中山身邊默默做事，從不出頭。在袁世凱死亡至孫中山逝世的這段時間，汪精衛公開撰寫的文章僅有十一篇，然而正是因為汪精衛不追逐名聲、權力，贏得了孫中山的信任，使其再次成為心腹。

一九二四年十月，直系軍閥馮玉祥在北京發動了政變，北京出現了段祺瑞、馮玉祥、張作霖的臨時聯合政府。臨時聯合政府邀請孫中山到北京共商國事，孫中山在汪精衛等人的隨行下前往北京。就在一九二五年一月一日抵京後，孫中山腹部絞痛，嘔吐大作，緊急送入協和醫院治療，初步診斷結果為惡性腫瘤。一月二十日以後，孫病勢加劇，已不能進飲食，醫生眼看不是辦法，只好動手術摘除腫瘤。將孫中山的腹璧切開後，眼前的情況讓所有在場的人吃了一驚，只見整個肝臟表面、大網膜和大小腸面上長滿了大小不等的黃白色結節，結節發硬，整個腹腔內臟器黏連在一起，已經無法進行手術。醫生從肝上取出小塊組織做活檢標本後，就將傷口縫合了。術後，醫生隨即對孫中山的肝組織活檢標本進行了化驗，得出的結論是：肝癌末期。

協和醫院為了搶救孫中山，引進了當時最先進的放射性鐳錠照射治療，對孫中山進行治療，可惜不論如何，孫中山的病情還是持續成長，肋骨下方的腫瘤也隨著時間持續擴大，此時孫中山已經下不了床了。

一九二五年二月，孫中山病情加劇，吐出大量鮮血，染紅了整片床單。眼見自己的身體已經撐不住了，孫速請汪精衛通電孫科、宋子文、孔祥熙等人北上赴京，商討後事。宋子文等人在北上探望時以為孫中山會提出立一個遺囑，並且指定將來的接班人，可是北上前後，孫中山都沒有立遺囑的消息，於是汪精衛和宋子文、孔祥熙等人商定，先在探望孫中山前起草一個遺囑，再根據孫中山的意思修改。汪精衛是眾多北上官員當中文筆最佳的，被推舉為撰寫者。在寫好後便穿著一套黑西裝前往醫院。

汪精衛走到了病房的門口前，儘量小聲地稍稍開門，汪在門前看見了孫中山，此時他在病榻上閉著眼睛歇息，相比起昨日的探訪，今日的孫中山臉型又顯得更加凹陷不堪，體型也因癌細胞的擴散而顯得更為臃腫。病榻旁有著五六位國民黨高層在一旁坐著，其中宋子文和孔祥熙無精打采地望向一旁的牆壁發愣。愛妻宋慶齡坐在病床的邊緣，低頭撫摸著孫中山的左手，安撫孫中山的情緒。整間病房的的氣氛悲愁的只剩下安靜，只有孫中山略顯急促的呼吸聲在房間四處遊蕩。

汪精衛在進門後為了不影響孫的睡眠，踮著腳尖進入病房內，隨後靠在一旁的牆邊，一語不發。孫中山似乎察覺有人來了，稍微睜開眼睛看向一旁的汪，有氣無力的說：「我看你們是危險的阿，我如果死了，敵人是一定要來軟化你們的。你們如果不被敵人軟化，敵人一定要加害於你們。如果你們要避去敵人的危險，就是一定要被人軟化，那麼我又有什麼話可講呢？」[21]孫中山喘了幾下氣，又將眼睛閉上。汪精衛望著孫沉默了許久，開口道：「我們跟了總理奮鬥了幾十年，向來從來沒有怕過危險，以後還怕什麼危險？向來沒有敵人軟化過，以後還有什麼敵人能夠軟化我們呢？不過希望總理能留下一些話，好讓我們有所遵守，方知怎麼樣向前去奮鬥。」[18]宋子文和孔祥熙在此時也開口了：「汪先生是代表在京的政治委員會提出這個意見的。」[22]孫中山稍睜眼睛望向各位，問道：「你們要我說什麼話呢？」汪精衛說：「我們事先寫了幾段話，想讀給總理聽。總理如果贊成，便簽個字，當作總理的話。如果總理不贊成，便請總理另外說幾句話，我可以代筆寫上，也是一樣。」[20]孫中山：「你們準備了什麼話呢？請說吧。」[23]

汪精衛將宋慶齡請出門外，從西裝口袋掏出一張稿紙，面孔頓時悲傷地扭曲起來，不過他收起表情，欲作精神地朗讀起來：

> 余致力國民革命，凡四十年，其目的在求中國之自由平等。積四十年之經驗，深知欲達到此目的，必須喚起民眾及聯合世界上以平等待我之民族，共同奮鬥。
>
> 現在革命尚未成功，凡我同志，務須依照余所著《建國方略》、《建國大綱》、《三民主義》及《第一次全國代表大會宣言》，繼續努力，以求貫徹。最近主張開國民會議及廢除不平等條約，尤須於最短期間，促其實現。是所至囑！[25]

汪精衛朗讀完後又從口袋拿出兩張稿紙繼續朗讀，分別是《家事遺囑》以及《致蘇俄遺書》，孫中山聽完後表示：「好呀，我很贊成呀。」[26]遺囑定稿後，汪精衛等人本來是要孫中山簽字的，不過孫中山聽到宋慶齡在門外哭得很傷心，於是決定延後。到了三月十一日，即孫中山逝世的前一天，何香凝發現孫中山的眼睛已開始散光，便請汪精衛盡速帶來遺囑簽字，並囑咐宋慶齡不要哭泣。汪精衛和孫中山的家屬及在北平的國民黨人宋子文、孔祥熙、戴季陶等一起來到孫中山病床前。兩份遺囑呈給孫中山時，孫科將他的鋼筆遞給父親，但此時孫中山握筆寫字已有困難，宋慶齡便用手托著他的手腕讓他寫，在兩份遺囑上簽上「孫文，三月十一日補簽」字樣。孫中山簽字後，汪精衛在「筆記者」下簽名，其他人則在「證明者」下簽了名。在孫中山死後，由汪精衛所撰的三份遺囑一字未改地發表於各處地方。

有些論者認為從孫中山的遺囑簽署過程中，孫已看出汪精衛對於政治上太過於文人，不適合在軍閥亂世中佔有一席之地，遲早會被敵人軟化，因此對於汪精衛處理政治是極為不信任的。作者不這麼認為，孫中山雖然擔心廣州政府將來可能會遭到軍閥的魁儡化，卻非常信任汪精衛，孫在北上前赴談判時，並未邀請廖仲愷、胡漢民等心腹，而是讓汪精衛一路陪同照料；在醫院治療時，居然願意一字未改地讓遺囑公開於世，還讓汪代擬家事遺囑，也沒有更動一字。列寧曾說：「判斷一個人，不是依據他的表白或自己的看法，而是根據他的行動。」根據孫中山這個時期的行動史料，推測汪精衛是孫中山的暗定繼承者，並非空穴來風。

一九二五年三月十二日，孫中山的心跳突然加快，瞳孔睜大。醫生見情況不妙，趕緊召集家人和國民黨同志圍繞在孫中山病榻前，汪精衛也從旅館奔到了醫院。此時的孫中山已處於彌留之際，不能連續講話，據汪精衛回憶：

孫先生於三月十一日下午，還能和侍疾的人談話，入夜以後，體氣越弱了，聲息越微了。一間靜悄悄的病室裡，一個垂死的病人，躺在床上面色漸漸的淡了，眼光漸漸的涸了，一種微弱的聲息，斷斷續續的從唇吻間，勉強的，發出來，不知是呻吟，還是呼叫。「和平」、「奮鬥」、「救中國」一聲復一聲的，約莫至少也有四十餘聲，漸漸的連聲息也發不出來了，所能看見的，只唇吻間的微動了。噫，充滿了這病室裡的空氣，還是極悲涼啊！還是極熱烈啊！[27]

三月十二日九點三十分，中華民國國父孫中山停止了呼吸。

1 蔡登山、柯基生，〈第十七章，瀛台落日〉，《楊翠喜‧聲色晚清》，獨立作家，二〇一六。

2 程舒偉、鄭瑞偉，〈第四章：身在曹營心在漢〉，《汪精衛與陳璧君》（註：原文為甘水橋，為方便讀者閱讀，因而改為銀錠橋）。

3 同前註。

4 〈國事共濟會宣言附簡章〉，一九一一年八月十八日《經緯報》。出自《辛亥革命始末記第十六冊，第十一至十二頁。

5 《上海民立報》，一九一一年十一月二十二日。

6 中華民國教育部，《中華民國建國史》第一卷，國立編譯館，一九八五。

7 陳三井，《旅歐教育運動：民初融合世界學術的理想》。

8 柳亞子，《給曹聚仁先生的公開信》，一九三六年。

9 唐德剛，《袁氏當國》廣西師範大學出版社，二〇〇四，十四頁。

10 程舒偉、鄭瑞偉，〈第四章：身在曹營心在漢〉，《汪精衛與陳璧君》。

11 汪文惺，〈回憶汪精衛〉，汪精衛紀念託管會，汪精衛網站。

12 汪精衛，〈歐洲的正月〉篇，《正月的回憶》（由作者江仲淵自行翻譯）。

13 方君璧，《方君瑛傳》，未出版手稿。

14 何孟恆，〈問答，汪精衛與方君瑛的關係究竟為何？〉汪精衛紀念託管會，汪精衛網站，。

15 程舒偉、鄭瑞偉，〈第四章：身在曹營心在漢〉，《汪精衛與陳璧君》。

16 同前註。

17 唐德剛，《張學良口述歷史》，臺北：遠流，二〇〇九年，頁二三二。

18 《汪兆銘致吳稚暉函，述革命與學問及研究國學之目的》，中國國民黨文化傳播委員會黨史館近代人物書札，稚09564號，臺灣大學圖書館藏數位資料。二〇一一年第一期第一〇五－一二二頁。

19 汪精衛，《汪精衛致吳稚暉函》，一九一四年九月十七日，國民黨黨史館藏。

20 《汪兆銘致吳稚暉函，述革命與學問及研究國學之目的》，中國國民黨文化傳播委員會黨史館近代人物書札，稚09564號，臺灣大學圖書館藏數位資料。
21 《中山全集》卷四，第二十七至二十九頁。
22 同前註。
23 同前註。
24 同前註。
25 同前註。
26 同前註。
27 汪精衛，《和平奮鬥救中國》，民國十四年三月十九日在北京追悼孫總理大會演講。

第四章　曇花一現的汪主席時代

與廖仲愷及胡漢民的大恩大怨

刺殺攝政王、撰寫國父遺囑、擔任第一任國民政府主席是汪精衛的三大政治資本，為他將來在政場上起了決定性的正面影響。關於遺囑，孫中山完全採用了汪精衛寫的這三份書稿，就連一字都未更動。為什麼孫中山沒有主動提出自己的遺言？為什麼孫中山沒有指定自己的接班人？這仍是不解之謎。但是肯定的是，沒有指定接班人是孫中山最錯誤的一步棋，這導致國民黨內部長期內鬥不斷，分裂成了數個大小派系，互相扯對方的後腿。就算後來領導者由投票產生了，但是派系以及利益的紛歧還是沒有得到平息。也由於孫中山沒有指定接班人，國民黨內沒有人敢接任總理之位，只好宣布取消總理制，把總理這一稱呼永遠讓給孫中山。此後國民黨的領導體制開始採用集體領導的委員會制。

孫中山逝世後，有可能繼承孫中山地位的主要有三個人，一個是胡漢民，孫中山北上時曾任命其為代理大元帥，個性堅定，不隨政治潮流，反對聯俄聯共、三大革命政策，是國民黨中的右派。一個是廖仲愷，在孫中山逝世前擔任財政部長，個性桀驁不馴、猛烈大膽，曾積極協助孫中山改組國民黨，是三大政策的主要推行者，國民黨的左派領袖。一個是汪精衛，個性溫和卻易衝動，具書生氣質，有謀炸攝政王的光榮歷史，是陪同孫中山北上，起草和親承孫中山遺囑的人，政治上以中間偏左的立場行事。

汪、胡、廖三人，被時人稱為孫中山麾下的「三傑」。有趣的是，三人有頗多共同點：都是廣東客家人、都是同盟會的第一批會員、都曾在《民報》擔任寫手、都是孫中山的親密心腹、都是以文人出身的政治家。在左、中、右三方，中立偏左派的汪精衛是呼聲最高的接班人。汪精衛有為革命黨而犧牲的英雄光榮史，有革命成功後不謀求當官的君子風度，更有鮮人能比的文才和口才，這在國民黨中都是無人可比的。加之汪精衛在私底下的作風也極為優良，有著不抽煙、不喝酒、不賭博、不近女色的自我規範。最重要的是，國民黨的極端左右派成員其實是少數，多數黨員皆厭惡派系鬥爭，他們推崇較為中立的派系，想以此緩和左右派人士的衝突，使政府重新合一。最終，汪精衛以他在黨內的資歷、聲望及主張，被黨員推舉為孫中山之後的臨時黨領導。

理想很豐滿，現實卻很骨感，中立的汪精衛，始終無法阻止左右鬥爭。在孫中山逝世前，左右派系畏於孫中山的威望，沒有出現激烈的派系鬥爭，只是繼續維持著偏左的政策。但孫中山歿後，雖然有汪精衛接任國民黨領導，但是威望遠追不上孫中山那「南方共主」的角色，黨內的左右鬥爭由此揭開序幕。

汪任臨時領導時，左右派系雖然暗流湧動，準備開始鬥爭，卻沒有人敢打響第一槍，形成了一種弔詭的僵持局面。但不久後，廖仲愷仗著新一波蘇聯援助所帶來的正面影響，發表了一篇《革命派與反革命派》文章，將右派領導者形容成「反革命」領導者，批評右派領導者仗著自己之前做過革命黨，來反否定三大政策，卻不知三大政策才是真正的革命。

這篇文章不但沒有讓右派服氣，反而激發出兩派對立。有次廖仲愷甚至收到威嚇用機關槍刺殺自己的恐怖信件，不過他不以為意地笑道：「暗殺用手槍炸彈是所見的，若是用機關槍，卻新鮮的很。」雖然左派領袖廖仲愷個性剛烈激進，但他同意汪精衛合法繼承政府位置，畢竟汪精衛是認同延續三大政策的，而且偏中立的看法也能化解分裂危機，於是囑咐大量左派人員力挺汪精衛。

相比於廖，胡漢民可不服氣，表示應將以投票解決黨領導候選的問題。汪精衛認為如果讓胡漢民這位極端右派領袖當選，國民黨極可能因為左右雙方政見衝突而再度陷入分裂，但是自己把持著沒有以正規程序得來的領導人頭銜實在不當，於是在一九二五年六月二十六日，汪精衛親自召開並主持國民黨中央政治會議，討論孫中山逝世後國民黨的重新分配。

中央政治會議上確定國民黨總理的稱呼永遠留給孫中山，今後國民黨採用集體領導的委員會制。會議還決定撤銷孫中山生前的大元帥府行政機構，將國民黨的最高行政機關改稱國民政府。汪精衛在這些案子結束後，先行提出將讓國民黨領導重新選舉，參加會議的黨員們無不驚訝。

一九二五年七月一日，在經過中央政治會議繁複的議論及投票後，「國民政府」正式成立，這象徵著訓政時期正式取代軍政時期。而這天會議也公布國民政府的領導人公投，汪精衛再次獲得勝利，以全票成為孫中山以後第一位正式黨領導。此時汪精衛不僅擔任國民政府主席，還兼任中央軍事委員會主席，集黨、政、軍大權於一身，展現出他對北伐的積極態度。雖然汪精衛兼任了多種要職，卻從未有民眾抱怨過汪過於獨裁，反倒有人抱怨汪過於民主，認為民主不適合在軍閥混戰的時間點實施，但汪精衛堅持了民主一事，他認為民主是民眾所趨、是共和的理念，要是遺棄民主，便是遺棄了民眾、遺棄三民主義。正如同他所說的：「欲永絕軍閥的根株，惟有培植民主勢力。」[1]

七月二日，汪精衛在十萬廣州軍民參加的國民政府成立慶祝儀式上，莊重且激昂的發表了一段演講，且在結尾時說道：「當前的首要任務是揮師北伐，統一中國！」[2]汪精衛的發言得到在場軍民的熱烈歡迎，到處響起「擁護汪主席」的口號，這是汪精衛一生中最為輝煌的日子。

不過在現實層面中，汪精衛雖然已經走向國民政府的最高位置，還兼任了黨、政、軍三大權，看似無懈可擊，但在繼承孫中山遺志的同時，也繼承孫中山一生最大的盲點：沒有私家軍。

國民政府雖然有軍隊、軍校，汪精衛成為他們名義上的管轄人，但汪卻沒有一隻真正忠於自己的私家軍，就像是隆裕太后管不了北洋軍一樣。在槍桿子出政權的軍閥亂世中，缺少武力是註定不能在最高領導人的位置上坐得太久，汪精衛也知道這份不成文規則，但不知為何，汪精衛卻異常堅持不學習軍事，汪精衛在法國讀書時，吳稚暉曾捧著一頂軍帽來到汪精衛住所，很嚴肅地交給汪說：「你戴上吧！今後要革命，要救國，要實現主張，要貫徹主義，一定要依靠武力，我希望你成為一個軍事家，來領導同志。你如能挺身以當大任，我第一個就願意向你磕頭。」[3]當時汪精衛卻表示他對軍事沒有興趣，由此可以預料汪是和長久執政走不上邊的。

友誼的破裂

在新成立的國民政府中，廖仲愷擔任財政部長，胡漢民擔任外交部長，雖然說外交部部長是個大位置，但是胡卻大為不滿，認為這是個明升暗降的舉動，怎麼說呢？在孫死前，胡漢民任廣東省省長，多次代理「大元帥」一職，又是孫的大親信。這些都是能掌握實權的職位。如今胡任職的外交部卻是個到處跑的職位，難以留下根據地，擺明就是要胡漢民不要再搞右派行動了。雖然汪精衛也將廖仲愷給明升暗降，但是這遠不及胡漢民降的誇張。

天下沒有不散的宴席，再經過這次的權力分配後，胡汪二人之間的友誼徹底破裂。老朋友鬧翻後，往往更不容易彌合。看那汪精衛和蔣中正後來在政治戰場上分分合合，是因為他們只把對方當作利益性質的工具，根本不將對方視為真正的朋友。而汪精衛和胡漢民的友誼卻是拿真心換真心的，他們從法政大學開始認識，一同讀書、撰稿、革命，累積友情及信任，在銀錠橋刺殺事件被捕後，汪、胡兩人時常賦詩感懷，藉此紓發知音分隔兩地的悲痛，汪精衛吟出「弦韋常互佩，膠漆不曾離」的思念，胡漢民則訟出「問誰堪作釜，使子竟為薪」的感慨。

辛亥革命後，汪精衛出走法國推動教育教國，胡漢民則繼續待在孫中山底下做事，使兩人的價值觀發生了偏差，在孫中山逝世後，胡漢民已經在政治上活動許久，成為一名老練的政客，而汪精衛卻對教育熟練，對政治生疏，仍然抱持著革命前的書生氣質。兩人再次相見時，難免對對方有些失望，堅如磐石的友誼，因此漸漸疏離。

在這場權力鬥爭中，雙方的藕斷絲連的感情徹底撕裂，友誼以及信任蕩然無存。此後胡漢民經常找汪精衛麻煩，汪精衛也經常無視胡漢民行事，原本意圖彌補黨派分裂的權力分配治標不治本，雖然在短時間內贏得和平，就長久之計來看，反倒加深了左右鬥爭的矛盾。

中央黨部刺殺事件

擔任國民政府主席後，汪精衛延續孫中山「聯俄、聯共、輔助工農」的三大政策。不只在言論當中提倡左傾，還積極任命共產黨位居國民政府要職。比如任命共產黨員的譚平山為中央黨部的組織部長，毛澤東為代理宣傳部長，林伯渠為祕書長。聯俄容共政策在汪精衛的倡導下到達高潮，蘇聯援助頻率穩定增長，經濟、軍事、民生方面無不旺盛，共產黨的勢力也趁勢取得了較多發展。

汪精衛領導的國民政府利用職位分配順利化解左右鬥爭，爭執事件逐漸下降，黨內度過一段短暫的和平時期。不過一個多月後發生的「中央黨部暗殺事件」，頓時讓汪精衛再次陷入左右為難的窘境。

一九二五年八月十八號，國民黨召開政治會議，汪精衛和廖仲愷皆出席參加，在會議結束後汪精衛塞給廖一張小紙條，囑咐廖回家打開，隨後匆匆離開。廖仲愷滿是疑問，回家後打開紙張，原來是汪要提醒他又有人匿名威脅刺殺了，須務必小心。廖仲愷在擔任左派領袖後得到好多次刺殺警告，每一次都是白緊張地撲空，以至於廖仲愷讀完信後，竟開懷大笑：「為黨為國而犧牲，是革命的夙願，何事顧忌！」[4]

兩天後（八月二十日），廖仲愷不顧汪精衛的警告，大剌剌地與帶著何香凝、一位議員、一位侍衛乘坐轎車，奔赴中央黨部參加會議。就在趕到後，廖仲愷和議員、侍衛先後下車走向黨部，何香凝則在車上整理儀態。正當廖仲愷走到黨部的第三格台階時，背後忽然衝出數名蒙面男子，掏出左輪手槍對廖仲愷等人猛烈射擊。廖首先連中四槍，倒在台階上，一旁的議員和侍衛也中彈倒在血泊中。還在車上的何香凝聽見槍聲後感到大事不妙，急忙打開車門抱住廖仲愷，替廖擋子彈，好在此時黨部內的侍衛聞聲趕到，對兇徒開槍，當場放倒一名刺客，而其他刺客認為實力懸殊，逃離現場。何香凝與衛士急忙將廖仲愷抬上轎車，奔向廣東大學醫科學院，但在到達前，廖仲愷已經停止了呼吸。

「中央黨部遇刺事件」在廣州各界引起了巨大震撼。汪精衛初斷這是由右派份子所為，由於右派份子在軍中佔有一定比例，汪深怕這是右派份子即將起兵造反的象徵，因此立即拉攏握有兵權的蔣介石，使其站在同一陣線（當時蔣介石政治觀點偏左，汪精衛因此十分信任他），且與蔣共同組織「特別委員會」，通過一系列限制下屬對政治、軍事、警察等權力，以此提高中央權力，防止叛變。當然，「特別委員會」的工作也包含調查刺殺主謀。

在襲擊廖仲愷的眾多刺客裡，有一人遭到活捉，他的名字叫做陳順，被擊中七槍，其中一槍還命中腦部，不過陳順沒有被當場擊斃，而是重傷被羈押在醫院。調查組織一直等待著陳順清醒，再做審訊，結果四天後陳順就不治身亡了。調查組織在搜查陳順的大衣及褲子口袋時發現了諸多證物，如同襟章、槍照及一張寫有數字的名單等等……而警方則用這些細微證據找尋線索，最終調查結果為：胡漢民是幕後指使者，而其堂弟胡毅生則是付錢買兇的直接負責人。

這對於汪蔣來說，皆是個除去政敵的好機會，可是汪精衛的個性始終離不開書生氣質，見人情之事總猶豫不決，周佛海曾在日記批評：「（汪精衛）無果斷，做事反覆。」書生氣質致使汪精衛得知胡漢民是元兇時，居然還戀舊，不肯抓捕他。和汪精衛相比，蔣中正則是現實多了，蔣介石在廖仲愷死後倍受重用，要是去除胡漢民一大敵，自己必將將會一躍成為國民黨的核心人物。眼看汪躊躇難定，蔣介石上書提議自行派兵逮捕胡漢民，這樣汪精衛既不會背負罵名，也能除去政敵。

汪精衛默認了這項行動。

時任黃埔軍校校長的蔣中正在校內挑選了五十名菁英官兵，命令他們在夜晚包圍胡漢民住宅，抓捕歸案。據稱，他們受到指示：若胡漢民有任何「逃捕行徑」，即可就地處決。胡漢民在關燈就寢後沒有睡著，忽然窗前出現幾道黑影，胡嚇得趕緊下床，穿上衣服匆忙從後門逃出。說來挺妙的是，胡漢民在逃出家後想說要找個地方躲躲鋒頭，而胡第一時間想到的不是那些右派盟友的家，而是選擇到昔日盟友、今日政敵——汪精衛夫婦的家躲藏。

註：汪精衛默認捉捕胡漢民、蔣介石夜晚捕捉胡漢民，以及胡漢民逃往汪家的事件有爭議問題，有部分學者指出並未發生此事，作者在校閱史料後，發現捕捉事件敘事紛歧，難以捉摸孰為正確，許多民國史書，如蕭彬夫《大祕書》、滕征輝《民國大人物》等書籍皆認同此事的真實性，但翻閱陳公博、何孟恆等汪精衛心腹回憶錄，皆未曾提過胡漢民在晚間逃至汪家，陳公博《苦笑錄》更是否認了胡漢民逃往汪宅，以及汪精衛企圖以法律程序捕捉胡漢民的史料主張：「胡先生因為兄弟被捕，那天倉皇避到他親戚的家中，汪先生怕胡先生不安全，請他的夫人陳璧君陪他到黃埔軍官學校暫住。汪先生後來告訴我，許汝為還想藉這機會殺胡先生，汪先生對於這個提議不贊成，說胡先生只負政治上的責任，不負法律上的責任，因此通不過。不過因此胡先生的威信大損，難於安居廣州。」

由此可以看出，捕捉胡漢民前後過程的真實性有很大疑問，作者也認為此事極可能是後世杜撰而成。以下為逃至汪家的前後紀錄，讀者能自行解讀是否真實：

當時汪精衛並不在家，陳璧君開門接應胡漢民，將其安入室內。陳璧君在辛亥革命成功後就聽從汪精衛意見，不再觸及政治，就連汪精衛歸國後陳璧君也堅持不參政，繼續專心做她的學校建設以及軍校募款（嚴格來說，她只有當上「中央監察委員」，是個管理經費動向的小職），嚴重缺少政治關心的陳璧君，在汪精衛擔任主席後居然還分不清胡漢民已經成為政敵，以為胡依舊是當初那位整天撰寫《民報》的熱血少年。

在汪家裡，胡漢民將剛才所發生的事傾洩而出，陳璧君不久前才聽汪精衛抱怨胡漢民，今天汪又不在家。自然將這些事和刺殺未遂連為一塊，她告訴胡漢民應該是汪精衛幹的，胡漢民卻沒有幾分訝異。陳璧君更加確信自己推測，操起轉輪電話，撥給汪精衛大罵為何要刺殺胡漢民，汪既尷尬又無言，一來陳璧君對於現在政治缺乏了解，解釋如同對牛彈琴。二來汪根本就沒打算殺他，只想要逮捕歸案而已。

關於胡漢民為何會選擇逃到汪精衛家，胡漢民並沒有給予解釋，留給後人頗多猜想：有人覺得胡漢民相信汪精衛能夠保護他、有人覺得胡漢民認為最危險的地方就是最安全的地方、更有人大膽猜測胡漢民是來要脅的，這些答案沒有一定的根據，留給後人許多猜想。蔣介石於早間成功逮捕胡漢民，將其軟禁在黃埔軍校中。然而，汪精衛卻又起了不忍之心，開始同情舊友胡漢民的處境，曾告訴陳公博說：「胡先生只負政治上的責任，不負法律上責任。」汪精衛念及當年兩人曾經友好，沒有趁勢將胡直接扳倒，甚至沒有公開處分胡漢民，只是將胡漢民以國民政府特使的名義派往蘇聯考察，藉此遠離政治。

一九二五年九月二十二日胡漢民前往蘇聯，但汪精衛這個舉動被一些國民黨左派批評為有徇情枉法之嫌。

成為左派領袖

右派台柱胡漢民被迫離職出國，國民黨右派在廣州政府已無法立足，在加上鮑羅廷的施壓下，他們被迫跑到北京另立中央。在廖仲愷死後，左派一時找不到能夠擔當起新任領袖的人物，於是拉攏中立偏左的汪精衛成為左派領袖，此時汪精衛認為國民政府的左派勢力已經成為定局，且當時左派所能獲取的利益遠比中立或右派來的多（如蘇聯援助一例），於是順理成章地成為左派領袖。然而右派雖然敗退北上，卻在不久後便捲土重來，發起了一系列的反共、反左運動，其中最為有名的當屬「西山會議」。

西山會議發起原因十分有趣。當時右派份子們離開廣州後，一路逃到北京躲避政治追殺，而這些人在北京沒事做，所以有事沒事就邀請其他右派人物出遊，順便談論政事，而出遊的最佳地點便是北京西山了。

孫中山逝世後，他的正式陵墓中山陵才開始動工，靈柩在中山陵完成前暫時安放在西山的碧雲寺中。諷刺的是，孫中山向來討厭中國傳統信仰，年輕時曾經在廣東砸毀北帝聖君的神像、折斷金花娘娘的手指，怒斥「木偶由人而作，豈能操人禍福哉」。那些安排孫中山後事的似乎不知道這段歷史，居然將他放在中式寺廟。而那些右派人士更是糊塗，居然認為孫是佛教徒，跑到碧雲寺誦經念佛，「幫助超渡孫中山」。最糊塗的是那群記者們，他們看到右派人士們向孫中山念經後，大作文章，將他們塑造成忠誠孫中山的好部下，卻不知道他們的便是反孫三大政策的主要人員。

這下可好，經過記者報導後，那些右派人士名氣大增，其他理念相近的政客感到有利可圖，紛紛依樣畫葫蘆，來到西山祭拜、超渡孫中山。可是拜著拜著，他們便失去了原有的初衷，開始在廟前議論政事，過不久他們乾脆不拜佛了，直接在碧雲寺召開政治會議。

一九二五年十一月二十三日，戴季陶、林森等一批國民黨右派人士，在孫中山的靈墓前召開「國民黨一屆四中全會」，這就是所謂的「西山會議」。西山會議以反對聯俄聯共、反對汪精衛「左傾」為主要議題，通過一系列反對聯俄聯共的決議案，最著名的三者當屬《取消共產派在本黨之黨籍案》、《顧問鮑羅廷解僱案》、以及《開除汪精衛黨籍案》。沒錯，他們開除了汪的黨籍半年，他們確實有權利開除黨籍，雖然他們鳥獸散的北上去了，汪精衛卻沒有將他們剃除政黨職位，他們依舊能提議並表決國民黨的黨務。一九二六年四月一日，廣州國民黨中央召開「國民黨第二次全國代表大會」，汪精衛在會上重申堅持孫中山的聯俄聯共三大政策，汪精衛說：「西山會議派打出反對聯俄聯共的旗幟，就是打出反對孫中山先生的旗幟，所以成為總理的叛徒，革命的蟊賊。」[5]汪精衛雖說如此，卻仍然沒有對「西山會議派」派採取嚴厲的制裁措施，甚至保留西山會議骨幹分子的黨籍，更有人當選為新的中央委員，有此也能看出汪精衛時期國民政府的民主氣息十分蓬勃。

儘管右派的反汪氣焰十分囂張，但最為重要的軍權仍掌握在左派手裡，所以沒有形成很大氣候。汪精衛的左派立場得到中國共產黨和蘇聯政府的高度評價，在汪精衛當政期間，共產黨的確得到汪精衛很多的關照，要不是汪精衛後來主和議和，中共對汪精衛的政治看法可能會好很多。

追風逐電的蔣介石

一九二四年一月舉行的國民黨第一次全國代表大會上，汪精衛、胡漢民、廖仲愷、戴季陶等人均為中央執行委員會委員，而蔣介石不但不是中央委員，連候補委員都不是。但一九二四年五月蔣介石出任黃埔軍校校長後，一舉成為國民黨黨軍的第二領導人，僅次於任職軍事部長兼廣東省政府主席的許崇智。在中國往往是得軍隊者得天下，何況北伐統一中國是不能靠嘴巴就能做到的，蔣介石憑著牢握手中的軍權，在國民黨中的地位飛速上升。

蔣介石的躍升，在相當程度上得益於國民黨的分裂。一九二五年八月二十廖仲愷遇刺身亡，最大受益人不是胡漢民，而是蔣介石。蔣在刺廖案前雖說地位是平步青雲的，但是卻有層無法打破的「玻璃天花板」擋住了他的當官路，那層玻璃便是國民黨前輩。蔣在軍事上的名氣比不過前輩許崇智（許是推舉蔣上任黃埔軍校校長的重要推手），政治上的重要性比不過汪、胡、廖等一票革命黨元老，長幼制的規則讓蔣頗有怨氣，但卻無從改變。而刺廖這場橫貨卻意外讓蔣衝破天花板，成為政府核心人員。廖死後不久，蔣和汪精衛、許崇智組成特別委員會，調查元兇。而在調查兇手時，先前表示擁護右派的許崇智自然受到許多人質疑，蔣中正趁勢收走許的兵權，還大噪「右派兇手論」來排擠許，使許崇智被迫到上海避居公共租界，從此淡出軍政界，蔣中正在此時成為國民政府最大的軍權領袖。

蔣中正之所以能在軍事上成功奪權，不僅是因為他的頭腦，也包含了他人對他的信任，他在軍中只喝白開水、不穿皮鞋、理平頭、和普通士兵同樣吃大食堂。嚴苛的生活規則讓蔣在軍中風評極為良好，外界普遍認為蔣是一位好軍人，包括汪也是這麼認為，他曾前往黃埔軍校觀看蔣介石練出的官兵品質如何，見各班士兵一個口令一個動作，絲毫不馬虎，給予「用十二分的努力，練成真正革命的軍隊，即現時所謂黨軍，以為總理的臂助的是蔣校長」[6]的極高評價。當蔣提議換走許崇智時，汪精衛依照對蔣的良好印象，也就同意了，深不知蔣其實是披著羊皮的狼。蔣介石少了同他爭奪軍權的障礙，從而跳脫政府的互相制衡的規則，形成了汪主政、蔣主軍的局面，這也為汪、蔣日後離合、爭鬥埋下了伏筆。胡漢民出走蘇聯、右派人士退居北京，許崇智流亡上海後，汪精衛開始擬定武力北伐，掌槍桿子的蔣自然受到器重，在政治上的重要性也因此提高，就名義上說，汪精衛依然是國民政府的最高領導，但實際上，蔣介石已經跳脫制衡規則，又在東征陳炯明時觸及政治，在國民政府中的實質地位已經跟上汪精衛。

一九二五年十月，汪精衛以國民政府主席的名義，開始策劃東征陳炯明的行動，汪精衛本人不懂軍事，只好任命蔣介石為東征軍總指揮。不得不說，蔣介石所練出來的軍隊真不是一般厲害，面對號稱十萬雄軍的粵軍部隊，蔣介石靠著兩萬軍隊，以充分利用戰術及訓練精良的優勢打破一道道防線，於一年後消滅陳炯明的所有勢力，兩廣宣告合一。從此，蔣介石在國內威名遠播。

一九二六年一月國民黨第二次全國代表大會上（簡稱為二大），蔣介石以泰山壓頂般的氣勢當選中央執行委員——全場有兩百四十八人投票贊成，僅有一人反對。不久後還兼任國民革命軍總司令，成為國民黨中最具有潛力的政星。而原先在一九二四年一月孫中山所召開的「一大」中，蔣介石連出席資格都沒有，可他竟然只用了短短兩年就將原先革命數十年的老前輩們一一追上，其才華、野心深不可測。

蔣介石之所以能如此迅速的掌握國民黨的實權，與汪精衛有關的淡泊名利有關。《真實的汪精衛》作者林思雲曾提出著名的《清水論》：

汪精衛在黨內的資格最老，和孫中山的關係最近，又有敢於自我犧牲的英雄事蹟，所以汪在國民黨內的聲望首數第一。汪精衛為人誠實、不貪錢財、特別是在個人生活方面，汪精衛不抽煙、不酗酒、不賭博、不近女色，對於政事也總是公事公辦。這在當時腐敗的中國政界，是一種非常清高的存在。但是，即使即使有這麼多令人追捧的行徑，汪精衛卻反而得不到他人的跟隨，這是為什麼呢？中國有句格言說：「水至清則無魚」，汪精衛品格過於清廉，所以願意跟隨他的人就很少。在中國善於玩弄權術的人總是以「封官許願」等物質刺激的方法，來召集網羅自己的跟隨者。汪精衛不但不搞「封官許願」，還對自己的部下要求很嚴，由於跟汪精衛幹撈不到什麼好處，所以願意跟隨汪精衛的人就很少。[7]

另外，汪精衛也不會用「結拜兄弟」等方法來拉攏有權勢的人，「結拜兄弟」是民初拉攏盟友的好策略，像是蔣介石就將這套方法弄得出神入化，他一生共結拜過無數兄弟，有資料顯示的就有五十二人，這些人都是能一手遮天的政治、軍事家，包跨陳其美、戴季陶、李宗仁、白崇禧……甚至到張學良、馮玉祥都是蔣的義結兄弟。蔣也曾經結拜過他日後背叛的許崇智，基於這層關係，許崇智才推舉蔣當上軍校校長。

蔣在「結拜兄弟」後有一套規則：當蔣有困難時，兄弟會來幫忙，但是當兄弟有難時，蔣則是看情況來辦事，這套規則讓他避免了很多不必要的麻煩。

汪精衛可不搞結拜之事，他雖然在公開場合經常自稱為「兄弟」，卻幾乎沒有結過兄弟，汪精衛曾在辛亥革命時期與袁克定結為異姓兄弟，但不久後即反悔，這是汪精衛第一次，也是最後一次結交兄弟，另外，在日本革命時期，汪精衛和曾醒、方君瑛結為義姊義弟，但這可不是為了政治利益，而是實實在在的革命情感。

如今汪精衛是堂堂一國民政府主席，結拜的信件也如雪花般灌入汪精衛的辦公桌上，但汪卻屢屢拒絕，從不答應。當然，這肯定包含蔣的信件。蔣是汪名義上的下屬，當然不會忘記拉攏上司，送來了份蘭譜，請求義結金蘭，但汪精衛婉言謝絕，蔣不甘心，又送了一次，汪見其心堅如石，不結拜的原則因此產生了動搖，雖然沒有正式結為乾親，卻開始使用「介弟」來稱呼蔣介石了，直到有次一天汪精衛正寫信給蔣介石，開頭明晃晃寫著「介弟」兩個大字，給陳璧君發覺了，她大發雷霆責罵道：「妳願意做他把兄，可是我不願意做他的把嫂。」陳璧君和蔣介石曾經出過什麼衝突，使她這麼憤怒呢？我們不得而知了，只知汪精衛懼妻憤怒，不得不撕了那封信重寫，此後不再與蔣介石以兄弟相待，恢復了政治人物上的距離。

按照近代的政治標準來說，汪精衛有著「具有血性，又極工巧，聽者無不動容，甚至落淚」的口才，還有「即流血於菜市街頭，猶張目以望革命軍之入都門」的犧牲精神，以及「如清教徒般嚴律」生活的人，是非常理想的政治家，可是汪精衛這樣西方型的政治家，卻不適合於槍桿子稱王的民國亂世，這是汪精衛一生的悲劇所在。

蘇聯的干預與衝突

一九二三年，孫中山創建陸海軍大元帥大本營，蘇聯對此抱有好感，派出列寧的祕書馬林與孫中山交談，馬林大方地表示蘇聯會在政治和軍事上，積極支持國民黨。這對於渴望盟友的孫中山非常誘惑，於是達成了合作協定。從此蘇聯向孫中山提供大量金錢武器，孫中山靠蘇聯的支援建立起黃埔軍校，創建起一隻國民黨自己的軍隊。

孫中山得到蘇聯支持的代價不小，孫中山特聘蘇聯人鮑羅廷為國民黨的政治顧問，鮑羅廷在國民黨中有極大的發言權，國民黨的各項政策行動都要徵求蘇聯代表的同意，引起諸多政治人物不滿，蔣介石認為這簡直是將國民政府視作提線人偶，將主權架空了！蔣私下經常咒罵蘇聯顧問，並將其蔑稱為「太上皇」，然而在公開場合中，羽翼未豐的蔣不得不將怨氣吞下，遵時養晦。

孫中山過世後，汪精衛的國民政府決心完成孫中山的遺志，北伐統一中國。但北伐所需的武器軍費，全靠蘇聯人提供，隨著蘇聯對國民黨援助力度的加大，蘇聯派遣了大批軍事顧問進入國民革命軍的各個師團。蘇聯顧問們雖然對國民政府的軍事方面貢獻良多，但他們並不懂尊重中國的禮節和習慣，經常以太上皇的傲慢姿態出現，對國民黨軍隊的內部事物指手畫腳，引起大部分國民黨軍人的反感，也使很多國民黨領導人懷疑蘇聯有在政治軍事上控制國民黨的野心。

蔣介石曾歎息：「嗚呼，赤化也，共產也，俄人掌握政權也。」接替鮑羅廷的蘇聯顧問季山嘉到任後，對中國人更是傲慢，特別是季山嘉與國民黨軍隊最高領導人的蔣介石私人關係極差，季山嘉見到蔣介石不是冷笑就是挖苦，幾乎反對蔣介石的每一項計畫，這促成蔣介石反俄的決心。

更糟糕的是，季山嘉改變了以前蘇聯逐步改造國民黨的計畫，開始公然幫助中國共產黨在國民黨中擴充勢力，試圖讓中共從內部顛覆國民黨，將國民黨徹底赤化。季山嘉向國民軍的各個師團派遣共產黨員作黨代表，當時蔣介石的國民革命軍第一軍三個師的黨代表之中，中共黨員佔了兩個；九個團的黨代表之中，中共黨員佔七個！季山嘉激進的赤化行動，遭到以蔣介石為首的國民黨右派強力反對。

季山嘉以及蔣介石的衝突可不只這一樁，在北伐問題上，蔣介石則主張即刻北伐，以陸路為主力進攻，而季山嘉則主張等待時機成熟再北伐，以海上為主力進攻。兩人為此爭吵不休，連策劃一事都擱著了，只顧著相互對罵報復。

蔣介石剛出露頭腳時，是以一個積極擁共的左派形象出現，曾發表聲明痛斥西山會議派的反共反汪行為，得到汪精衛的信任和重用。但以上的衝突，使蔣介石對左派產生動搖，甚至出現反共的跡象。汪精衛為了調和兩人，從中勸解，但為了顧全蘇聯援助的利益，汪精衛的態度始終是站在季山嘉一方，這因此讓蔣對汪的不滿更為加深，兩人也逐漸產生對立。不久後，國民政府發生了一系列的不尋常事件，讓生性多疑的蔣介石警覺了起來。

中山艦事件

一九二六年二月六號，汪精衛主持召開軍事委員會會議，會中提到了關於軍事經費的分配問題，當時季山嘉對會議人員表示蔣介石獨攬軍權，他所領導的第一軍以及黃埔軍校的經費特別優厚，不該厚此薄彼，主張合理分配。蔣介石當時在場，氣得七竅生煙，但因為政治因素的關係，兩人的勾心鬥角可不能為外人所知，蔣介石沒有公然發怒。

汪精衛最後決定，在撥給軍事經費四十二萬元中，黃埔軍校三十萬元，王懋功第二師經費十二萬元，蔣對此表示接受。誰料第二天，黃埔軍校經費忽然降了三萬元，而這些錢又加給了王懋功的第二師，這件事立即引起蔣介石的不滿。為打擊親汪的軍事力量，蔣於二月二十六號扣押王懋功，並任命其親信劉峙為第二師師長。從此拉開汪蔣鬥爭的序幕。

在此之後，廣州城謠言四起，有傳言說，共產黨準備叛變，推翻國民政府組織農工政府，不僅如此，甚至有謠言表示汪精衛與王懋功都已加入共產黨，隨時準備倒蔣。在蔣介石看來，這些謠言絕不是空穴來風，這讓他極為不安，《蔣介石日記》顯示：「近日反蔣運動傳單不一，疑我、謗我、忌我、誣我、排我、害我者亦漸明顯，遇此拂逆精神打劫，而心誌益堅也。」[8]

再眾多謠言中，最致命的當屬這份：最近國民政府挪移了一批軍船，其實是季山嘉想把蔣騙到船上，載到蘇聯把蔣介石軟禁的事先調動。此謠言成為壓垮和平局面的最後一根稻草，蔣介石真的以為汪精衛已經和共產黨聯手，準備要除掉自己了。據說蔣介石為了求證這份謠言的真實性，決定採取以退為進的方式，跑到汪精衛的辦公處，假意向汪提出辭呈，並說自己想去蘇聯修養，以此試探汪精衛，沒想到汪精衛竟表示同意了！蔣介石更加深信那則謠言，殊不知汪同意的理由其實是不想要蔣和蘇聯代表再次衝突。

接下來的事件讓蔣介石完全肯定了這則謠言，這便是大名鼎鼎的中山艦事件。其實就如同楊天石所說，中山艦事件是「偶然中的必然」，其中並不具有任何陰謀可言，然而自古以來民無信不立，不管是國民黨或是共產黨，將對自己政黨有利的說法加諸於該事件上，進而得到群眾們的支持。事實上，一切陰謀的起點不在中山艦事件，而是源自於兩黨的相互猜忌及誤解。

國共雙方總是用政治色彩來掩蓋真實的情形，導致中山艦事件有著好幾種不同的解釋。隨著兩岸對峙的緩和，近幾年出現了一種不同的看法，大意表示國民政府當時的行政規矩尚未成熟，因此吩咐調派巡邏艦剿滅海盜時，卻因為一連串誤會導致調派出巡洋艦，而在前後，中山艦是完全是不在海軍局同意的情況下被調派出去的。

三月十九日一大早，幾名海軍士兵步履匆匆地跑到黃埔軍校教育長鄧演達前報告，鄧立刻給海軍局代理局長李之龍打電話，詢問是否下令調動軍艦，李之龍當然不清楚此事，為了弄清情況，李又打電話問蔣校長，這時候蔣介石才知道，竟然有一艘軍艦在沒有經過同意的情況下開到黃埔，多疑的蔣介石聯想到有人想把他綁到蘇聯的謠言，大為惶恐，推測汪精衛應該是主謀者。

蔣介石越想越不安，他提早回家，鎖上臥室房門，在裡頭來回踱步，直到午夜時分，蔣依然議恐得睡不著覺。他琢磨來琢磨去，心中升起了一個大膽的想法：左派要抓我，我就先抓他們。時至二十號凌晨三點，蔣臨時招集幾位心腹前來宅邸，進行密謀和布置，得出以下對策：

一、實行戒嚴。

二、將黃埔軍校校生傾巢而出，包圍俄國顧問的公館和省港罷工委員會，將衛隊槍械收繳。

三、派出一個營的兵力登上中山艦，將反叛勢力壓制，扣捕李之龍。並在同一時間佔領海軍局。

四、國民革命第一軍黨代表無論是否共產黨，下午全體免職，概行看管。

五、佔領廣州東門外造幣廠的舊址，作為臨時司令部。

六、控制汪精衛住宅，使其無法對外聯繫。

蔣介石這次行動孤注一擲，可說是被逼急了，他將所有的軍事才智以及人員都發揮盡致，如果勝，那就必定大勝，如果輸，那就永遠無法東山再起。幸運的是，蔣介石居然賭贏了，以上的六個計畫，全數成功，廣州國民政府在失去共產勢力的情況下，已經徹底成為蔣中正主導的局面。

想必讀者一定很好奇，在中山艦事件爆發的前後，汪精衛都在做些什麼呢？為何能讓局勢輕易導向蔣中正呢？作者得出一個結論：幸運女神實在是太眷顧蔣介石了。汪精衛於三月十八號，也就是中山艦事件發生的前天由於過度操勞，患得了肝病，很多人都勸他太辛苦，應該休息一下，而汪卻給出一番有趣回覆：「哪能夠？我給你們一段故事。有一次監獄裡頭有一個囚犯患了病，獄醫來看過之後說：『最好你遷地療養一下。』話是好聽的，你想一個囚犯怎能可以自由地搬到別處療養？我現在就是那個囚犯。」[9]不過，由於病情卻加倍惡化，加上糖尿病的雙重發作，汪只能於三月十九日請假，待在家中養病，在其間所有政務皆交由其他人所代理，所以汪精衛自然沒辦法在政變發起的第一時間撲滅蔣介石的政變烈火。

三月二十日太陽東昇，汪精衛病情未癒，決定繼續在病榻中休息。可惜慵懶的氣氛沒過多久，陳公博便匆忙進入汪宅，將汪精衛喚醒，告知蘇聯大使館已經遭受包圍，汪宅也被軍隊包圍了！汪疑惑不解，自己身為軍事委員會主席，還會有誰調動這批軍隊呢？

這時，大門傳來了一陣敲門聲，陳璧君前去迎門，只見國民黨元老譚延闓和朱培德手裡握著一封白信，表示要找汪精衛說話，陳璧君見他倆沒有不軌之意，便放二人進入。

原來，二人是受蔣介石之託，轉呈一封蔣介石給汪精衛的親筆信，信中表示：共產黨圖謀暴亂，不得不緊急處置，請求主席原諒。汪精衛接受不了這個解釋，這麼大的行動竟然不事先通知自己，況且自己還是軍事委員會主席。汪憤慨地說：「我是國府主席，又是軍事委員會主席，介石這樣舉動。事前一點也不通知我，這不是造反嗎？」[10]汪激動得站了起來，但一陣頭暈又將他押倒下床。

譚、朱也附和說：「我看介石是有點神經病，這人在我們看來，平常就有神經病的，我看我們還得再走一趟，問問他想什麼和要什麼再說。」[11]懷疑蔣介石有神經病，除了氣話外，不無道理。在旁人看來，蔣介石在成為孫中山部下後一路贊同擁共，曾稱國民黨須「以蘇俄自強自立為師法」，又稱國共雙方是「姊妹黨」，但他為何突然做出政變？這就是旁人的不解之處了。

汪精衛不顧身體有病，走向衣櫃拿起穿起長褂，執意要和譚、朱同去造幣廠，不過扣子才扣了半截，汪又暈坐在一旁的地板。陳璧君焦急地勸阻：「你身體這樣是不能去的。」[12]汪精衛沒有回應璧君，只是在地板上沉默許久，嘆了一聲息後表示先請譚延闓和朱培德前往造幣廠會見蔣介石，據陳公博回憶，在離開大門前，譚延闓前曾對自己說：「我們是去了，但會不會給蔣介石扣留，實不可必。現在更沒有別人，我們想託公博先生通知魯詠庵和黃蘅秋，吩咐軍隊準備，以備萬一之變。」[13]

雙方的僵持情況持續了兩天。直到二十二日，蔣才對中山艦事件發表解釋及善後。

蔣介石在這天奔赴了兩場會議，一次是與蘇聯的談判，雙方是在蘇俄駐廣州領事館談的，蘇聯代表表示：國民政府如果要反共，那我們將收回一切援助。蔣介石則表示自己沒有反共之心，對人不對事，請求俄國軍事顧問季山嘉離開，重新啟用鮑羅庭。蘇聯代表顧及當時的蘇聯受到國際打壓的局勢，不願失去盟友，最終同意蔣介石的要求，表示願意繼續合作，並不繼續追究或是要求賠償。蘇聯的妥協，讓以汪精衛為首的左派人員更趨劣勢。

蔣又奔赴了中央政治委員會會議。此次會議是臨時召開的，開會目的是要商討並確立中山艦事件後的政策變動。汪精衛是中政會主席，按照規則來說，政府開會是一定要他出席的，然而汪精衛因病無法出門，會議只好在其汪宅中召開。當時汪精衛躺在床上，各個政委們圍床而坐，蔣介石「本來平時就不大說話，那天更少說話，似乎有點倔強．也似乎有點愧怍」[14]。汪本想藉此會議來聯合各位政委處置蔣介石的越權行為，但事情卻走向了相反局面，大部分中央委員卻都替蔣介石說話，贊同蔣介石的排俄排共行動，汪精衛失望透頂，他自知自己已經失去政治主導權了。

不過此時，汪精衛並不是一無所有，左派當時已經深入軍中，許多軍方人物皆對汪精衛保持忠誠，第二軍軍長魯滌平等人也願意盡忠。但汪精衛認為如果和蔣介石搞直接對抗，勢必會引起國民黨內部的嚴重分裂，左右派鬥爭將再次開啟，國民政府將因內鬥導致功虧一簣，這是汪最不願意得到的結果。既然國民黨中央的大部分人都贊成蔣介石，為了維護國民黨的整體利益，汪精衛決定以主動辭職的方式，把政權交給蔣介石：「我是革命政府和黨的代表，這件事的發生我也有責任，我只責己不責人，一切均由我不能盡職所造成，我將引咎辭職。此事一切善後工作，均由蔣同志去辦。」[15]隨後致電蔣介石，表示：「今弟既厭銘，不願共事，銘當引去。銘之引去，出於自願，非強迫也。」[16]

會議結束後的隔一天，汪精衛對國民政府請了一份長假，在家中避不見客，又於幾天後離開住家，玩起了失蹤！國民政府找尋頗久，終於在一家名為「荔香園」的私人公園找到汪。荔香園的主人是陳璧君的親戚，汪精衛依託這層關係在此居住，此時汪大病未癒，托著疲累的身子在公園內散步，觀賞夕陽的落下、柳葉的輕飄、湖面的波瀾，享受著從回國後就從沒體驗過的悠閒，但汪並不以此為滿，作一首《病中讀陶詩》，抒發當時窘態：

> 病懷聽盡雨颼颼，斜日柴門得小休。
> 抱節孤松如有傲，含薰幽蕙本無求。
> 閒居始識禽魚樂，廣土終懸霜霰憂。
> 暫屏酒尊親藥裹，感因苦口致深尤。

汪精衛在政治上是模範人物般的存在，堪稱冰清玉潔、能近取譬，然而汪精衛的骨子裡卻是一個柔弱的文人，文才詩情加豪情，缺乏翻手為雲覆手為雨的政客本領。在殘酷複雜的黨內權力鬥爭中，只求「含薰幽蕙」的「孤松」，永遠不是那些為權力汲汲營營之政客的對手。汪精衛對政治缺乏必要的堅持，常常表現出對於政治的刻意疏離，認為政治是污穢的，追逐權力是骯髒的，一遇反對，即寬宏諒解；一遇誤會，即負氣一走了之，充分展現出文人之氣質。在這種固守道德底線的堅持下，汪精衛十分難在政場上佔有一席之地，也是蔣介石後來居上的主要原因。

汪精衛失蹤後，蔣介石受到輿論的謾罵，只得上交道歉書平息眾怒，上頭寫道：「惟此是起於倉猝，其處置非常，事前未及報告，專擅之罪誠不敢辭，但深夜之際，稍縱即逝，臨機處決實非得以，應自請從嚴處分，已是懲戒而肅紀律。」[17]不僅如此，他在對外的解釋上，將此事件美化為「保護領袖」，雖說此舉是司馬昭之心，路人皆知，但自從中山艦事件爆發後，蔣介石主掌大局的局面已定，誰還能對蔣介石施以懲戒呢？交上文章的第二天，蔣介石沒有照常到黃埔軍校辦公，而是帶著祕書陳立夫跑到虎門鎮，做他所說的「自我處分」，也就是辭官。然而蔣並沒有真心想退休，他只是在等廣州政府請他出山，這樣他便可以明正言順的繼續待下去了。果然，在交上文章的第三天，廣州政府便派官員前來勸說，蔣再作完象徵性推辭後，心滿意足地返回主政。

一九二六年五月十一日，汪精衛離開廣州前往法國馬賽。汪精衛辭職後，廣州國民政府於六月六日推選蔣介石為中央軍委主席兼北伐軍總司令。後來蔣介石又出任國民黨中央常委主席，獨攬黨政軍大權於一身。蔣介石的排俄排共政策雖然得到了多數黨內人士的支持，但國民黨北伐還要依靠蘇聯的經濟軍事援助，還沒有和蘇聯攤牌的資本。

蔣介石上臺後，立即開始著手北伐。一九二六年十一月，北伐軍攻佔南昌、武昌，這引起北方軍閥們的震驚。張作霖、孫傳芳、張宗昌等人組織起「安國軍」和北伐軍對抗，但面對勢不可擋的北伐軍，還是漸落下風。然而蔣介石在軍事上的進展雖然順利，但一貫的獨裁作風卻引起很多國民黨人的反感。儘管中山艦事件發生時，許多國民黨高層站在蔣介石一邊，贊成他排俄排共的「敢行」。但蔣介石當權後表現出來的獨裁霸道，又讓人們回想起作風民主的汪主席的好處，「擁護汪主席」、「請汪主席回國復職」的呼聲四起。一九二七年二月，孫科等人組成「迎汪行動委員會」，以國民黨臨時中央會議的名義，致電汪精衛，敦促他回國復職。蔣介石後來也擋不住擁汪浪潮，只好跟隨局勢，打電報給汪精衛：「如果先生再不回國的話，我就要出國了。」[18]

在法國的汪精衛收到許多請求他回國復職的電報，感歎道：「看來我不回去不行了。」[19]當時他因感染盲腸炎剛剛開刀，身體未痊癒，但是依然決定帶著陳璧君和曾仲鳴匆忙啟程回國。經過柏林時臥床不起，高燒攝氏四十度，又不得以返回巴黎。一直至二月下旬，汪精衛再度離開法國，乘火車經蘇聯歸國，從此開啟了民主與獨裁的鬥爭。

然而，此時蔣介石在黨內外已打下穩固基礎，縱使汪精衛有良好名聲，面對掌握絕對優勢的蔣，已經無法抗衡了。

揮師北伐

一九二六年七月九日，國民政府在蔣介石的統領下宣告誓師北伐，宣稱北伐之目的是打倒軍閥和帝國主義，尋求中國之統一和獨立自主。據近年研究資料顯示，蘇聯當時對國民政府提供高達數百萬美元，購買力相當於現今新台幣的近五十億之多的軍事援助。當時中國的各地軍閥幾乎都由西方資本主義國家贊助，但英法美等軍火商受到軍火條令限制，無法大量買賣槍支彈藥，即使軍閥擁有龐大資金，也無法購買武器。蘇聯的援助使各個軍閥部隊在軍事裝備上，大大劣於北伐軍。

作為龐大資金的代價，國民黨須允許共產黨人在北伐所到之處發動工農運動，並在軍隊中進行帝國主義問題、農民問題的激烈宣傳。當時中國民眾經常遭受西方列強壓榨，對於他們本來就很痛恨，列寧的帝國主義學說又正好戳中民眾的痛處，使中國人的仇外情緒火上澆油，仇外運動接連不段，民眾開始在租界區上發起遊行，或著是縱火焚燒教堂，不懂政局的外國人也因此將北伐軍視為發起仇外運動的始作俑者，兩者關係日益緊張，以下舉出兩項事件舉例：

漢口九江收回英租界事件：一九二七年一月三日，武漢三鎮舉行遷都武漢的大規模慶祝活動時，北伐軍共產黨員在英國漢口租界附近發起仇外演講，英國領事深怕出事，派出一批軍隊前來驅離演講民眾，並以刺刀刺傷多位激進人士，中國軍民與英國軍警的關係加深惡化，雙方集結兵力到租界界線，大戰岌岌可危。好在當時英國流行綏靖主義，英國駐華公使命令不許開戰，英國領事只好陸續撤走軍隊及辦公人員回香港，默認中國軍隊收回漢口和九江租借。相比其他排外事件，此事已經算是非常平和了。

一九二七年南京事件：一九二七年三月二十七日北伐軍佔領南京，已經持續一年的北伐戰爭終於暫時停歇，軍隊可以獲得一段為期不長的休假，他們在這一年中神經緊繃，面對身死交關，壓力非常之大，然而在佔領南京後，他們終於不用承受一板一眼的軍隊生活，像個洩氣的氣球般跑到南京各處為非作歹，引起國際性的大災難——南京事件。

北伐軍進入南京後，有部分軍隊無視規矩地開始鬧事，搶劫地方商店，砸毀多處外國領事館、教堂、商社，打死英美法意等國六人，打傷數十人，此外還有上百名外國婦女遭到北伐軍士兵強姦。仇外事件的參與者大多為穿著國民革命軍軍裝的共產主義者所作，致使北伐軍名聲瞬間敗壞，列強們十分惱怒這等與義和團相差無幾的行徑。英國在漢口經歷過前車之鑑，因此不再抱持綏靖，聯合以美國為首的西方列強調集數艘軍艦砲擊南京，當場轟死兩千餘人，其中大部分皆為無辜民眾。（題外話：日本在南京事件中亦有少量傷亡，雖然日本政府沒有參與砲轟，但此事也成為後來南京大屠殺的搬責藉口之一。）

西方列強對蔣介石北伐並不反對，當時西方才剛經歷完第一次世界大戰，長達四年的大屠戮使各國經濟遭受巨大打擊，人民普遍對戰爭抱持反感，政府也不敢再輕舉發動戰爭，以綏靖政策待見國際事務。雖然列強皆有染指各地軍閥，但列強對他們並不情有獨鍾，贊助的本意是讓他們成為保護列強在華利益的保護者，如今軍閥體系搖搖欲墜，西方列強不願派遣軍隊予以保護，而是秉持著機會主義者的心態不再堅持與特定軍閥合作，而是抱持中立，座觀虎鬥，等待一方勝利後再認同其為長江利益的合法保護者。然而蔣介石軍隊接連爆發的仇外事件，使西方列強態度逐漸反感，蔣介石深怕再這樣誅殺洋人下去，北伐行動勢必引起各國列強的干涉，消滅軍閥統一中國的大業將付之一炬。蔣介石認為民眾的反洋情緒都是共產黨的帝國主義理論煽動所造成的，不和共產黨分家，北伐就不能成功，因此定下「分共」的決心。

對外方面蔣與列強爆發種種衝突，對內蔣介石也不好過，他因身兼各種軍政大職，培植私人勢力，搞軍事獨裁的傾向也十分明顯，加上其反左意識越劇濃烈，與蘇聯顧問團爆發許多衝突，引起武漢左派人士反感。反對蔣介石獨裁、請汪精衛回國的呼聲日漸增長。

蔣介石與汪精衛的關係猶如一座天秤般，如果一人上升，一人便會下降。蔣起初對迎汪很是反感，他認為迎汪即是反蔣，宣稱：「我以為黨政軍只能有一個領袖，不能有兩個領袖。如果大家要汪先生回來，我便走開。如果大家要我不走，汪先生便不能回來。」如果蔣介石走了，那誰來領導北伐呢？蔣本想用這招來讓大家沉默，但群眾們可不在乎，執意要求汪精衛回國，在這樣的情況下，蔣介石腦經一轉，想說也罷，就讓汪精衛回國繼續主政，自己主軍，這樣一來優勢仍在，自己也不用再聽反蔣者謾罵。從政治的觀點來說，蔣介石迎汪的最大因素為：蔣與逐漸被共產黨所控制的武漢國民政府衝突激烈，蔣轉而開始支持汪回國是為了拉攏汪，利用汪的資歷名望來對武漢擁共派系方面施加壓力，達到自己「挾天子以令諸侯」的目的。蔣介石給汪精衛拍電報：「中正深信汪主席復職後，必能貫徹意旨，鞏固黨基，集中黨權，完成革命，以竟總理遺志。」[20]

汪精衛這時仍在法國，蔣介石請求歸國主政的通電如雪片般送來，汪對於蔣介石這位昔日的政敵有些疑惑：既然要我當主席，那為何當初要反對我呢？汪精衛將自己所知道的情報集在一塊，得出此答案：蔣是受到西山會議派的挑撥，才一時糊塗發動中山艦事件。而如今見蔣不斷寫信懇求自己回來，甚至動情地表示「如果汪主席再不回來，我也要走了」。汪精衛一時感動，原諒了蔣。對全國發起通電，表示自己將盡快回去，進行調處，避免黨的分裂。

汪精衛在一九二七年二月下旬離開法國，乘火車至蘇聯，後搭船歸國。在汪精衛途徑莫斯科時，蘇聯領導人史達林專門接見了這位國民黨左派領袖。關於兩方的談話，至今未能找到任何記載，但從史達林的角度及汪精衛回國的舉動來看，史達林似乎是希望汪精衛回國後重用左派人士，並囑咐汪精衛說服蔣介石不要趕鮑羅廷回國。

原來，蘇聯將最高顧問季山嘉換為態度比較謙遜有禮的鮑羅廷後，仍和蔣介石衝突很多，特別是「遷都之爭」，搞得雙方關係烏煙瘴氣：北伐軍攻克漢口後，原來在廣州的國民政府遷往武漢，但蔣介石的北伐軍總司令部卻設在南昌，之所以這樣唱反調，與武漢的政治色彩有關，共產黨的要人大多進駐在武漢，且駐武漢的部隊大多不是蔣的嫡系部隊，他到南昌必然處於國民政府的控制之下。在漢口的國民政府要求蔣介石把北伐軍總司令部遷往武漢，而在南昌的蔣介石卻反要求把國民政府遷往南昌，兩方進行了激烈的爭論，後來幾經調和後，蔣介石決定先赴武漢觀察形勢，再來決定是否要遷至武漢。那時武漢又稱「紅都」，顧名思義，此地乃共產黨的最大聚集地，至北伐後共產黨高官們幾乎全跑到了武漢發展，中共總書記陳獨秀也是如此，鮑羅廷則是武漢的實際掌管者。蔣才剛來到武漢視察，鮑羅廷就特地辦了個歡迎會來迎接，這本該是其樂融融、左右復合的場面，想不到鮑羅廷卻是別有用心。

在歡迎會中，鮑羅廷當著眾人面前對蔣介石直言獨裁一事：「你想讓眾人不說話是不可以的。我告訴你一個故事罷。古時西方有一個國王，極討厭大臣們說話。有一天，他對大臣們說：『你們說話太多了，我不喜歡。』大臣們說：『只有狗是不會說話的，陛下要我們不說話，只有去找狗。』」[21]言畢，歡迎會的氣氛瞬間沉默，蔣介石毫無預料自己會遭受到如此奇恥大辱，拂袖而去，當晚在日記憤而寫下「晚，宴會。席間受辱被譏，生平之恥，無踰於此。」[22]又在明日早晨寫下「昨晚憂患終夜，不能安眠。今晨八時起床，幾欲自殺，為何革命而欲受辱至此？」[23]蔣介石沒有衝動，卻又想趕鮑羅廷回蘇聯了，幾番召集黨員開會商討鮑羅廷一事，黨人為顧全大局，皆反對開除鮑，然而蔣介石卻始終沒有忘記、也始終沒有放棄報復這等恥辱。

原本蔣介石已對武漢政權主觀臆斷，在離開武漢後更是一意孤行，把南昌做為自己的根據地，與武漢政權形成分庭抗禮之勢。就原則上來說，武漢國民政府應當是可以管控蔣介石的，但如今爆發種種衝突，使人們更加感到蔣介石手握兵權而不受管制的危險。一九二七年三月十日，就在汪精衛回國的途中，國民黨中央在武漢召開二屆三中全會。這次會議陣容非比尋常，大多為左派人士，有譚延闓、宋慶齡、宋子文、何香凝、孫科等反蔣人士出席，參會者們一致認為蔣介石集黨政軍大權於一身，一意培植私人勢力，現在又挾軍力與黨和政府對抗，製造軍事獨裁。如果不及早加以抑制，武漢政府遲早會遭到架空。

二屆三中全會通過一系列議案，推翻了以蔣介石於國民黨二屆二中全會通過《整理黨務案》排斥共產黨人的決定，允許加入國民黨的共產黨員參加國民黨中央以及一切政治組織。會議通過擁護孫中山「聯俄、聯共、扶助農工」三大政策，又在國民政府下設立農政部及勞工部，實現本黨的農工政策。又通過「中央軍事委員會組織大綱」、「國民革命軍總司令部組織條例」等，將「槍指揮黨」的制度改為「黨指揮槍」，分散蔣介石過大的個人權力，提高黨權。會議還通過今後中央軍事委員會不設主席，改為「主席團」來分擔權力，避免獨裁，蔣的軍事委員會主席一職因此取消。主席團由七人集體領導，將由黨內自行選出，而汪精衛竟在缺席的情況下，以最高票選為其中之一。當然，蔣介石因掌握軍政大權，也被選為主席團之一，只不過得票數卻是七位主席團的倒數第二，可見當時擁共局面再起，右派份子已經難以站立，汪精衛再度成為外眾矚目的焦點人物。

1 一九二七年六月十五日，汪精衛在法國接受天津《大公報》記者的採訪。
2 林思雲，《真實的汪精衛》第二部分之一：起草總理遺囑的人。
3 朱子家（金雄白），《汪政權的開場與收場》，風雲時代，二〇一四，一八五頁。
4 廖仲愷（同名同姓），《廖仲愷研究：廖仲愷國際學術研討會論文集》，廣東人民出版社，一九八九，第二十九頁。
5 林思雲，《真實的汪精衛》第二部分之一：起草總理遺囑的人。
6 汪精衛，《廖仲愷同誌之人格與事業》，一九二五年八月卅一日在黃埔軍官學校為廖黨代表追悼會演說詞。
7 林思雲，《真實的汪精衛》第二部分之二：短暫的汪主席時代。
8 蔣中正，《蔣介石日記》一九二六年三月十日。
9 陳公博，〈第四章：三月二十之變〉，《苦笑錄》。
10 聞少華，《汪精衛傳》。李敖出版社，一九八八年，第七十九頁。
11 李珂，《陳公博》，河北人民出版社，一九九七年，第一版，一〇六頁。
12 陳公博，〈第四章：三月二十之變〉，《苦笑錄》。
13 同前註。
14 同前註。
15 汪精衛，《臨時中央政治會議宣言詞》，一九二六年三月二十二日。
16 汪精衛，《三月三十一日致蔣介石電函》。
17 蔣中正，《為處置中山艦事件自請處分呈文》。
18 蔣中正，《擁汪通電》，一九二七年四月三日。
19 林思雲，《真實的汪精衛》第二部分之二：短暫的汪主席時代。
20 蔣介石，《四月三日對汪通電》，資料來源於《黃旭初回憶錄》，李宗仁口中的吳稚暉與汪精衛。
21 林思雲，《真實的汪精衛》第二部分之二：短暫的汪主席時代。

22 蔣中正，《蔣介石日記》，一九二七年一月十三日。

23 蔣中正，《蔣介石日記》，一九二七年一月十二日。

第五章　寧漢分裂及擁共反共的抉擇

寧漢分裂

北伐軍佔領南京後，蔣介石的北伐軍司令部由南昌遷往南京，這時國民黨已形成在漢口的國民政府和在南京的蔣介石司令部兩大陣營，以當時汪精衛在國民黨內的地位和威望，加入哪個陣營就會大大加重該陣營的籌碼，如果南京司令部獲得，那便能以汪主席在南京的名義來要求武漢政府搬遷，如果武漢政府獲得，那便可以以汪精衛的名氣迫使蔣介石屈服，兩個陣營開始極力拉攏汪精衛加入他們的陣營。

七十年前的交通不比現在這樣快捷，經過兩個月的漂泊後，汪精衛於一九二七年四月一日乘坐郵輪到達上海，此時北伐軍已經攻佔上海，汪精衛見上海青天白日旗滿街飛揚，非常樂觀地說到：「數月以來，以諸同志之努力，國民革命獲一日千里之進步，謹以滿腔的熱誠，施革命的敬禮，並當追隨諸同志之後，從事工作。」回國僅過一天，蔣介石很有誠意地派遣他的私人代表吳稚暉前往碼頭迎接汪精衛，以表明拉攏之意。在這以前，蔣介石還公開發表歡迎汪精衛回國領導的通電：「自今以後，所有黨政、民政、財政、外交等等，均須在汪主席領導之下，完全統一於中央。中正統帥全軍而服從之。」政治局面又回到汪精衛主政，蔣中正主軍的局面了。

四月二日，汪精衛受邀蔣介石等人邀請，出席國民黨高級軍政幹部會談。據《汪精衛與陳璧君》第七章記載：

吳稚暉說：「現在共產黨以武漢為中心，從城市到農村都在搞暴動，武漢的國民黨已被共黨所脅持，遲早要被吃掉。」

蔣介石說：「目前我黨已處於一個危險時期，也是一個轉折關頭，如果讓共黨再猖狂下去國民黨就要垮臺，現在一切黨國命運在於汪主席復職。」

汪精衛說：「蔣先生要兄弟來究竟要做些什麼呢？」

蔣介石說：「第一是復職。第二是把蘇俄代表鮑羅廷趕走，此人在武漢成了太上皇，非把他趕走不可。第三是分共。這三件事必須堅決做，立即做，請汪主席指示。」

汪精衛回答說：「聯俄容共的政策為總理手定，不可輕言更改。此事事關重大，須召開四中全會做出決定。黨的民主制度、組織原則是必須遵守的。」

吳稚暉激動地站起來說：「汪兄弟，現在是什麼時候，你還要講什麼組織原則，還要對共黨心存幻想。」

接著李宗仁、李曾石等人紛紛發言，反對汪精衛的意見，要求汪精衛不要偏袒中共。汪精衛一時間成為眾矢之的，但仍然堅持原則，毫不退讓。最後汪精衛委屈的連眼睛都紅了，說道：「我是站在工農方面的呀！誰要殘害工農，誰就是我的敵人。」

吳稚暉忍不住激動，撲通一聲跪倒在汪精衛面前，流著眼淚說：「汪先生，汪主席，看在黨國面上，你就放棄袒共立場，留在上海領導吧！」

汪精衛被此舉搞得不知所措，拔腿逃避上樓，口中連聲說道：「稚老，您是老前輩，這樣我受不了，我受不了。」最後會議就在這樣令人啼笑皆非的氣氛中結束。

說起吳稚暉，這人實在太有趣了，他的性質有些類似當今臺灣的立法委員：動作大，喜以罵人來獲取關注。關於下跪一事，他就曾跪過孫中山，跪過汪精衛兩次，甚至跪過大清外國公使；關於罵人，他曾罵馮玉祥是「治世之能臣，亂世之奸雄」，罵閻錫山是「治世的村中俏，亂世的狐狸精」，罵慈禧太后是「娼妓淫婦」，對於一切可罵之盡心批評，不過他還是有自己的原則——不罵蔣中正。他和蔣政見相同，有著互利共生的關係，自然不會將矛頭對準他，但誰與蔣不合，他就罵誰。當然，蔣時常與人不合，吳稚暉的嘴巴也就一刻不停的開闔。

說到他，也不得不提他與汪精衛的關係。吳稚暉在和汪一同留法時關係非常良好，汪經常請吳來家中談天論地，但兩人在歸國後兩人因政見相左，關係瞬間變差，吳稚暉老是看汪精衛不順眼，尋著機會將汪臭罵一頓，舉幾個例子，吳曾罵汪是「治世的好阿囝，亂世的泥公仔」，成不了多大氣候，終會「跌進湯罐里，愈弄愈糟」[1]。另外，吳稚暉的罵法非常特別，他將汪精衛一夥的名字都加以改稱：汪精衛被他稱作「汪精怪」，陳璧君則是「陳屁裙」，汪精衛的友人褚民誼變成了「鼠蚊蟻」。這種古怪的罵法，使人們一提起名字，就產生厭惡之意，以另一個角度來看，取綽號來抹黑似乎挺有作用的。

回到正題。開會第一天並不順利，毫無結果，眾人不歡而散。第二日天剛亮，蔣介石召集昨天所有參與人士前赴汪精衛家，請汪精衛繼續開會。當日雙方皆改變先前的強硬態度，共同達成了初步協議。協議規定：

一：四月十五日由汪精衛主持召開國民黨中央二屆四中全會，在二屆四中全會上決定是否反共。汪對此表示：「如果會議能開成，無論會議怎樣決定，兄弟無不服從。」

二：通告共產黨暫停在國民政府內的一切活動，聽候中央開會決定。

三：工人糾察隊等一切武裝團體均服從蔣總司令的指揮。

本來汪精衛還提出第四條協議：「親赴漢疏通，說服漢方眾人遷都南京」，並邀其一同召開四中全會解決分共問題。這條協議引起大家讚揚，就連思想激進的吳稚暉也贊同如此，但蔣介石害怕汪一去不返，否決了這條提議。另外，蔣中正曾暗示將準備對武漢方面全面破裂，使汪精衛十分不滿，黃紹竑、李宗仁等人見情況不對，連忙表示：「如精衛有良策，不妨共商。」[2]汪精衛提出：

一：若此時同人認為共產黨破壞國民黨之情形急迫，且亟謀破毀租界，則彼可負責告獨秀使其制止。

二：武漢此時如有負於搖動軍政之命令，可以不受。

三：各地共產黨及工人隊如有反動情形，可以隨時以非常手段處置之。[3]

蔣介石表示暫照此條件進行。會議結束後，汪精衛對蔣介石深感失望，汪本來以為蔣是邀請自己來繼續聯俄容共的，沒想到卻是想利用自己的地位來名正言順壓制共產黨。雖然蔣已經有些大勢已去，但為了預防蔣在將來不會再利用「共產黨要搞暴動」的藉口來重新奪權，汪私下找了當時的中共領導人陳獨秀，聯合陳獨秀發表一份不反對國民黨的宣言。

四月五日，汪陳兩人聯名的《國共兩黨領袖汪兆銘、陳獨秀聯合宣言》正式發表，宣言說：「中國共產黨堅決承認，中國國民黨及國民黨的三民主義，在中國革命中毫無疑義的重要。只有不願意中國革命向前進展的人，才想打倒國民黨，才想打倒三民主義。」宣言最後說：「國共兩黨將為中國革命攜手到底，絕不受人離間。」

汪精衛認為《汪陳聯合宣言》發表後將會更加穩固聯俄容共的基準，沒想到卻激怒了左派右派兩方人馬。

當時國民黨的局勢是這樣的：大多數人不支持蔣介石的獨裁，但贊成蔣介石的反共政策，他們原來寄希望於汪精衛回國後帶領他們反共、反蔣。像是李宗仁、李濟深等軍事實力派就曾暗中向汪表示，只要汪答應分共，他們會逼迫蔣介石的地位下野，使汪位居領導，可是之後他們卻從《汪陳聯合宣言》得知汪精衛是堅決容共的。而國民黨人士再經過精打細算後，發現蔣介石的威脅似乎是比共產黨稍少，所以他們選擇居於蔣介石之下共同反共，使蔣介石又再次在政局上贏了一回。

如果汪精衛當時打出堅決反共的旗幟，就很可能會得到大部分國民黨人的擁戴，就有可能阻止蔣介石後來的軍事獨裁。可惜當時汪精衛卻是堅守著國父所定的三大政策，無視軍政人士要求「分共」的呼聲，堅決執行不符趨勢的容共政策，使汪精衛在國民黨內的號召力大為下降，反而讓蔣介石的獨裁之路更為平順。

武漢國民政府主席

汪蔣之無法合作，實在有種種原因。第一，他們兩個人的個性本來就不同，一個愛說話，一個愛緘默。一個感應很快，一個城府很深。兩個人雖然共負大責，而蔣先生對於一切機密都不願竭誠討論。國家大事本來應該和衷共濟的；什麼才是「和衷」，基本條件當然是坦白，今既不能坦白，「衷」又由哪裡「和」起，「濟」又由哪裡「共」起？第二，他們兩位先生表面雖然客客氣氣，而暗中還在爭領袖。在汪先生方面，以為他在黨國，有歷史，有地位，有勳勞，除了孫先生之外，他不作第二人想。不過他老先生是謙抑為懷的，他不願當正式的領袖，同時他也不願他人做正式的領袖。至蔣先生則不然了，他出身是軍人，對於名位很是看重，他不但要做實際的領袖，還要做名義的領袖，一天沒有達到其登大寶的願望，他到底不甘心。他們的性情和脾氣根本相異如此，「合作」兩個字真是無從提起。

——陳公博《苦笑錄》，第二一〇頁。

汪精衛在發表《汪陳聯合宣言》後受到了人批人士的責罵，吳稚暉甚至在黨內會議中公開臭罵汪，稱他「狗不如」，要他「滾蛋」，為此汪痛哭流涕。李宗仁暗中主張將其軟禁，不能放虎歸山，汪精衛得知後深感不安，在宋子文的幫助下，於當天夜裡悄然赴至「江丸號」輪船，不辭而別赴往武漢重掌政權。

到達漢口後，汪受到大量群眾夾道歡迎，武漢政府的代表尤其熱烈迎接，將汪迎入車中開往飯店歇息。當時武漢的擁共氣氛甚濃，轎車在經過行駛時，季風將道路上的宣傳單捲起，擋風玻璃常被「打倒蔣介石」、「擁護三大政策」等宣傳標語遮擋。汪精衛到飯店後拿起報紙閱讀，《漢口民國日報》使用極高評價擁護汪精衛：「親承總理遺訓，經此一髮千鈞，危機四伏，眾望所歸，民眾擁護，救黨救國，望既然復職，策應時艱。」汪開心至極，他又重新獲得人民的喜愛了。四月七日，在十萬民眾參加的迎汪大會上，汪精衛發表一篇長篇擁左演講，聽得底下民眾為之動容，汪在當中說道：「中國革命到了一個嚴重的時期，革命的往左邊來，不革命的快走開去！」、「反共即是反革命！」[4]表明堅決執行孫中山的聯共政策。

在汪精衛就職後害怕蔣繼續抱持反共心態，發了一連串電報，要求蔣別再以司令部的名義分裂政府，蔣介石不但沒有回應，還變本加厲，聯合杜月笙於一九二七年四月十二日上海發動武力清共的命令，史稱四一二政變。蔣介石在政變中關閉共產黨在上海的總工會和黨部，解散工人糾察隊，大肆抓捕共產黨員，三天之內就處死三百餘人，逮捕五百餘人，還有數千人失蹤。汪精衛的預料實現了，蔣介石果然會又以反共之名發動政變，但《汪陳聯合宣言》卻沒有鋪蓋住政變之火。

蔣介石發動四一二政變後，汪精衛發表講話，痛斥蔣介石的武力清黨行為。汪精衛說：「蔣介石的反共，只是一種藉口。其反革命之行動，喪心病狂之至，自絕於黨，自絕於民眾，紀律俱在，難逃大戮。」[5]汪精衛不以軍隊鎮壓，而是以口頭警告威嚇，反而助長了蔣介石的氣焰。四月十四日，蔣介石在南京召開二屆四中全會預備會議，宣布取消武漢國民政府以及國民黨中央黨部，建都南京，成立國民政府，並推舉胡漢民為政府主席（胡漢民的赴蘇考察在一年前就結束回國了），蔣介石為國民革命軍總司令。在江蘇、浙江、安徽、福建、兩廣等控制區，開始進行進一步的清黨行動。國民黨正式分裂成兩個政府，史稱寧漢分裂。

四月十八日，汪精衛以國民黨中央的名義發表通電道：「蔣中正屠殺民眾，摧殘黨部，甘為反動，罪惡昭章。已經中央執行委員會決議，開除黨籍，免去本人所兼各職。著全國將士及各革命團體拿解中央，按反革命罪條例懲治。」隨後召集武漢國民政府各軍政人員，準備發兵東征討蔣。別看汪精衛是一介書生，武漢政府底下的名將如雲，有唐生智、張發奎、何鍵等明星級別將領，且兵力以數倍壓制南京國民政府，張發奎曾回憶當時局勢：「站在我們一邊的有第二、第三和第六軍。我們所需要對付的只有第一軍。第七軍（桂系軍隊）的態度我們拿不准。」[6]汪精衛與蔣爭鬥多年，這次終於佔得兵力優勢，摩拳擦掌命令進攻，可惜的是，汪雖然是名義上的上司，但卻與廣州當時一樣沒有實質軍權，進攻的命令下達後，何鍵率領各部隊雖來到前線，卻私自與李宗仁協調，避免開戰。

五月指示

儘管汪精衛竭力主張聯共，共產黨目中無人的激進暴動，使汪逐漸改變了聯共的想法。

共產黨在武漢政府的管轄區塊內大肆發起「農民、工人運動」，雖名為運動，但卻是不折不扣的暴動。先說農民運動，這和中共建國後發起的「土地改革」有著相似之處，他們成立了公會組織，專門以群體行動的方式鬥爭地主及富農，並將他們押入特別法庭審理「土豪劣紳」，判決結果不是遊街示眾就是槍斃，最常見的情況是兩者都辦，像是長沙工商界鉅子金裕華、軍界聞人李佑文、以及與章太炎齊名的國學大師葉德輝，都被共黨開會公審，加以「封建餘孽、豪紳領袖」的罪名，予以就地槍決。毛澤東在中共建國後曾經回憶這段時光：「殺！殺！殺！殺盡一切反動派，燒！燒！燒！燒盡一切反動派的屋，縱橫十里燒光。」[7]「大燒，大殺，大劫被認為是布爾什維克的精神。有的負責人認為，同志及群眾的房屋燒了，沒有屋住了，便會出來革命。」[8]由此可知當時的秩序如何。

再來說到工人運動，工人運動雖然沒有農民這麼血腥激進，損害程度卻不亞於此，工人同樣組織了公會，時不時聯合各工廠一同遊街罷工，鬥毆資本家，致使經濟走向崩潰邊緣，漢方官員卻因為遵守容共政策而不加制止，僅擔任旁觀者的立場，冷眼旁觀。在華美國記者鮑惠爾曾經寫出當時景象：「成千上萬的工人度過了遊行，示威慶祝革命的日子後，如然發現他們自己沒有飯票了，政府陷入一個惡性循環：採取自殺性的方法。未購米而濫印鈔票，以緩解飢餓。但結果卻是食品價格，尤其是大米價格飛漲，高到幾乎無人能買得起的地步。」[9]共產主義所標榜的讓窮民吃得飽，走向了背道而馳的局面，但諷刺的是，價格的飆升使農民更為窮困，共產黨卻因而獲得更多人員加入，然後更多人又組織罷工行動……如此惡性循環。

共產黨顯然沒有顧全大局，國民黨的中下層軍官大部分為中小地主出身，他們的父母親友在故鄉被共產黨農會揪鬥，使之憤憤不已，許克祥一語道破當時情況：「你們在外面當兵，為國家服務，而你們的父母兄弟住在家鄉，反被共黨清算鬥爭，甚而至於被殺，你們還可以坐視嗎？」[10]最後連革命軍三十五軍軍長何健的父親，也被綁遊街示眾。何健在一怒之下，指使旗下反共情緒最重的團長許克祥，於五月二十一號湖南長沙發動「馬日事變」，捕殺共產黨人和親共分子數百人。「馬日事變」後共產黨向國民黨武漢政府施加壓力，要求懲處不法軍官，不過大部分國民黨官員都認為許克祥情有可原，祕密庇佑許克祥，使其安然無恙。

汪精衛擔心如果再讓共產黨發起農工運動，只會有更多的軍隊發生譁變，他開始進行裁制違反本黨主義政策的過火行動，在各地組織特別委員會，檢查各級黨部、各級政府機關、各種民眾團體之一切言論行動。又通過一系列修正農工運動的法案，先是「鄉里工正及豐裕之戶，皆在國民政府保護之列。」[11]五月二十三又通過保護工商業的法案，六月三日又發表出保護軍人家屬的通令。《禁止民眾及民眾自由執行死刑條例》規定各地民眾團體如果抓獲劣紳土豪後，不許自由槍決，必須交給政府審查。這些維護秩序的政策卻遭到共產黨指責為反革命，雙方出現初步破裂。

經馬日事變以及法律修正案後，憤怒的共產黨員將這些事上報給共產國際，由於報告者的言詞過於激烈，只朝對中共有利的角度論述，使共產國際誤判了中國局勢，認為武漢國民政府高層意圖反共，但內部已經徹底赤化，可以輕易奪權，而馬日事變及法律修正僅不過是高層勢力的最後抵抗。當時共產國際的總部遠在蘇聯，政治局事在看不到的情況下事很難摸清頭緒的，他們密令武漢的中共份子自行組織「工農革命軍」，準備在時機成熟後肅清有反共傾向的國民黨人，沒收地主的土地實行公有制。此密令如同火上加油的直接導致國共分裂，這就是大名鼎鼎的《五月指示》。

《五月指示》首先送到了共產國際駐中國代表羅易、鮑羅廷、與中共領導人陳獨秀手中。鮑羅廷與陳獨秀已在中國深耕許久，知道這份指示是天方夜譚，建議壓制不發。俗話說「新官上任三把火」，剛剛來中國三個月的印度人羅易急著立功立威，竟認這指示只是過於偏激，只要有一位有大權的人物願意倡導並執行就能夠做到，那到底是誰才能勝任呢？羅易將目光投向了武漢國民政府主席——汪精衛。汪有著主席的大權、有著善於傾聽的個性，且羅易曾參加汪精衛於漢口的演講，汪精衛所發表的擁左演講讓羅易更加信任精衛對於共產的忠誠。羅易竟沒有先將《五月指示》交由中共黨部討論，而是先拿給汪精衛，以期得到這位左派領袖的支持。

汪精衛看到《五月指示》後大吃一驚，密令中提到了以下事宜：

一、無視國民黨的禁令，實行自下而上的土地革命。
二、在湖南湖北組織一隻由兩萬共產黨員和五萬工農組成的工農革命軍。
三、改組國民黨中央執行委員會，有舊思想的一律驅逐，由各界工農代表取而代之。
四、組織革命法庭審判反革命軍官。

汪精衛看完《五月指示》後冷汗直冒，原來共產黨加入國民黨是為了從內部顛覆瓦解國民黨，根本沒有和國民黨一心合作的誠意。共產黨的反叛對汪精衛造成重大打擊，據陳公博記載，汪拿到指示後沉著臉回家閉門不出，陳璧君見汪神情不對，害怕的不敢入房。出房間時，汪精衛已經從一位擁共領袖一百八十度翻轉，成為一名堅決的反共人士。

七一五事件

汪決定先將《五月指示》的副本交給武漢國民政府的國民黨政治委員會主席團成員傳看（除共產黨員譚平山），而不對其他黨人公開。在汪宣讀完這份指示後，會場一時鴉雀無聲，片刻之後各參加人士猶如大夢初醒，群情激憤，最終，主席團決心解除鮑羅廷、羅易等一百四十餘名蘇聯顧問的職務。汪至此已經下定了分共的決心。

但在分共之前，汪精衛為了避免遭受掎角之勢，先行赴往鄭州與馮玉祥討論合作事宜。馮玉祥在寧漢分裂時其有著舉足輕重的重要性，他坐擁陝甘寧三省及十幾萬軍隊，其兵力分布於隴海線上，從鄭州可以直下武漢，從徐州可以直下南京，地盤對兩方政府都造成威脅。好在他在國民政府北伐後便加入國民黨，並與國民政府組成同盟，沒有造成威脅。在寧漢分裂時，馮玉祥不知該力挺哪位，表示保持中立，但汪精衛認為馮玉祥意志不定，實乃一機會主義者，因此搶先拉攏馮玉祥，馮玉祥在會議上雖然對寧漢分裂抱持中立，卻對汪精衛產生好感，表示支持武漢政府分共，雙方達成協議：由馮玉祥率國民軍留在河南繼續進攻奉軍，而唐生智則率武漢方面的軍隊返回湖北以預防共產黨進行偏激的農工運動。唐生智返鄂後公開支持許克祥等人的反共行為，對工農群眾進行大肆迫害，而汪精衛亦召集中央黨部中的非共產黨成員，要求為分共做準備，同時要求非共產黨員軍官在軍內加以防範，將譚平山蘇兆征等共產黨部長趕出政府。何鍵更公然發布反共宣言，率部將中華全國總工會等共產黨的機關搗毀。同時武漢政府也頻頻通過制約農工運動及私下鬥毆的法令，使主導權轉向國民黨。

鄭州會議後，汪精衛雖然沒有公開表態反共，但中國共產黨的農工運動已風雨飄渺，國共分裂已是不可避免。在中國共產黨內，黨員人人自危，主張以暴力革命脫離武漢政府，另立政權，唯有陳獨秀和鮑羅廷主張對汪精衛進行妥協，暫不執行《五月指示》的命令，放棄激進的土改運動、放下武裝，爭取和汪精衛繼續合作。一九二七年七月四日，在鮑羅廷的主持下，中共在漢口三教街緊急召開政治局擴大會議。總書記陳獨秀首先發言說：「由於蔣介石發動四一二政變，革命的形勢已轉入嚴重的階段，資產階級已經叛變。而武漢的國民黨中央和國民政府的領袖汪精衛，乃是中國小資產階級的代表，其政府即是工農小資產階級的聯盟。雖然汪精衛對工農革命中的過火行動比較反感，對鮑羅廷同志的態度也不十分友好，但這是小資產階級在革命中動搖性的表現。」鮑羅廷接著說了汪精衛找他談話的經過，然後說：「我十分遺憾地接到汪精衛簽署的通知我回國的命令，看來他是不想和我們合作了，但我們還是要爭取他，希望他能堅持三大政策，扭轉當前的局勢。」陳獨秀又說：「汪精衛的思想我很瞭解。他從法國回來後就找我發表共同革命的宣言，說明他是主張三大政策的，昨日如此，今日也如此。至於土地革命，我在五大開會時講過，政策是正確的，但必須防止過火行動，不要使武漢國民政府走上蔣介石的道路，不要逼汪精衛走分共的道路。」[12]

陳獨秀和鮑羅廷主張對汪精衛進行妥協，暫不執行《五月指示》的命令，放棄激進的土改運動，爭取和汪精衛繼續合作。但是卻遭到大部分激進共產主義分子們的反對。張國燾、李立三、周恩來等人均明確反對陳獨秀的「右傾投降主義路線」，李立三更提出要陳獨秀作檢討檢查錯誤。第二天，中共宣布改組，撤銷陳獨秀的總書記職務，由張國燾、李立三、周恩來等五人領導小組組成臨時中央常委會。五人領導小組當即起草了一份《宣言》，於一九二七年七月十三日公開發表。《宣言》說：「目前，革命已處於危急存亡之時刻，武漢國民黨中央和國民黨政府最近已公開準備政變。……因此，中國共產黨決定撤回參加國民政府的共產黨員。」

汪在看到中共發表的宣言後，認為國共分裂已經不可避免，於七月十五日召開國民黨中執委常委擴大會議，向黨內公佈《五月指示》內容，黨員無不譁然，汪又發表一份長篇講話，逐條批駁共產國際的意見，指責共產國際：「國民黨的聯俄政策乃是三民主義聯合共產主義，三民主義的中國聯合共產主義的俄國，若是丟開了三民主義那就不是聯俄而是降俄了。」、「這五條隨便實行哪一條國民黨就完了！」[13]孫科、譚延闓等亦先後附和汪精衛：「共產黨加入國民黨是將國民黨作為共產黨的工具，必須對共產黨加以製裁。」

分共行動得到了意料內的發展，只有孫中山的遺孀宋慶齡和外交部長陳友仁反對分共。宋慶齡反對分共的理由，和後來毛澤東逝世後，華國鋒等人打出的「兩個凡是」思想有幾分相似，主張凡是孫中山生前最後制定的方針政策都不能改變，否則就是背棄總理的叛徒。宋慶齡說：「孫中山把三民主義和三大政策交給我們，如果黨內領袖不能貫徹他的政策，他們便不再是孫中山的真實信徒；黨也不再是革命的黨，而不過是這個或那個軍閥的工具而已。」汪精衛反駁了宋慶齡的觀點：「孫先生的偉大之處就在於根據其三民主義之原則來發展他的觀點，改變他的策略。當初他聯合袁世凱，後來經過事實的教訓就發動了討袁，當初他依賴陳炯明，後來他又義無反顧地發動征討陳逆。如果孫先生看到今天武漢的形勢，看到共黨正虎視眈眈地欲篡我黨之權、我黨之軍，他會怎樣？他一定會改變他的三大政策的。」

會議最後，除外交部部長陳友仁一人投了反對票，其餘國民黨員皆表示贊成決議：

一、在一個月內召開國民黨四中全會，在四中全會召開前停止共產黨的一切活動。

二、進行分共，要求黨政軍內的共產黨員必須立即脫黨，否則一律予以停職。

三、分共前後皆須保護共產黨員人身自由。為表示繼續保護工農利益，必須進行和平分共。

第三份決議是汪精衛親口提出的，他表示：「我們不像蔣介石那樣搞武力清黨，而是採用和平的分共，這是最穩妥的步驟。」[14]汪精衛也表示要保護共產黨人之身體自由，之後，鮑羅廷、鄧演達、徐謙等人先後被送禮出境，如此大將之風，得到了各方人民的讚賞。

悲劇性的是，原本宣揚「和平分共」的汪精衛，卻被激進派共產黨誤認為「分共」詞等於婉約版的「清共」，而「和平」一詞僅不過是煙霧彈，漢方就要像寧方一樣搞逮捕、搞屠殺了！他們只好發起南昌起義來「自保」。接到叛亂訊息的汪精衛又氣又後悔，自己力排眾議保護他們的性命及自由，換來的卻是叛亂？汪精衛怒斥：「這種狼心狗肺的東西，我們在說優容，我們就是叛黨！這種叛徒，就要用對付敵人的手段對付。」[15]南昌起義讓汪精衛對於共產黨的同情心瞬間化為烏有，開始通過「武力分共決議案」。武漢開始大肆逮捕、處死共產黨人，第一次國共合作終於徹底破裂。

國共合作之所以無法合作，根本還是在於兩黨的方針目標有根本的差異，兩黨合作其實不過是一種相互利用。國民黨利用聯共爭取蘇聯的軍事經濟支援，而共產黨利用國民黨來發展自己的勢力，兩黨最後走向訣別，也是終究要發生的必然事件。汪、蔣搞暴力鎮壓共產黨固然不對，但如果共產黨能夠採取陳獨秀等人的妥協政策，不搞激進的共產主義暴力運動，共產黨和汪精衛等國民黨左派的聯合，可能會持續更長一些。

寧漢戰爭

在汪精衛也宣布進行分共之後，寧漢雙方已沒有政治上的分歧，但是雙方並未立即實現和解，因為要實現雙方合一，就必須顧及將來的利益分配問題，雙方不願損失利益，皆選擇抱持強硬態度，以擴兵來爭取勝算，甚至不惜用武力完成統一。而此時，位於雙方地盤中間的軍閥——馮玉祥再次成為雙方的拉攏對象，雙方都送上大筆銀子大片土地來藉此誘招，但馮並沒有改變中立的看法，反而於一九二七年八月初分別致電寧漢政府，調和雙方重歸於好，合二為一。

調和是艱難的，雙方皆堅稱自己是正統政府，斥責對方違背黨統黨紀。南京方面怒斥武漢政府擁共誤國，毫無遠見。汪精衛也不甘示弱，責罵南京另立政府是「以軍治黨、以黨竊權」，是搞個人獨裁的結果。當時武漢政府掌握兵權優勢，而南京政府掌握經濟優勢，各有千秋，然而由於蔣介石施政獨裁，對人冷酷，引起南京各層高官的反感，進而導致黨內向心力不足，汪精衛趁機挑撥離間，提出「寧漢政府重新合流的前提必須是蔣介石下臺」，這話狠狠戳中了李宗仁、白崇禧等人的心房。在當時北伐戰爭後，桂系勢力迅速膨脹，以李宗仁、白崇禧為首的桂系將軍成為「一人之下，外人之上」的權勢大老，他們並不滿足，在汪精衛的推波助瀾下，桂系趁勢拉攏表示「反對內戰和平統一」的各層權貴，對蔣介石施以下臺壓力。

北伐軍隊連戰連勝，蔣介石驕矜自滿，自我意識迅速膨脹，在看見桂系出現反對跡象後，蔣介石認為北伐已經大致完成，剩下僅憑一己之力即可完成，繼續留著軍心不穩的桂系只會生出麻煩，於是打算卸磨殺驢，解散桂系的第七軍。蔣吩咐第一軍軍長何應欽商量此事，何應欽卻認為蔣介石樹敵太多，肯定不會成功，不但拒不應命，反而和李宗仁，白崇禧勾結起來。而李宗仁、白崇禧本就警惕蔣的野心，在得知蔣陰謀吞併瓦解他們後，他們一方面以防備武漢政府進攻為由，將軍隊由北伐前線調到南京周圍，另一方面卻對蔣下達的命令陽奉陰違，在前線生火炊飯，不予交戰。

武漢方面，汪精衛打算趁著南京政府四分五裂之際，調集調集唐生智、程潛、張發奎等部，準備東征討蔣。但是七一五事變後，軍中的許多共產黨要員皆遭撤職，軍隊數量成負面成長，加上共產黨發動的南昌起義讓軍力大損，汪精衛最為倚重的張發奎第四軍一下子叛逃了一半兵力，第六軍的程潛與前線的桂系軍隊暗中達成互不攻擊的協議，唐生智的軍隊雖然在前線佈防，但因為張發奎、程潛等軍隊不肯進攻，唐懼怕自己孤軍作戰會損失會太重，也不願東征。寧漢雙方陷入了互相僵持的局面。

由於桂系將北伐部隊調來防備武漢，蔣介石又調離了兩批嫡系部隊，投入漢方前線及桂系軍隊後方，防備叛亂。可惜百密一疏，調離大批部隊導致北方前線空虛，張作霖支持的孫傳芳和張宗昌趁機發動反攻，一舉攻陷徐州。蔣介石親自指揮大軍反攻，卻遭到慘敗。蔣本打算借徐州戰役鞏固自己的地位，卻不料弄巧成拙，傷兵損將，敵軍直撲南京，不得不槍斃大將王天培塞責。此戰之後，蔣介石聲名大損，李宗仁白崇禧趁機逼宮，要求蔣介石下野，何應欽做觀其成，不肯加以援手，內外交困的蔣只好無奈於八月十三日宣布辭職，離開南京前往上海，前往日本訪問。而支持蔣的胡漢民、吳稚暉、李石曾、張靜江、蔡元培等一干國民黨元老也一起宣布下野。蔣派的下野使汪精衛等武漢官員大為歡喜，八月十九日汪精衛代表武漢政府發表《遷都南京宣言》，宣布寧漢合一。

汪精衛以為從此國民黨就可以實現「以黨治軍」的文明領導，消除軍人獨裁的疾患，但蔣介石一走，桂系的李白二人代替了蔣，掌握了南京政府大權，其軍事獨裁作風與蔣相差無幾。

白崇禧人稱「桂系小諸葛」，他確實是一代軍事奇才，當時張作霖等奉系還未消滅，孫傳芳突然率領十萬大軍跨過長江，佔領龍潭直逼南京，孫傳芳親自渡江來到龍潭，在一處水泥工廠指揮戰鬥。李宗仁、白崇禧遭到了直、漢兩面夾擊，壓力大得喘不過氣，如果此時漢方趁勢展開進攻，肯定會將桂系一舉消，然而桂系派出了已經被收買的漢方官員——譚延闓和孫科前去武漢談判，藉此拖延漢方出兵時間，讓寧方能夠無後顧之憂的在龍潭派出大量兵力。不只如此，寧方還暗中串聯漢方各大勢力，拉攏程潛、朱培德等中間勢力，使漢方這個分裂組織又分裂出了中立派勢力、統一派勢力等等……

在毫無後顧之憂的優勢下，桂系在短短不到一個月內便取得了史稱「東南一戰無餘敵，黨國千年重此辭」的龍潭戰役大勝，奠定了國民政府在東南的統治，桂系第七軍「鋼軍」的威名傳遍天下，於此役俘虜的官兵粗計有三萬人，槍枝則有四萬桿，在氣勢震懾下，原本屬於漢方的譚延闓的第二軍、程潛的第六軍以及保持中立的朱培德的第三軍陸續倒向寧方，就連當初積極調和寧漢紛爭的馮玉祥、四川軍閥楊森與留守廣東的李濟深也全都通電支持桂系。漢方軍事勢力最強的唐生智原本一直拒絕妥協，執意要發兵東下南京，此時迫於桂系的聲勢也不得不答應和談，寧漢和解的時機終於成熟。

在白崇禧於四方橫掃中原之際，李宗仁對政局的穩固問題困心衡慮。他認為桂系雖然是當今中國的最強政權，吞併武漢政府不在話下，然而南京政府卻缺乏樑柱相服，即使統一中國，政權也很難長久，為此，他處心積慮拉攏政客，親自主筆寫信給西山會議派，邀請他們在政府中撐腰，反對汪精衛。先前曾講述過，西山會議派的組成人物皆不平凡，大多為同盟會元老，西山會議派的組成目的是為了反蘇、反共、反國共合作，所以自然就跟當初還是左派人士的汪精衛處處碰撞了，他們先是開除汪的黨籍，再來汪精衛又開除他們的黨籍，他們登報斥責，汪精衛也登報斥責，雙方鬧得不可開交。雖然現在汪也反共了，但基於長久以來對汪的不合，他們一口答應了與桂系的合作。

四面楚歌的和談局面

一九二七年九月十一日，武漢政府、南京政府終於在上海召開合併會談，汪精衛看似對這場談判很有信心，親自前赴談判，然而迎接他的卻不是他所想像中的眾人一致推戴，歡迎他作為黨的領袖重新統一全黨。而是桂系為代表的寧方，與滬方的西山會議派的攢鋒聚鏑。

會議一開始，情勢就對武漢政權不利，會議場所分為三個區塊，分別為武漢政府、南京政府和西山會議派，三方分別代表寧、漢、滬中央委員談話會，這是超乎武漢政府所意料的，汪精衛原本以為這場會議只有武漢政府、南京政府兩方的平等談判，然而李宗仁卻利用主場優勢，硬是把西山會議派給加了進去，在這就表示合併會談並不是平等的談判。要是把這場會議比喻為一場選舉，南京政府除了自身的一票外，還可以藉著理念相近的西山會議派再得一票，武漢政府儘管理念再怎麼正確，說法再怎麼有理，依然沒有辦法改變二比一的人數壓制。

在討論統一黨務的問題時，西山會議派的張繼突然發言說：「既要統一黨內各界同志，就要承認上海的中央黨部，就要廢除二屆一中全會上的《彈劾西山會議案》。這個非法決議案是當時左傾路線的產物，必須宣布廢除，否則怎麼能團結統一黨內同志？」

汪精衛反駁說：「中央的決議豈可任意廢除，除非由將來的四中全會作出新的決議。」汪精衛的發言遭到寧、滬代表的強烈反對。李宗仁說：「我們遷都南京後，於六月七日宣布林森、張繼等十八位同志恢復黨籍的決議，所以才有今日統一黨務的基礎。汪同志，你也不必再堅持過去的決議了。」[16]

汪精衛仍堅持說：「南京的決議我們武漢中央並不知道。現在我提議：西山會議派決不能參加二屆四中全會，但為了團結同志，可容納個人參加，不能容納上海黨部。二屆四中全會必須在武漢召開，否則我們武漢的同志不參加會議。」這時寧、滬代表們開始翻汪精衛的舊帳，指責汪精衛反共不力，貽誤了黨國事業。寧方代表自稱他們是反共的先進，而滬方代表則更標榜他們是反共先進中的先進，這使汪精衛不得不自責說：「武漢方面防範共產黨過於遲緩，請求處分。」[17]

前赴談判的武漢政府代表當然不只有汪一人，孫科、譚延闓等人也是其中之一，他們大可以幫汪精衛說話，爭取漢方利益，然而他們以被桂系收買，面對寧、滬人士的對汪的冷嘲熱諷，始終冷眼旁觀。但孫科見談判了無進展，想說正面無法使汪臣服，那就用側面吧，站起來道：「各位，兄弟提出一項折衷辦法，由寧、漢、滬三方共同組織一個中央特別委員會，作為過渡，先使合作告成，然後再謀補救的辦法。」[18]孫科的折衷方案得到大部分代表的同意，由於孫科是武漢方面的代表，更是孫中山的長子，汪精衛不好堅持反對，也勉強同意這個方案。

中央特別委員會後來在桂系的操縱下，通過成立「中央特別委員會」來取代由全體國民黨黨員選舉產生的「中央執行委員會」，但「中央特別委員會」的票選方式卻十分不民主，是由幾位桂系大佬密議商妥而成，這從那十四名代表就能看出了，分別是：汪精衛、白崇禧、何應欽、朱培德、李宗仁、李濟深、胡漢民、唐生智、程潛、馮玉祥、蔣介石、楊樹莊、譚延闓。汪精衛雖然名列第一，但漢方人數僅占四人，桂系和西山會議派大可用人數壓制來主導實際政務。這樣的情況下，汪精衛、胡漢民、蔣介石等國民黨中的重量級人物，均不支持這個中央特別委員會，但蔣介石和胡漢民當時均已下野，反對並沒有造成實質影響。而汪精衛在特委會成立前曾經多次表態寧漢合流的前提是要組織委員會，而如今特委會讓他大所失望，汪也不願再多說，於九月十三日通電下野，他對此表示：「比較其他文人戀棧阿附、甘為魁儡，略為乾淨些。」[19]

汪蔣雙方為政權而爭鬥不休，不料內戰使得雙方威信大為減少，桂系獲漁翁之利，成為寧漢戰爭的最終獲勝者，而佔有一切優勢的汪精衛，僅比蔣介石多待了一個月。

1 羅平漢，《風塵逸士：吳稚暉別傳》，第二五三頁。
2 《邵元冲日記：一九二四—一九三六年》，上海人民出版社，第三一六頁。
3 同上。
4 汪精衛，《給中央副刊的題詞》，一九二七年四月十一日。
5 汪精衛，《鉄電，漢口民國日報》，一九二七年四月十六。
6 楊天石，《追尋歷史的印跡——楊天石解讀海外祕檔》，重慶出版集團。
7 龔固忠、唐振南、夏遠生主編，《毛澤東回湖南紀實（一九五三—一九七五）》，湖南出版社，一九八三，第八十一頁。
8 〈夏尺冰關於平銅農村黨的概況的報告〉（一九二八年九月五日），《中國現代革命史資料叢刊：湘贛革命根據地文獻資料（第一輯）》，第三十一—三十二頁。
9 約翰・本傑民・鮑惠爾，《在中國二十五年》，合肥黃山書社，二〇〇八年，一二五—一二六頁。
10 許克祥，《馬日事變回憶錄》。
11 〈武漢政府退色記〉，《開聞週報》第四卷，第二十三期。
12 林思雲，《真實的汪精衛》第二部分之三：從擁共到反共。
13 《中國共產黨史資料集》第三冊，第一百四十三頁。日本東京勁草書房版。
14 林思雲，《真實的汪精衛》第二部分之三：從擁共到反共。
15 《武漢中常會第二十三次會議速紀錄》，一九二七年八月五日。
16 程舒偉、鄭瑞偉，〈第九章：改組派教父〉，《汪精衛與陳璧君》。
17 同前註。
18 林思雲，《真實的汪精衛》第二部分之三：從擁共到反共。
19 李志毓，〈軍事化時代的文人〉，網路資料http://m.aisixiang.com/data/82308.html。

第六章　連綿不絕的反蔣運動

下野漂泊

汪是一介書生，手無一兵一卒。要想向擁有強大軍力的桂系特委會叫板，就只能依靠其他軍事實力派的支持。他返回武漢歸附唐生智。當時武漢國民政府已經正式解散，但唐生智依然佔據於此擁兵自重，他之所以不肯加入寧漢合流，是因為桂系的暗中作梗，當時唐生智佔領著富庶的兩湖要地，且兵強馬壯，士氣高昂，特委會裡應當有兩到三名唐派人員才算公平，但結果出來後，十四名代表中唐方人士卻僅有他一人，唐生智心懷不滿，和汪一拍即合，宣布成立武漢政治分會，以唐生智和汪的親信顧孟餘、陳公博為常委，公開向南京的特委會叫板。九月二十二日，唐生智在武漢宣布護黨，發兵東征南京，寧漢戰爭重新爆發。

左舜生曾評價汪精衛：「大抵汪之為人，富情感而易衝動，經不起刺激，偶爾也喜歡弄一些小聰明，多少帶一點黨人的積習，但本質仍不失為一讀書人。」一面對下野的窘境，汪精衛賣弄了一計小聰明——不再成為檯面上的人物，而是躲到廬山上去療養，時不時寫寫信、通通電，在幕後控管武漢的政治局勢。不得不說，汪在政治生涯中經歷已久，所要的小聰明皆沒有這高招，使用幕後主使的身分，武漢勝利汪則能出來摘取勝利果實，敗則汪又能與其撇清關係而不用擔責，這無懈可擊的妙招也在汪精衛將來的反蔣行動中經常使用，但也曾遭周佛海不滿，在日記批評「使人為惡，自己從中取好」。[1]

另外，汪精衛在廬山時也曾反思：為什麼當初上任時群眾都是一片歡呼，而過不久卻又是群眾急著拉下台的對象？汪為此評論出了作為政治家需要擁有的三大條件：「政治道德、政治知識、政治手腕」，汪精衛認為他在政治道德上沒有明顯缺失，而政治知識是學不完的，無論何人都沒辦法完全具備，但在政治手腕上，汪精衛自認十分缺乏。「政治手腕」一詞包含甚廣，大約可分為領袖魅力、軍事力量、處事作風，我們分頭來討論：

領袖魅力：汪精衛的個性富情感而易衝動，做事有些反覆不決，這些性格是難以讓一位書生在政壇上面呼風喚雨的，但汪精衛有著其他優點來彌補：長相俊俏，口才十分好，資歷豐富，政策民主，在交際上非常擅長，李宗仁曾經說：「汪兆銘（汪精衛）儀表堂堂，滿腹詩書，言談舉止，風度翩翩，使人相對，如坐春風之中。」因此在政壇上總是不乏有支持汪精衛的呼聲。總而言之，在領袖魅力方面，汪精衛是不算有嚴重缺失的。

處事作風：汪精衛的性格以易衝動及猶豫不決為名，多愁善感的他在處理政務上經常徬徨，特別是在政治與人情上無法取捨。汪精衛的心機不重，容易相信他人。這從多次與蔣介石合作就能看出了，蔣介石個性不可捉摸，是機會主義的忠實信徒，汪精衛卻屢屢和他合作，導致自己挖肉補瘡，始終無法做出事業。再舉唐生智一例，汪精衛明知唐生智兵力眾多，個性頑固，不受指揮，卻還是屢屢與其合作，殊不知唐只是想仗著汪精衛的名氣做事，絲毫不把他放在眼裡。

再軍事力量：軍事力量的作用不言而喻，它伴隨著汪精衛的每一次重大決定。如驅逐右派胡漢民、與南京政府對峙、拿下廣州驅逐桂系等等，可惜汪精衛始終沒有一支忠於自己的私家軍，也沒有實質控管軍隊的權力（除張發奎的第四軍），更何況，汪精衛面對的敵人幾乎是軍人出生，對於用兵之道遠比自己還來得了解。

由此可得出：汪精衛之所以在政治上跌跌撞撞，與他的個性躊躇難定、易於信賴他人，以及手裡沒有槍桿子有關，也正是因為如此，在長達數年的反蔣運動中，汪精衛不論佔有多大優勢，總會因為兩者的不足而失敗。

十月二十日，李宗仁被萬人擁戴為正統政府，在南京宣布西征討「逆賊」（唐生智）。在這場戰爭中，唐生智因為連連的戰術失誤，可說是一路打一路逃，先是從安徽撤到武漢，又從武漢退往湖南，湖南重鎮長沙被攻破後，唐麾下眾將紛紛通電宣布擁護中央，願接受改編。唐生智眾叛親離，從湖南逃到日本。汪精衛寄予厚望的漢方勢力終於土崩瓦解，兩湖地區也被併入了桂系的地盤。而在廬山的汪精衛呢？李宗仁在南京發表宣戰的那一刻起，汪精衛覺得勝負已定，於宣戰的第二天收拾行李，悄悄離開廬山。

汪精衛的離去，傳到了前武漢政府軍官張發奎的耳中。

相比於先前武漢國民政府中唐生智等人的我行我素，張發奎對政治毫無野心，他曾在日後回憶：「軍人被告之，服從是他的天職。這可能很危險。年輕的軍人易於被引入歧途。在這種情況下，我沒有認真地考慮，哪種政策是正確的。因為汪精衛認為這是正確的，我也就這樣想。我對於軍事的興趣遠高於政治。」張發奎對汪精衛十分敬仰，一向言聽計從，其所率領的第四軍幾乎可以稱之為是汪精衛的私家軍了（第四軍曾被少數史學家劃歸為汪精衛的嫡系部隊）第四軍可謂是菁英部隊，在北伐時期曾打下軍事要地武昌，被後人譽為「鐵軍」，而張發奎本人也被譽作「鐵軍英雄」。

汪精衛離開廬山時，張發奎正在廣東韜晦待時。讀者可能會疑問：當時廣東不是被桂系給佔據了嗎？又怎麼可能讓張發奎進入呢？事有緣由，張發奎曾在武漢國民政府遭到唐生智等人排擠，張發奎一氣之下藉口南下剿匪之名脫離武漢，意圖南下廣東發展。當時廣東已被桂系佔領，但由於桂系軍隊大多在北方掃除軍閥，南方近乎成了空城，各系軍閥隨意進出成了屢見不鮮的常態。也因為兵力不足的關係，廣東經常遭受共產黨人士襲擊，秩序非常混亂，廣東省主席李濟深想引張發奎入境廣東，藉第四軍的兵力來鎮壓共產黨。兩人在商談不久後便達成共識，但李濟深萬萬沒想到，張發奎在入境後竟靠著第四軍的兵力眾多，竟順勢成為了廣東省的實際掌握者，將自己給架空了。

汪精衛離開武漢時，張發奎馬上在廣東省召開了迎汪回粵大會，聯名邀請汪精衛回廣東指導革命，一時華南風起雲湧，文官顧孟餘、陳公博、王法勤、潘雲超、王樂平等，武官張發奎、黃琪翔、李福林等人皆表示擁護汪精衛，聲勢足以在南方掀起一番波瀾。

汪精衛於十月二十一日前往廣州，於十月三十日召集在粵的中委會成員開會，通電全國否認南京的特別委員會的合法性。汪精衛說：「兄弟此次回粵，其惟一目的是提高黨權。以黨治國是孫總理的遺訓，故舉凡無論勢力怎樣大，也要在黨領導之下。現在南京組織非法特別委員會，中央黨部也要推倒，民眾痛苦均無法解決，建設方面更毫無道理。故我們應該一致去推倒特別委員會，在粵恢復第四屆中央全體執、監聯席會議，繼續革命精神。」又說：「中央執行委員會是黨的全國代表大會選舉產生的，非全國代表大會無權取消。成立特委會取代中委會職權，等於取消中委會，不合黨的法統和組織原則。」[2]

桂系掌握著人數優勢的中央特別委員會，又佔領中國的大半江山，聲勢難以抵擋，但他們在軍事實力上無法和蔣介石相比，在黨內的資歷聲望又無法與汪精衛相比，要是汪、蔣兩位仇敵能夠一同合作，那政局會不會因此逆轉呢？

就在寧粵雙方對峙之時，蔣介石於一九二七年十一月十日從日本回到上海。原來不少國民黨人看到蔣介石走後無人能夠解決國民黨內部的分裂混亂局面，紛紛電請蔣介石回國復職，出面收拾混亂。在南京的李宗仁等桂系成員本來是反蔣的，但汪精衛公開反對他們的特委會後，桂系政權已難以支撐，所以也表示同意蔣介石回來復職。但蔣介石沒有選擇桂系的南京國民政府當作歸國據點，而是以負荊請罪的態度來對汪精衛公開道歉，希望汪能夠讓他在南方有立足之地。蔣介石在電報中說：「此後黨國重任，惟兄是賴。凡能於黨國有益，則弟必盡我心力，依照兄之意圖，不渝始終，以盡區區之意。若兄能來滬晤商一切，勝幸焉。」[3]並表示絕對贊成恢復中央執行委員會和召開第四次中全體會議。汪精衛一方面非常歡迎蔣介石這位軍事大老願意合作，一方面又懼怕蔣介石又只是把自己當作尿壺，需要的時候視他為寶貝，方便完了就一腳踹進床下去。汪精衛雖然有眾多武人支持，卻遠不及蔣介石一人之能力能與並肩，且汪精衛也想要藉助武力來壓制桂系國民政府，總而言之，與蔣介石的合作還真的是不能不行拒絕。

蔣介石在這次下野時訪問了日本，辦成了三件大事，一是得到日本方面對北伐的理解和支持。二是徵得宋太夫人同意他與宋美齡的婚事，藉此化解與宋子文的恩怨，贏得了上海金融界的支持。三是贏得了美日對他的政治支持。蔣在此期間曾多次和日本政要和美國特使祕密會談，以尊重外國的在華利益來贏得支持。再說個題外話，汪精衛擔任武漢主席前，宋子文曾親自來到上海要求汪精衛離開蔣介石的掌控，赴往武漢掌握大局，此次恩怨使蔣宋兩方的隔閡逐漸變大，也使蔣介石始終不放心讓宋子文主管實質意義的財政權力。

蔣介石本以深感歉意的姿態請求加入南方，但蔣又想了想，他認為自己現在尚未知道南方政府的實力，如果加入到了失敗這方的隊伍，那下次復出將會更加困難，因此派宋子文廣州遊說汪精衛，打算先讓南方政府打一場仗，藉此看出南方的實力，因此表示：「蔣介石表示願意來到廣州，再辦黃埔軍校，再練兵，不過李濟深這位廣東省主席是個麻煩，他是桂系的一員，是擁護特別委員會的……必須先行驅逐李濟深，才能繼續談合作。」蔣介石的加入肯定會大大增加南方政府的勝算，但關於驅李一事汪精衛卻猶豫不定，部下張發奎拍胸脯保證自己肯定能驅逐成功，汪最終同意了此計畫。

廣州政變

驅李行動實屬簡單，當時桂系主力軍隊集中在北方掃蕩軍閥，南方的駐兵軍隊不多，且在南昌起義後，南方桂系軍隊屢屢與共產黨作戰，兵力日不敷出，致使原本已屈指可數的廣州桂系軍隊大為縮減。但為了減少不必要的人員傷亡，當時汪精衛提出聯合召開四中全會，名為與南京方面談判，想藉機將李濟深送到遠方，讓他無法管控廣東政局後再來發起政變。這項提議在南京方面經過一番爭論後表示同意，但地點要在南京，但汪精衛怕政變不成，反倒赴了場鴻門宴，所以建議先在上海開「預備會」，等到正式會議再將地點設在南京。知道即將開始政變行動的蔣介石也出來勸李宗仁將地點定在上海，幫了汪精衛一筆大忙。最後雙方終於談妥，由南方代表汪精衛、李濟深北上上海前赴開會，被蒙在谷底的李濟深不知大難即將臨頭。

十一月十六日，汪精衛、李濟深這時正在趕往上海的路上。當天深夜，「鐵軍」第四軍的二當家黃琪翔宣布廣州戒嚴，派兵搜查李濟深住宅，史稱「廣州張黃事變」的行動正式開始。陳公博曾回憶當時情形：「所謂驅李，只是出了一張佈告，由黃琪翔用第二方面軍的名義，李福林用第五軍的名義，我（陳公博）用政治部的名義，會同署個名，再派了些軍隊搜查李濟深的公館，戒了一夜的嚴，算是了事。」[4]陳公博的言詞難免有袒護汪派之嫌疑，但確實是如他所說的平和。因為李濟深是廣西人，粵籍人士大多不親附他，原本應該鎮壓驅李行動的的第五軍（由李福林掌握），以及李濟深麾下的新編第二師師長薛岳，都一面倒向了張發奎一邊，政變在開始不久就順利將絕大數的桂軍廣州部隊繳械，徹底掌握了整個廣東。

張發奎真是一代軍事天才。他的計畫周全的令人無法挑剔。當時廣西省省長黃紹竑也是桂系的人馬，張發奎深怕政變發起之後黃紹竑將派兵東征平定，因此在李濟深決定赴滬之後，張發奎發電給留守廣西的黃紹竑，邀請他來廣州暫代李濟深職務。十七日凌晨，黃紹竑趕回廣州，身體疲倦的他直奔寓所，撲倒在床上便進入夢鄉了，結果張發奎派兵將住宅團團包圍，黃紹竑的保鑣及時發現，將黃用大衣與帽子遮住面孔後便從後門一路逃至香港。

來到香港是個錯誤選擇，應該直接回到廣西組織軍隊反攻的，但黃也無從後悔了，張發奎將整個通往廣西的道路都封鎖了，廣西孤立無援且群龍無首，張多次發兵攻擊廣西桂軍，整個桂系江山頓時變得岌岌可危。廣州街頭貼滿著「打倒黃紹竑」、「歡送李濟深」、「反對南京特委會」、「擁護汪精衛」一類的標語。汪派奪取廣東統治權後，張發奎任廣州軍委會主席，顧孟餘任廣州政治分會主席，陳公博任廣東省政府主席。

李濟深在得知中了調虎離山之計後大為憤怒，在二屆四中全會預備會上全力向汪精衛開火，要求首先追究汪精衛在張黃事件上的責任，桂系與西山會議派亦與其聯合，一起向汪責罵。而蔣介石遵守了與汪精衛的合作，繼續以中立調停的姿態袒護汪，建議此案留待四中全會討論，但滬寧雙方的叫罵卻沒有因此而停止，這時，汪精衛突然拋出請蔣介石復職總司令的議案。汪認為蔣介石是合作對象，要把他的地位拉高，這樣自己的地位也將隨之而提升。但這提案卻引起桂系人士疑問：汪蔣兩人不是宿敵嗎？怎麼現在卻互相袒護、互相擁戴了？這情況不禁讓桂系開始懷疑兩人到底有何陰謀詭計，但李宗仁認為汪精衛在南方捅的婁子已經夠大了，且為了防止四面樹敵，李也表示擁蔣復職。最終會議決定蔣介石復職國民革命軍總司令，並由其主持召開二屆四中全會。特委會在四中全會開會之前取消。蔣藉著與汪精衛的同盟關係、汪派與桂系相爭的矛盾重新出山，獲取了汪精衛能夠替蔣爭取到的最高利益，可惜的是汪始終沒有記住，蔣介石的性情是無情現實的，在得到國民革命軍總司令的大位後，蔣便將汪精衛甩得遠遠的，不再幫他說話了，冷眼觀看汪精衛被桂系各員嘲弄，雙方的合作關係也變成了「名義上的同盟」。

話題來到廣東。黃紹竑在香港發起電報，調派了人稱「鋼軍」的桂系精銳第七軍反攻廣東，張黃的「鐵軍」第四軍也是精銳，雙方打得難分勝負，張發奎因此派出更多嫡系軍隊前往前線戰鬥，卻導致廣州市內部空虛，廣州城內的共產黨人趁勢發動廣州暴動（中共稱為廣州起義），共產黨的起義部隊自稱「紅軍」，和回師鎮壓暴動的張發奎第四軍發生了激戰，使廣州遭到極大的損害。共產黨在佔領區強迫市民紅巾繫頸，表示擁護紅軍，否則格殺勿論。而張發奎誤判繫紅巾的皆為共黨人，反攻戰區後下令凡見頸繫紅巾即格殺勿論。人民分不出孰為紅軍，孰為第四軍，只知有紅巾亦死，沒紅巾亦死。一時間廣州全市鬼哭神嚎，無辜人民被殺的不計其數。大火數日不絕，精華悉被焚毀。張發奎對此身懷歉意及憤恨，當他騎馬巡視天字碼頭地區時，屍體沿馬路一直堵到龍眼洞，堆滿死屍的手推車兜兜轉轉才能穿過街道，「我們收埋了兩千多具屍體，其中有些死者是普通的廣州市民」。張發奎在回憶錄心痛地說道。[5]

李濟深和寧、滬各派雖然知道汪派是堅持反共的，但還是把廣州暴動這桶「紅色污水」的責任潑向了汪精衛，他們將「張黃廣州事變」與「廣州暴動」混為一塊，汙衊汪精衛擁護共產黨叛變，或是聽從小道消息，胡言汪精衛是共產黨員，指控汪「甘受第三國際指揮，唆使張黃竊據百粵、勾結共黨、焚劫廣州」。汪精衛的政變莫名遭到中共作梗，已經夠為頭疼了，如今桂系人員又散播謠言，使汪的名聲一落千丈，在百口莫辯之下，汪只能通電表明態度：「廣州各省，經此焚劫，綢繆善後，刻不容緩。竊意宜集合各界公正人士，共謀補救，共黨餘孽，必去之無盡；即輕薄少年，好為偏激之論者，亦宜痛斥，不可錄用。民眾運動，在中央未確定方針以前，宜停止進行。農工運動中，尤易雜入莠民，不可不防。」[6]此段聲明並沒有讓桂系的誣告停止，在此後的很長一段時間內，擁護汪派的成員都受池魚之殃，被譏為「準共產黨」或「灰色共產黨」。

後來桂系調集大軍入粵，與李濟深的粵軍圍攻張黃。張發奎、黃琪翔苦戰不能得勝，反倒快被東西聯軍夾殺，這時蔣介石邀請張發奎將第四軍殘部撤入江西，投奔到蔣介石帳下，張黃先前曾經知道汪蔣二人的合作關係，卻不知兩人合作已經悄然結束，因此馬上說好，從此之後便在蔣介石底下做事，而陳公博等在撤離廣州之前為了感激蔣介石慷慨相助，還將廣州中央銀行的庫款匯給蔣介石五十萬元作為總司令復職的軍費，蔣介石得到後卻只將二十萬收入口袋，其餘三十萬贈給李濟深作為返粵攻打汪派的費用。蔣介石就通過運用這種翻雲覆雨的手段，在李濟深與張發奎之間左右逢源，贏得了兩派的感激。

第四軍撤退後，李濟深帶領第七軍敲鑼打鼓，以勝利者的姿態回到了廣州。並在廣州暴動死傷最為嚴重的泰康路天字馬頭數起一塊石碑，宣稱要將廣州暴動的罪魁禍首刻在上頭，以讓後人警惕。但上面的竟不見共黨起義主謀張太雷及葉劍英等人，而是汪精衛、陳公博、顧孟餘、張發奎、黃琪翔等汪系人物，可見桂系對汪恨之入骨，不惜顛倒是非。

十二月十四日，南京政府下令解除張發奎、黃琪翔的職務。十六日，南京國民政府下令查辦汪精衛、顧孟餘、陳公博等人，上海當局派兵搜查了他們的住所，監視他們的行動。白崇禧甚至找到杜月笙，要求用綁票的方式加害汪精衛，但杜月笙與蔣介石要好，而汪精衛是蔣名義上的盟友，所以拒絕了請求。之後白崇禧又四處招尋黑社會人士暗殺汪精衛。蔣介石順水推舟，將汪精衛利用完後急著趕他出去，勸他為安全起見，暫時出洋。到後來連法國租界當局也要求汪精衛下野了，汪精衛無奈於十二月十六日發表了引退政界的聲明，和陳璧君再度流亡歐洲。

正如同《一九二七民國之死》的作者余杰所主張，一九二七年對整個中國來講有著不可忽視的重要性。當然，這句話也能套用在汪精衛身上。年初那時，汪精衛受到各方邀請回國，帶著滿懷的喜悅來到了上海，意圖使用孫中山的三大政策改變中國。不料在這短短一年，汪精衛從一位打著「反共即是反革命」的擁共領袖，轉變成一名堅定的反共支持者；年初萬眾擁戴的歡呼，在年末轉變為成眾矢之的的批評。汪精衛口中的「左派」也在短短一年間從「偉大革命者」轉變成為「叛亂分子」的代名詞。這年的政局大起大落的局面衝擊著汪精衛的內心，不知他在前往法國的輪船憶起過去，心中有何感想？我想大概與陳炯明叛變事件時逃亡永豐艦的孫中山相仿，大有「抬頭無語問蒼天，低頭無力解時局」之感。

汪精衛前往法國臨行之前，陳公博前來送行。汪精衛勸陳公博也一起去法國，陳公博卻提出相反意見，陳公博說：「我總是不明白汪先生遇事便出國。中山艦事件發生時，先生本可不必走的，卻走了。四中全會快召開了，李宗仁、胡漢民都離開了，擁護汪先生的人不是沒有。憑汪先生的資歷和威望，還擔心選不上國民政府主席？」

汪精衛說：「蔣介石既然容我不得，我又何必留在他身邊合作？合則留，不合則去，這是我的辦事原則。與其受人之羈縻，不如離去。」

陳公博說：「我的想法與汪先生不同。合則留，不合則去，雖然有古君子之風，但我認為每個國民對國家都有一份責任。我的處世原則是：合則留，不合則打，打不過才去。我也知道留在上海有一定危險，但我要作一個鬥士，上海就是我的鬥場。我手下沒有兵，我手中有筆，有一批朋友，我要同蔣介石展開理論上的戰鬥！」[7]

改組派的延續

汪精衛走後，陳公博聯合國民黨內的一批反蔣民主人士組成了「改組同志會」，即所謂「改組派」，他們拱遠在法國的汪精衛為領袖，在上海辦雜誌和國民政府展開理論上的鬥爭。陳公博和顧孟余先後創立《革命評論》週刊、《前進》雜誌，鼓吹恢復一九二四年國民黨改組精神來改組國民黨，恢復民眾組織和民眾運動。改組派提倡的「組織民眾運動」並非武裝暴動或土改，而是增長所謂「農工小市民」的權利，並使其成為國民黨階級基礎。改組派也反對南京的貪污腐化，主張讓黨權分散。這些看法在年輕知識份子面前如同救國良藥般，引起了一番風雲，刊物每每發行時銷量便會居當日發行量之冠。但筆桿子的作用畢竟是有限的，在當權派面前，這些動作如同搔癢般，不會對他們的政權造成實質引響。

陳公博生於一八九二年生於廣州，其父陳志美是個退休的滿清大官，曾因鎮壓太平天國有功而任職廣西提督，皇上還為此賜給他一副黃馬褂。陳公博的童年很是幸福，在父親的龐大財力支持下，他飽讀詩書，最喜愛閱讀歷史事件。一九一七年，他從廣州法政專門學校畢業後，又考入北京大學哲學系。當時的北京大學正是蔡元培任校長時期，各方名師匯集，各種思想廣泛傳播。陳公博與同時代的人一樣承受著新思潮的衝擊和洗禮，同時陳也在老師陳獨秀的教導下，接受了共產主義思想。北大畢業後，陳公博回廣東法政學校任教。一九二〇年陳獨秀到廣東任教育委員會委員長後，和陳公博等人一起組織起中國第一個共產主義組織：社會主義青年團。

一九二一年，中國共產黨準備在上海召開第一次全國代表大會，陳公博在陳獨秀的提拔下，成為中國共產黨的十二名代表之一，是為廣東代表。在這場會議上，陳公博見識了多位慕名已久的共產黨高層，然而所謂「期待越高，失望越重」，十二名代表良莠不齊，有的人天馬行空、不切實際，只想著盡快發起土地革命，顛覆政權；有的對社會主義一知半解、囫圇吞棗，誤解了馬克思的初衷；有的對共產黨抱持機會主義，意志不堅。他們的談吐舉止讓陳公博大失所望，從此對中國共產黨喪失熱情，一九二三年陳公博去美國留學後，宣布脫離中共，中共為了保住面子，還特地在陳公博回國辦退黨手續前先行開除黨籍。陳公博在美國哥倫比亞大學學習經濟學，一年後獲碩士學位。一九二五年陳公博回到廣州，在廣東大學當教授。陳公博最初得到廖仲愷的賞識，後來又被汪精衛看中，一九二五年國民政府成立時，陳公博擔任軍委會政治訓練部主任，在廖仲愷遇刺後，接任國民黨中央農民部長，此後一路跟隨汪精衛做事。張愛玲曾言：「笑，全世界便與你同聲笑；哭，你便獨自哭。」汪精衛在政壇上屢屢站起又重新倒下，現實的政客總是在汪崛起時卻用極高評價來讚揚汪，而倒下那刻卻大作文章批評。綜觀前後，陳公博一直都是站在汪的背後同甘共苦，從不改變政治信仰的他也在時間的洗禮後成為了汪精衛的最為信任的心腹。相比武人張發奎的忠誠服從，文人陳公博貢獻出了自己的大半歲月來跟隨汪精衛，論其忠貞程度可謂有過之而無不及。

陳公博對汪精衛的支持是不可忽視的，他一手搭起的改組派使汪精衛在出國後名聲以及知名度並沒有因而下降，確保了汪下次歸國後能夠不用從頭做起。

一九二七年十二月二十八日，南京國民政府的特委會宣告壽終正寢，桂系王朝的統治僅僅維持了三個月。一九二八年一月四日蔣介石回到南京正式復職。在蔣介石的主持下，二月二日召開二屆四中全會，統一了國民黨各派，使持續半年之久的國民黨黨內鬥爭暫時告一段落。諷刺的是，取消特委會和召開二屆四中全會都是汪精衛最先提出的主張，但是當它終於實現的時候，汪卻已經身在遠赴歐洲的海輪上，這一切都已與他毫不相關。二屆四中全會明文取消了孫中山在一大時制定的聯俄聯共三大政策，凡因反對三大政策而被開除黨籍的人一律平反。這些政策卻又引來知識份子的一番批評，蔣雖然討厭，但為了避免對民眾造成獨裁的印象，只能沉默不語。

這次蔣介石重新上台接受了以前搞獨裁引起黨內強烈反對的教訓，特別注意不給人造成獨裁的印象，在國民政府只任軍事委員會主席，將國民政府主席這大位讓給了譚延闓。又在廣州、武漢、開封、太原建立四個政治分會，以互相進行監督。廣州武漢、開封、太原的政治分會主席由掌握軍隊實力的李濟深、李宗仁、馮玉祥、閻錫山擔任。

蔣介石統一全黨後，於一九二八年四月重開始北伐，這次北伐得到了英美等資本主義國家的支持，進軍非常順利，除了在濟南和日軍發生濟南慘案的衝突以外，幾乎沒有遇到什麼實質阻擋，僅僅兩個月後的六月八日就攻佔了北京，宣告北伐成功。受到全國擁戴的蔣介石腦袋一熱，很快便忘記了不能搞獨裁的教訓，對將領開始蠻橫了起來。七月六日，蔣介石在李宗仁、馮玉祥、閻錫山等人的陪同下，前往北京西山碧雲寺靄見孫中山靈位，蔣介石熱淚盈眶地向國父之靈報告他生前統一中國的願望已經實現。在祭祀過程中，各大軍閥一致為國父行禮，看似局面風平浪靜，實際上暗流湧動，各懷心思。由蔣介石指派的司儀誦讀出一段文章，讓李宗仁等人面面相覷，不知是好：「弟子中正昔侍總理，親承提命之殷，期望於中正者，已早脫人民於水火。」[8]這話好似對同行的軍閥巨頭們暗示：我是孫中山的正統繼承人，你們都應聽我行事。魯迅因此寫了首《南京民謠》來嘲諷此次西山揭陵：「大家去揭陵，強盜裝正經，靜默十分鐘，各自想拳經。」

蔣介石的這句話還能用另外一個角度來看待：將獨裁合理化。孫中山晚年在國民黨中的作風近似於獨裁，但國民黨是由孫中山一手建起，孫中山在黨內具有不可動搖的威望。汪精衛在接班後很明瞭自己沒有孫中山的威望，沒法搞獨裁，也不想搞獨裁，因此改組國民黨，建立新的集體領導體制，成為了民主派的領袖，得到了眾多國民黨人的擁護。然而蔣介石上臺後，卻要學孫中山獨攬一切的獨裁作法，特別是利用私家軍大搞軍事獨裁的做法，在國民黨內引起了極大的反感，蔣介石本人沒有孫中山那樣的巨大威望，在國民黨內引起了極大的反感和反對，這也是後來國民黨內部激烈鬥爭不斷的主要原因。

蔣介石統一中國之後，美國帶頭承認蔣介石的南京政府，其他西方諸國不久也承認了南京政府，使蔣介石的國民黨政府成為被國際上公認的合法政府。奉系軍閥張作霖在戰敗後從北京逃往奉天的途中，被日本關東軍陰謀炸死。張作霖死後不久，繼承父位的張學良宣布「服從國民政府，改旗易幟」，新疆的楊增新不久也宣布效忠國民黨政府，中國在軍閥分裂了十幾年後，首次出現全國統一的局面。

改組派風波

蔣介石知道獨裁不得人心，一心想讓別人對自己的想法轉變成民主式的領袖，但他心裡似乎就是放不下獨裁的好處，在東北易幟後，蔣介石的內心迅速膨脹，過不久又舊態復萌。一九二八年二月二十一日，蔣介石以國民黨中央常委會的名義宣布「國民黨第三次全國代表大會」（後人簡稱三全或三大）代表的產生方法：「在全部大會代表名額中，由中央指定一半，省市選舉一半。」這看似合理，但宣布文章又在後面加了一段不得人心的補充：「尚未成立黨部的省市也由中央圈定代表。」當時國民黨黨部只集中於南方，北方以及西方各省連個臨時黨部都沒有，按照這個方法，全部四百零九名大會代表中，兩百一十一人為指定代表，一百二十二人為無黨部而由中央圈定的代表，真正使用民主選舉產生的代表只有七十六人。這樣一來，三全的代表僅有近百分之八十全是蔣介石的人，蔣介石大能利用人數壓制來通過一切法案，將全國代表大會化身為蔣派一言堂。

「黨已不能代表群眾，所謂代表者，已完全喪失其意義！」汪精衛在接到此訊息後憤然怒斥。不只是汪如此，大量的國民黨人士也開始憤怒了，他們紛紛指責蔣介石借大會之名竊黨造派，把持中央，以發展其個人之地位，並加入陳公博領導的改組同志會，以《革命評論》、《前進》等刊物來對南京的蔣介石政權進行批判。陳公博在《國民革命的危機和我們的錯誤》一文中指出：「今日國民黨已被軍閥、官僚、政客、買辦、劣紳、土豪所侵蝕盤踞盜劫把持，孫總理的三民主義已被他們所篡改，第一、二次全國代表大會的綱領已被他們拋棄，南京的中央已成為一切反動勢力的大本營。」

改組派自創立以來，組成人員大多為對於國政有著充分理想的知識份子和青年學生，他們要求在國民黨內實行民主，在國民黨內引起了很大反響，一時間其組織發展很快，在全國各地和香港，以及日本、法國、新加坡、越南等地都建立了分會，全盛時期成員曾多達萬餘人。改組派的思想也滲入蔣派的南京國民黨區，凡南京國民黨有組織的地方，幾乎都有改組派的組織。

在三全開幕前夕的三月十一日，陳公博、顧孟餘、何香凝、王樂平等第二屆中央執監委員十三人，聯名發表《關於最近黨務之宣言》。其中指出：「同人等對此違法之代表產生法，雖屢次提出異議，而主持中央者，竟充耳不聞。同人等深恐此種大會一旦開成，其結果適與鞏固黨及中國和平之期望相反。同人等為遵守總理遺教，努力革命，對此種大會誓不承認。當此本黨陷於危亡，革命陷於失敗之今日，絕不畏懼強御！始終與本黨忠實同誌共同奮鬥！」

改組派的檄文在國民黨中掀起了波瀾，不少反對或不滿蔣介石的大會代表也提出辭呈表示抗議。三月十四日，國民黨員吳健帶領著一批黨員及學生來到南京市黨部請願，要求召開全市黨員代表大會，討論出席三全代表的問題，在請願時，一旁觀看的人民止不住激動，高呼：「反對蔣委員長陰謀篡黨奪權！」，「堅決反對蔣委員長包辦大會代表！」在聲勢威嚇下，南京市黨部被迫同意在一處名為「夫子廟」的禮堂召開全市黨員代表大會。代表大會由傾向改組派的谷正綱主持，全市十個區黨部的代表皆參加了會議，近乎滿票的通過《反對非法的第三次全國代表大會案》，表示將號召各地代表不出席以示抗議。正當谷正綱在主席台上執行三讀動作時，一群流氓忽然踹開會議大門，十位凶神惡煞衝向主席臺毆打谷正綱和其他主持人，緊接著大批軍警趕來沖進會場，他們並不是來鎮壓流氓的，反倒一同對會議人士大打出手，打傷十餘人，並當場逮捕代表七人。這就是轟動一時的三一四事件。

經過史學家調查後發現，那些流氓及軍警皆為蔣派軍校生，原來，蔣介石懼怕自己派出私家軍鎮壓將遭受更多謾罵，便指使蔣系軍校學生及CC分子先行換裝成流氓，在執行鬧場動作。而軍警呢？蔣介石使用賄絡的方式使軍警沆瀣一氣，讓會議人士遭到「非法性的合法鎮壓逮捕」。三一四事件後，改組派的南京分會被暴徒搗毀，改組派的北方據點已無法立足，於是他們轉移到上海，以法租界為基地，建立起「中國國民黨各省市黨部」、「海外總支部聯合辦事處」，繼續進行反對蔣介石獨裁專制的鬥爭。

國民黨內反對蔣介石的除了改組派等文人團體外，還有很多軍人將領。北伐勝利時，國民革命軍共有八十四個軍，兩百二十多萬人，這還不包括張學良的數十萬東北軍。如此龐大的軍隊，給國家造成沉重的財政負擔，對中國經濟進展構成嚴重的影響。當時中國的年度財政收入約四億五千萬元，除去一億元用於償還各種外債以外，實際可以動用的財政約三億五千萬元，其中三億元為軍事費用，占政府支出的百分之八十以上。要知道，日本在開打八年抗戰前期，政府的軍事支出也只佔四十八%，此時中國的龐大冗兵壓力使的國家根本沒有足夠資金發起國家建設及民生建設，所以蔣介石主動提出的裁軍計畫，本來是非常受到歡迎的。

蔣介石的裁軍計畫確實有益中國發展，但其所執行的政策卻引起很多國民軍將領的強烈抵制，他的裁軍政策大裁旁系部隊，三百個師中才去了兩百五十個，但唯獨不裁他的嫡系部隊，反而另外興建了十個憲兵師。蔣想藉裁軍一事來藉此壓低旁系部隊的威脅，藉此提高自己的權利，使他們絕對服中央政權。北伐時國民革命軍有四個集團軍，除了第一集團軍是蔣介石的嫡系部隊以外，第二集團軍的馮玉祥西北軍，第三集團軍的閻錫山晉軍，第四集團軍的李宗仁、白崇禧桂系部隊都遭到了強迫裁軍。除此之外，張發奎的粵軍，唐生智的川軍，以及一些地方軍隊也同樣遭受壓迫。各方軍隊再次對蔣介石的獨裁感到危險。

蔣介石帶有私心的裁軍方案，引起了各路旁系部隊將領的強烈反對，蔣介石首先拿反對聲最大的李宗仁桂系部隊開刀，李宗仁害怕蔣介石趁勢一舉殲滅桂系，於一九二九年二月私自潛出南京，脫離南京政府重返廣西。在蔣介石召開三全之前，白崇禧公開宣布辭職抵制蔣介包辦三全，拉開桂系和蔣介石再次對抗的序幕。

一九二九年三月十五日，蔣介石在在一片反對和抗議聲中召開國民黨第三次全國代表大會，這場會議本該是用來討論在軍政轉為訓政時期，該給予民眾怎樣的開放？如何循序漸進民主發展？蔣介石所包辦的大會上卻對此並不熱衷，對於訓政的討論僅用「確定總理主要遺教為訓政時期中華民國最高根本大法」如此含糊不清的決議來匆匆帶過。三大的開張目的被蔣介石擅自更改，變成了處分反蔣人士的政壇絞刑台。蔣介石在主席團報告中說：「今日討伐叛徒，以國家論，是為討伐叛將；以黨論，即為討伐反革命分子。此等叛黨分子，應由大會開除其黨籍。」結果大會通過李宗仁、白崇禧等人的叛黨亂國罪，永遠開除黨籍，改組派領袖陳公博永遠開除黨籍，顧孟餘開除黨籍三年。而汪精衛呢？他雖然未加入改組派，但因為改組派推崇他的想法，所以招到了池魚之殃，予以書面警告的處分，處分理由實屬荒渺，竟翻出廣州兵變的舊帳：「跡近縱袒弄兵，釀成廣州共變。」[9]

改組派在陳公博被開除黨籍後一時陷入低迷，陳對中國政局心灰意冷，想效仿汪精衛「合則留，不合則去」的想法就此引退。一九二九年三月一日，陳公博乘船抵達法國馬賽，次日早上轉赴巴黎，下午他去拜訪汪精衛、陳璧君夫婦，報告國內改組派的活動情況。

陳公博在巴黎的生活自在悠閒，他住在城裡，汪精衛夫婦住在鄉間，一星期見一兩次面。陳曾表示自己很想在法國坐上一兩年，但桂系、閻錫山、馮玉祥等國民黨各派將領先後表態反對蔣中正，倒蔣浪潮迅猛發展，汪精衛看到國內形勢大有可為，想與陳公博一同回國：「我們必須回國主導，不能一輩子流亡！」汪精衛提議先由陳返回國內掌握局勢，等到穩定後自己再回國主政，但陳公博很想繼續在法國待下去，對汪的請求總是含糊過去。後來衝動的陳璧君耐不住性子，前往陳公博宅邸勸說回國領導反蔣運動，據陳公博回憶紀載：

「我以為汪先生年紀大，身體又多病（此時汪精衛四十五歲，患有肝病以及非常嚴重的糖尿病），才常居國外，怎麼以你這樣的年輕人也打算常住外國？」汪夫人的脾氣一嚮談話都用責備和質問的神氣。「不常住怎麼辦？」我實在猜不出汪夫人是怎樣的心事。「我不信國內一點辦法都沒有？」汪夫人提出了意見。

「什麼辦法？要辦法只有反蔣和打仗，汪先生是不願意的，因為現在還是汪、蔣合作。」我禁不住發點牢騷。「你怎麼知道汪先生不願意？現在蔣介石這樣做法，誰也忍不住，只有你才忍得住。」汪夫人大約用激將方法了。

「對於政治和黨務，我真有些厭了。如果要我幹，汪先生也得回國。否則你們會住巴黎，難道我不會住巴黎？」我那時對於怎麼幹，其實一點把握也沒有。「你肯回國，汪先生也一定回國的。」汪夫人似肯定地保證。這樣汪先生是要我回國了。我和汪夫人談話之後，再見汪先生商量以後的步驟，汪夫人又每天催我啟程，我遂於五月十二日離馬賽回國。[10]

護黨革命大同盟

在三全結束後，蔣介石於一九二九年四月開始討伐桂軍，分兵三路進攻廣西，在以兩倍兵力的壓倒下，桂軍經過幾次激戰後便損兵折將，敗象明顯。六月桂軍將領李宗仁、白崇禧逃往香港，第一次蔣桂戰爭結束。雖然蔣介石在蔣桂戰爭中取得了軍事勝利，但在政治上卻進一步陷入眾矢之的，改組派重點人士皆發表長篇大論攻擊蔣介石那「朱元璋式」的獨裁，批評蔣過河拆橋，背信棄義。不得不說，改組派的文筆實在令人佩服，多位蔣方將領開始猜忌蔣介石，猜想自己將來會不會也步入功高震主的死罪，一時風聲鶴唳，一時間，誰也不相信蔣了。蔣中正可不知道區區一小改組派居然會弄出這麼大的波瀾，居然連自己的嫡系部隊也開始有反蔣跡象了！蔣尤其對身為領導者的陳公博恨海難填，他曾經對張發奎有這麼一段有趣對話：

「公博回國了，你知道嗎？」蔣介石帶著嚴厲的口語問道。

「是，我知道的。」張發奎不敢隱瞞，也實在不能隱瞞。

「他有寫信沒有？」蔣緊接著問。

「有。」

「說什麼話？」

「他說他要做生意。」（張發奎與陳公博頗為友好，所以替其撒謊掩蓋）

「我告訴你，公博是沒有辦法的。公博就是到了南京也沒有辦法。如果他有辦法，我是王八蛋。」蔣介石說完後頃刻便沉了下臉，沉默許久。11

蔣實在是太衝動了，為了逞一時之氣，居然忘記他的尊嚴，說出市井小民的粗語，但也由此可見講對於陳的激憤。蔣之所以如此生氣還可以從另一種角度觀看：當初陳公博在建立改組派時沒有資金，是由蔣介石大力贊助才能成立的。蔣當時的想法是了讓桂系與改組派爭執，藉此提高自己的權力才出此下策，不料蔣上台後，改組派卻成為自己最大的敵人。順便一提，關於老蔣的髒話，大陸影視總是用「娘西皮」來當作蔣的口頭禪，但實則不然，蔣是很少說出髒話的，作者所翻閱的文史也沒有提過老蔣說出「娘西皮」一詞。而汪精衛呢？他是個文人，不說髒話的，據史料紀載，他罵過最難聽的話有兩次，一次是對共產黨說的「狼心狗肺」、一次則是對蔣介石說的「喪心病狂」，真是充滿書生氣息。

一九二九年五月，陳公博以改組派為核心、聯合其他國民黨的反蔣派別，在上海成立「中國國民黨護黨革命大同盟」，先前在蔣桂戰爭中力挺蔣方的唐生智、張發奎，以及兵敗的桂系將領李宗仁、白崇禧，就連先前保持中立的閻錫山、馮玉祥等軍事要員接連加入，可以稱得上是有史以來聲勢最為龐大的反蔣勢力集合。

「中國國民黨護黨革命大同盟」在成立時發表了份《成立宣言》，呼籲群眾打倒獨裁，恢復黨權，「剷除叛徒蔣中正的一切勢力」，「打倒盜竊黨權政權的蔣介石」。宣言中還特別聲明不承認蔣介石包辦的三大，聲稱南京政府的一切命令與外交等皆無效力。另外，「中國國民黨護黨革命大同盟」繼承了改組派的一貫傳統，將遠在法國的汪精衛拱為領袖，同時號召「迎吾黨領袖汪主席歸國護黨」，組織護黨政府和護黨革命軍，直搗南京政府，肅清反動勢力。

汪精衛則在這段期間於法國撰寫一系列的反蔣文章。最有名的莫過於《（民國）十八年的總決算與十九年的新局勢》一文，汪將蔣介石主持召開的國民黨三大比喻為「段祺瑞式的善後會議」，而倒蔣運動是「民主勢力與封建勢力之爭」。汪又表示：「一般有廉恥的文人，應該奉獻此身於民主勢力，將血作水，以溉民主勢力之根，將身作肥料，以沃民主勢力之果。」蔣汪二人名義上的合作關係就此瓦解。

一九二九年九月十七日，身在蔣營心在汪的張發奎終於發起兵變，在湖北打出「護黨救國軍」的大旗，帶領大批部隊脫離蔣介石政權。且發表《擁汪討蔣宣言》，電請汪精衛回國：「主席回國方可對國內軍事發揮號召力，對官兵之影響尤為重大。即使返國不能深入軍中，亦可居香港以指導軍事，策勵士氣。」[12]在這種情況下，汪精衛眼看時機成熟，決定回國抗蔣。

臨行前，汪精衛與陳公博等人聯名發表一篇《中國國民黨第二屆中央執監委員會最近對時局宣言》，歷數蔣介石的十大罪狀：「習於專制，私利是圖，首內啟本黨之糾紛，復外援帝國主義及國內反動派以自固；嘯聚群小，把持政權，摧殘民眾，排除異己……」[13]汪精衛在這篇宣言另提出五項改革主張：改組國民政府、籌備召開真正的三大、否認蔣介石包辦的三大以及會上通過的一切決議案、否認蔣介石出賣國家經濟權利的一切祕密文件。

當時中國除了政界、軍界掀起強大的反蔣運動外，在學術界也引發了民主與獨裁之爭。胡適在萬人倒蔣的情勢下，順勢發表著名的《人權與約法》文章。孫中山曾經說過要將國家未來方針訂為三步，第一步為軍政時期，用的是軍法；第二步為訓政時期，用的是約法；第三步為憲政，用的是憲法。胡適認為蔣介石所發表的《訓政約法之治》曲解了孫中山的本意，指出由軍法轉為約法的本意應當是逐漸民主的步驟，而蔣介石政權作為中國民眾的代言人，卻進行獨裁的「約法之治」，違反了人民的基本人權。胡適主張首先建立保障人權的憲法，開放黨禁，實施多黨政治，建立一個以法治國的人民參政國家，而不是以黨治國的一黨獨裁體制。

胡適的批評太過先進，在學術界與錢端升等專制擁護派學者進行了激烈的筆戰。胡適雖然跟著反蔣，但所提倡的人權思想並沒有在國民黨政界引起共鳴，國民黨內的民主派汪精衛等人雖主張實行黨內民主，但並不主張立即放棄國民黨一黨專政而搞西方式的多政黨體制。只能說，胡適的民主思想實在走得太遠了。

一九二九年十月上旬，汪精衛歸國香港，改組派與護黨救國軍精神大振。然而汪精衛曾經在一九二七年帶頭反對過桂系李宗仁、白崇禧等桂系成員的「特委會」，雖然為反蔣的共同目的，雙方重新言歸於好，但依然有很大的隔閡。汪精衛回國後，以「中國國民黨第二屆中央執監委員聯席會議」的名義發佈命令，對各路「護黨救國軍」發出委任狀和番號。其中第一、二路的番號留給了處在北處的閻錫山和馮玉祥，而第三、四、五、六、七、八路軍總司令，分別授予給處在南處的張發奎、唐生智、石友三、胡宗鋒、何鍵、李宗仁。汪精衛則任職護黨救國軍領袖，在名義上，除了一、二路的軍隊外，汪皆可直接領導。

然而，汪精衛名義指揮的六路大軍皆各懷軌跡，他們認為蔣中正垮台只是早晚的事，而倒蔣後各路軍閥將重新分裂，再次內戰，因此抱持著「七分發展、二分應付、一分倒蔣」的消極態度來囤積實力。當然，汪精衛所指揮的倒蔣戰略大部分都被各路軍閥們給消極應付掉了。不到半年，汪精衛看似聲勢浩大的六路反蔣大軍馬上就被蔣介石利用各派之間的矛盾來各個擊破或收買瓦解，南方反蔣軍以失敗告終。順便一提，當時張發奎依舊是位忠實部下，是六路大軍中唯一聽從汪精衛指揮的軍官，據傳在這段期間，張發奎曾計畫在蔣介石開政治會議時，派遣航空教官駕駛教練機投擲炸彈，炸毀中央黨部會議廳，把來開會的蔣介石以及其麾下成員一舉炸死，造成首都混亂群龍無首，以便乘機攻下，取而代之，不過當日天象不佳，導致飛機不能起降，因而作罷。

南方敗退後，北方還有閻錫山和馮玉祥的一、二反蔣路軍繼續反蔣，可喜的是，他們的軍隊不是像南方軍隊一樣是臨時拼湊起來的，而是經過長時間相處，具有極強配合性及戰力的精兵。統治者也各有所長：閻錫山有政治頭腦，是最擅長治理人民的軍閥，所治之處人民安居樂業，鮮少窮困，他還擅長替自家晉系掙錢，是中國最有錢的軍閥。閻也擅長利用政治局勢制衡各軍閥入侵，因而獲得了「山西不倒翁」的美稱；馮玉祥有用兵頭腦，擅長指揮軍隊，且還是唯一一位能夠稱上「愛兵如子」的軍閥，他會在週日為辛苦執勤的士兵剪手腳趾甲，還會陪普通士兵睡草蓆、吃大雜鍋，加上他耿直憨厚的個性，相當受到士兵熱愛。閻馮雙方這時各獻所長、互補期短，勢力不可小覷。一九三〇年四月一日，閻錫山在聯合馮玉祥和李宗仁組成反蔣聯軍後，於太原宣誓就任「中華民國陸海空軍總司令」，馮玉祥、李宗仁分別在潼關、桂林宣誓就任「中華民國陸海空軍副總司令」。三人所控制的下轄正規兵力達到八十萬人，他們組織了八個方位軍，唱著軍歌踏著步，趾高氣昂地向南京發起圍攻，浩大的「中原大戰」爆發了。

中原大戰

中原大戰爆發後，閻錫山電請汪精衛北上主持黨務。在閻、馮等人的發起下，改組派和西山會議派等反蔣各派，在北京聯合成立「中國國民黨中央黨部擴大會議」，汪精衛被奉為「擴大會議」的領袖。本來左傾的改組派和右傾的西山會議派是勢不兩立的對頭，然而雙方在遭到蔣介石的排斥打擊後，深感只有團結一致，才能對抗蔣介石的軍人獨裁。雙方暫時摒棄前嫌，握手言和。一九三〇年八月七日，「中國國民黨黨部擴大會議」在北平中南海懷仁堂正式召開，汪精衛、陳公博等人的改組派、謝持、鄒魯等人的西山會議派，以及閻錫山、馮玉祥等人的軍事實力派參加了會議。會議由汪精衛主持，他頒佈了《國民政府組織大綱》，宣布成立國民政府（史稱為北平國民政府）閻錫山當選政府主席。在領導分工上，汪精衛主黨，閻錫山主政，馮玉祥主軍。

中原大戰一共打了六個月，雙方投入兵力超過一百四十萬（蔣介石六十萬，反蔣軍八十萬），這場苦戰中，蔣介石軍隊和閻馮聯軍都損失慘重，共有三十餘萬人傷亡，然而儘管有著如此龐大的犧牲，誰也攻不下誰，反蔣軍仗著人數優勢策劃攻勢，蔣介石仗著軍事素質支撐大局，雙方勢均力敵，陷入了一次世界大戰般的泥淖。

此時決定戰局的勝敗就在於張學良的東北軍，東北軍號稱有五十萬兵力，中國最成熟的坦克部隊，以及全亞洲最大的兵工廠，他加入哪個陣營，哪個陣營便會取得勝利的主動權。蔣介石和閻馮等人都在拉攏張學良，閻錫山給他送來中華民國陸海空軍副總司令的委任狀，蔣介石也送來了同樣的委任狀，雙方還先後送了數百萬元鉅款至瀋陽，但張學良很聰明，他想扮演「美國的角色」，在雙方打得精疲力盡的時候出手幫助勝算較大的那方，打贏後兩方陣營都衰落了，而自己卻能得漁翁之利。所以在中原大戰初期時，張學良一貫保持著袖手旁觀的中立態度。

話說到張學良，也不得不提他與汪精衛的特殊關係。他倆初次見面是在一九二一年，當時汪精衛奉孫中山之命前往東北宣傳國民黨，在奉天舉行了一次盛大講演。時任陸軍團長的張學良先前就對汪精衛充滿好奇心，特地前來參加聽講。就如同其他聽眾一樣，張學良一聽到汪精衛那帶有情感、慷慨激昂的演說時，全身熱血沸騰，完全被這位年輕革命家折服了，自此成為汪的信徒。此後，每次汪精衛到奉演講、辦事時，張學良都會邀請汪來到府中促膝相談。多年後，張學良回憶說：「他（指汪精衛）的行動我很注意，我很佩服他，年輕時候我最佩服汪精衛！」[14]此話並非虛言。客觀地說，汪精衛不抽煙、不喝酒的清教徒作息以及愛國政治思想都對張學良的人格啟發頗深。

一九三〇年九月，戰局向有利於蔣介石軍隊的方向發展。九月十七日，張學良面對昔日的偶像，以及瓜分勝利果實的利益，毅然地站在了利益一邊，發出擁護南京中央政府的聲明，且派出十萬東北軍入關。此後東北軍以旋風般的速度在十餘天時間內先後佔領了天津、北平和河北等地，使閻、馮聯軍處於腹背受敵的困境，紛紛敗退。十一月四日，閻錫山、馮玉祥見大勢已去，聯名發表通電聲明「即日釋權歸田」，長達七個月的中原大戰遂告結束。

張學良的選擇，使汪精衛痛失難遇的一次倒蔣機會。此後，他對這位東北少帥產生難以化解的怨恨。

閻、馮聯軍敗陣後，一九三一年元旦汪精衛在天津發表下野聲明，失意的汪精衛帶著陳璧君乘汽車出城，在山西繞了一圈，想藉古蹟美景抒發心中憂愁。他們先到一座名為「晉祠」的中式寺廟，又直赴長城關隘「雁門關」憩息，順便遊覽了長城古蹟，此時的長城因為連連內戰而疏忽管理，景象殘破不堪、塞草淒黃，彷彿是映襯出了汪精衛的心情般，他有感而發，賦下一首《過雁門關》，緩解心中憂愁[15]：

殘峰廢壘對茫茫，塞草黃時鬢亦蒼。
剩欲一杯酬李牧，雁門關外度重陽。

汪精衛親眼看著自己一生追求的理想一次又一次的遭到蹂躪，「殘峰廢壘」一句充分反映出他的內心想法。二十一日，汪精衛致書改組同誌會各黨部各同志，宣布取消改組派。謂：「擴大會議各派之聯合，各有不得不然之故，絕非一時利害的結合，也絕非苟且遷就。當中央黨部擴大會議成立之後，就有人提議將從前各種派別一律消滅，我個人則認為時機未到。我如今提議所有各派應將原有組織一律取消，共同站在中央黨部擴大會議下一致奮鬥。」

反蔣運動一時陷入低潮。此時蔣介石不僅任國民政府主席，還自行兼任行政院長，獨攬國民黨的黨政軍大權。但不久蔣介石因為軟禁立法院長胡漢民，又引起了全國範圍的反蔣大潮。

軟禁胡漢民與非常會議的召開

蔣介石與胡漢民的合作關係淵遠流長，最早要回顧到四一二政變前夕，蔣介石請胡漢民去南京，共商反共之事，身為右派的胡漢民見理念相同，欣然同意。一九二七年四月十八日蔣介石在南京另立國民政府，是為寧漢分裂，胡漢民出任國民政府主席，胡漢民以國民黨元老的身分主持南京國民黨中央黨部，在關鍵時刻幫了蔣介石的大忙。一九二七年八月蔣介石下野後，胡漢民還惦記著國父逝世後與汪精衛的爭權衝突，不願和汪精衛合作，隨之也辭職出國考察。

一九二八年九月胡漢民回國後，再次與蔣介石合作。一九二八年十月，胡漢民和蔣介石組成了五院制的國民政府，尊蔣介石為主席，自己當立法院長。此後胡漢民在新國民政府的建設上出力頗多，對蔣介石打敗閻馮的「護黨救國軍」也幫了大忙，在這段時間胡漢民和蔣介石的合作比較密切。然而蔣介石取得中原大戰的勝利後，越來越不尊重胡漢民這位老前輩，蔣胡之間的矛盾日益尖銳，胡漢民常對人說：「我在中央不過是一個開會機器罷了。」[16]

胡、汪的政治理念雖然南轅北轍，但胡漢民的一處政治主張與汪精衛有著相同之處：他們皆希望能夠以黨領槍。但以軍人出身的蔣介石，豈能甘心居於黨部指揮之下？蔣介石在中原大戰勝利後設想召開國民會議，制定訓政時期的約法來選舉總統，但蔣介石的老毛病又犯了，竟想重蹈第三次全國代表大會，以法律程式來確立自己作為國民黨領袖的地位和獨裁權力。這動作徹底惹毛胡漢民，他開始在公開演講上反對蔣介石搞集黨政軍大權於一身的獨裁總統制，也批評蔣介石制定約法。雙方岌岌可危的合作關係變得危於累卵，據說有次蔣介石請胡漢民來到辦公處勸說約法之事：「這件事你就不要管了。」誰知胡漢民卻說：「現在總理不在了，我不管你，還有誰來管你？」蔣介石惱怒不已，拂袖而去。由此拉開了蔣胡「約法之爭」的序幕。

一九三一年二月二十八日，蔣介石以宴請議事為名，將胡漢民騙到總司令部晚餐，剛一抵達，就被荷槍實彈的憲兵押入會客室，強逼胡辭去立法院長職務。次日胡漢民被迫提出辭呈，將黨部、政府職務全部辭去，被憲兵押送南京郊外湯山溫泉別墅軟禁。

胡漢民被扣壓一事，在國民黨朝野引起軒然大波，黨內分裂出「中國國民黨黨權運動總同盟」，要求蔣介石下台。汪精衛雖然沒有加入，但也許是作為曾是胡漢民刎頸之交的懷念，或是對於反蔣運動的考量，汪在香港接連發表九篇洋洋大文至《華東日報》，批評蔣介石的獨裁行事，表示應立即釋放胡漢民。汪甚至還在香港公開發表一場演講，斥責蔣介石「自民國以來，自從民國元年以至二十年，自從袁世凱以至蔣中正，徹頭徹尾的只是武人專政。但是以前的武人專政，老老實實的便是武人專政罷了。惟有到了蔣中正，他的武人專政卻加了好些模樣。……據我們來看，蔣中正根本就不知道什麼叫做法，更不必說到約法了。即以此次之事為證，蔣中正如果要問胡漢民的罪，可以在中央黨部問，可以在國民政府問，為什麼半夜三更的在私宅裡大擺筵席的時候，二十四名駁殼衛隊，立刻動手，將胡漢民監押起來，拘送到湯山去？這種手段，是強盜綁票，是流氓拆橋，是觸犯刑府第幾十幾條？尤其是普通憲法第二章規定人民權利義務裡頭所絕對不許的。對於一般人員的身體自由可知，這樣的人而說他（指蔣介石）是誠心誠意的要制定約法，只怕三歲小孩子也不會相信。」[17]

在胡漢民監禁不久後，鐵道部長孫科以及南京市長劉紀文等人先後以各種理由離開南京，前去上海或廣東，免得遭受池魚之殃，蔣介石的南京政府正在被一絲一絲的掏空中。一九三一年四月三十日，國民黨中央四位監察委員古應芬、林森等人，發表《彈劾蔣中正提案》的通電，這份通電無情的皆露出蔣介石在私底下排除異己、製造獨裁的真實身分，要求黨內對蔣進行撤職查辦。通電加速了南京政府底下的反蔣趨勢，五月三日，兩廣將領陳濟棠、李宗仁、白崇禧，以及唐生智、許崇智等數十人聯名發表通電，擁護四監委彈劾案，要求釋放胡漢民，蔣介石下野。

蔣介石似乎只是想等風聲過去，並沒有對通電表示一切看法，只是在南京政府上頭默默待著，胡漢民依舊囚禁在湯山，胡派的成員非常憤怒，為了倒蔣釋胡，他們找上胡漢民的前政敵汪精衛提出重新合作。汪雖然覺得胡派的右派主張可能與偏左的改組派有些衝突，但基於「人多好辦事」的舊有觀念，汪決定答應合作，並對外界給出此番解釋：「過去我和胡先生的不和，都是上了蔣介石的當。蔣之所以能專橫跋扈，就是因為我們不能團結。這回反蔣，一定要合作到底。即使萬一失敗了去跳海，也要大家抱在一起去跳。」[18]

廣州國民政府

一九三一年五月二十七日，以桂系為首的陳濟棠、李宗仁等人，效法孫中山當年在廣州召開非常國會，成立「中國國民黨中央執監委員非常會議」，打出「打倒獨裁、護黨救國」的旗號，提出凡國民黨第一、二、三屆中央執監委員贊成反蔣者（共產黨員除外），均自然成為非常會議的委員。陳濟棠、李宗仁等人邀在香港的汪精衛出任主持會議，並在汪精衛的主導下，於五月二十七日宣告廣州獨立，成立廣州國民政府，推選汪精衛、孫科、唐紹儀、古應芬、許崇智等人為常務委員，汪精衛被票選為首任主席。

這次在廣州成立的國民政府，可說是一鍋大雜燴，除了以前參加反蔣的桂系、改組派和西山會議派外，又新添了胡漢民派，林森和孫科也前來參加反蔣隊伍。吳稚暉曾將廣州國民政府分為幾個派別：「唐紹儀的超然派；胡漢民部下的右派；許崇智的西山會議派；李宗仁的桂系；汪精衛與陳公博的改組派；陳友人的第三黨」能夠集結越多勢力當然越好，但派別越多，派系之間的矛盾也越大，一個團體有著六種截然不同的思想，使汪精衛經常處於左右為難的境地，還為此寫了一篇《如何聯合起來》的文章，調和各眾的矛盾：「派別問題的解決方法，都歸於理論的方面。如此說來，如其理論方面可一致，則必然能聯合起來。所以我們對於如何聯合起來的答案是：如果認定倒蔣的意義，是民主對於獨裁的爭鬥，那麼，一切同志必然可以聯合起來！」汪精衛放棄了改組派所堅持的理念，呼籲其餘五大派系也跟著放棄，一致為民主而戰，別再陷入分裂。

然而，縱使貴為政府主席的汪精衛這樣說了，六大團體的相互矛盾還是無法解決。當時情況是這樣的：六大團體的主張各不同、各朝相反路線前進，如果汪精衛提供一項政策，那最少會傷及六大團體中的其中一團，國民政府也就因意見不一而導致行政效率遲緩，有點類似於現今的臺灣，太多想幫助國家的人士提出了不同的想法來救國，撇開偏見不談，這些想法假如有一者能夠貫徹執行，確實是能讓國家進步的，但卻因為大家所主張的政策與其他人相反，國還沒救，自己倒是先打起來了。

由汪精衛所指導的改組派因為其偏左的主張，經常招來有嚴重右派傾向的西山會議派及胡漢民派抨擊。其中，派系矛盾最為激烈的為胡漢民派和改組派。胡漢民派雖然是主動提出合作，請求聯合反蔣的，但胡派分子還是對汪精衛卻有戒心，特別是對政策相馳的改組派完全不信任。被囚的胡漢民認為：「目前放棄與汪合作，那就無法與蔣對抗，但陳公博之類的改組派人士，萬萬不能共事。」胡派只接受汪精衛個人，而不接受汪派（改組派）其他人物，如陳公博、顧孟餘等人，都不與合作，甚至經常挖苦。胡漢民的話使汪精衛大為不滿，汪認為這種做法如同蔣介石的作風般，只是想利用別人，而不予真誠合作，這是個「去皮存骨」的作法。

由於六大派實力相當，所分配到的常務委員數量也幾乎一樣，這就導致無一派能夠以主導者的姿態主導局面，政策也在「一派提案，一派反對」的輪迴下無法推行。像是非常會議的主持人的古應芬、陳濟棠，他們雖然對汪精衛態度還好，但對於其麾下的改組派人士抱持一種排斥態度，幾乎否決了他們提出的所有政策，氣得汪精衛已經有兩次大罵要去香港下野，好在有孫科、李宗仁等較為中立的派系成員極力勸汪忍耐，以團結為重，這才打消了引退念頭。

廣州政府成立前，陳公博曾因私事而遠在歐洲而沒有參加，這時才回來。汪精衛對陳說：「我打算一有機會便走了，在廣州非常受氣，不獨許崇智當眾向我謾罵，連小小的西山會議派成員桂崇基也當眾和我為難。」陳公博當時還不知道事態的嚴重性，勸汪應真誠與胡漢民合作，一旁的陳璧君立馬拍桌，氣沖沖地說：「你勸汪先生與胡漢民合作，你知道不知道他們要『去皮存骨』？連你他們都不想要！」汪精衛意味深長地說：「他們只要和我合作，而不同我們的同志合作，怎麼何得起呢？。」經過一番解釋，陳公博才知道如今局勢處境之艱難，一旁的顧孟餘唉聲嘆氣地說道：「我們與其受地方小軍閥的氣，不如投降中央大軍閥，受大軍閥的氣。」[19]

此後不久，一九三一年九月十八日，在東北的日本關東軍日本軍隊以中國軍隊炸毀日本修築的南滿鐵路為藉口，發動了九一八事變，改變了整個中國的命運。

1 周佛海，《周佛海日記》，一九四一年八月十三日篇。

2 雷鳴，《汪精衛先生傳》，第一百八十三至一百八十四頁。

3 程舒偉、鄭瑞偉，〈第九章：改組派教父〉，《汪精衛與陳璧君》。

4 陳公博《苦笑錄》，一九八一年四月印刷，現代史料編刊社出版版本，一百一十五頁。

5 張發奎，《張發奎口述自傳》，亞太政治哲學文化出版有限公司，五十一頁。

6 李志毓，《驚弦：汪精衛的政治生涯》，第一百一十四至一百一十五頁。

7 程舒偉、鄭瑞偉，〈第九章：改組派教父〉，《汪精衛與陳璧君》。

8 蔣中正，《克復北平祭告總理文》。

9 林思雲，《真實的汪精衛》第二部分之四：第一次反蔣的失敗。

10 陳公博，〈第九章：護黨救國軍〉，《苦笑錄》。

11 同前註。

12 林思雲，《真實的汪精衛》第二部分之五：護黨救國運動。

13 同前註。

14 張學良，《張學良口述歷史》，中國檔案出版社，二〇〇七，九十三頁。

15 汪精衛，《掃葉集》，第八首〈過雁門關〉。

16 楊樹標、楊菁，〈第二章第五節：非常會議〉，《蔣介石傳（一八八七－一九四九）》。

17 文少華，《汪精衛傳》，吉林省新華書店，一九八八年出版，三百四十八頁。

18 楊樹標、楊菁，〈第二章第五節：非常會議〉，《蔣介石傳（一八八七－一九四九）》。

19 陳公博，〈第十一章：廣州非常會議〉，《苦笑錄》。

第七章　從主戰到主和

九一八的衝擊

我的家在東北松花江上，那裡有森林煤礦，還有那滿山遍野的大豆高粱。我的家在東北松花江上，那裡有我的同胞，還有那衰老的爹娘。

九一八，九一八，從那個悲慘的時候！九一八，九一八！從那個悲慘的時候。脫離了我的家鄉，拋棄那無盡的寶藏，流浪！流浪！整日價在關內，流浪！

哪年，哪月，才能夠回到我那可愛的故鄉？哪年，哪月，才能夠收回那無盡的寶藏？爹娘啊，爹娘啊。什麼時候，才能歡聚一堂？

——張寒暉《松花江上》歌詞，當代著名流亡歌曲

九一八事變後，中國民眾燃起了「停止內鬥，一致對外」的呼聲。在這種情況下，汪精衛與蔣介石皆對於內戰感到不能不停，其中蔣介石被各方施以壓力，先行釋出善意，親自來到湯山釋放胡漢民，並言：「過去一切，我都錯了，請胡先生原諒，以後遇事，還請胡先生指教。」隨後寫了封給汪精衛的親筆信，上頭說道：「弟當國三年，過去是非曲直，願一人承之。惟願諸同志以黨國危亡在即，各自反省，相見以誠，勿使外間以為中山黨徒只顧內爭，不恤國難……懇請汪先生代表廣州政府，至上海舉行和平會談。」[1]

汪精衛在廣州過得實在辛苦，每天不是調停六大派的紛爭，就是遭到胡派、西山會議派的冷嘲熱諷，使得汪漸漸對倒蔣一事失去信心。面對外強入侵，廣州政府依然因派系鬥爭而鬧得不可開交，汪精衛從此心灰意冷，心底想著：事情是我產生的，也該由我結束。汪精衛接到蔣介石的邀請信後，表示國難當前，既然蔣介石已經表示反省，民主與獨裁的戰爭也不用再繼續了，是時候團結一心，一至對外了。

十月二十二日，汪精衛、蔣介石和胡漢民，國民黨最具影響力的「三巨頭」，在上海舉行了首次會談，提出南京和廣州兩政府合併，團結一致，共赴國難。這場會議頗為有趣，能夠以三人的主張看出其人的性格：胡漢民提出兩政府聯合的前提是蔣介石下野，主張「討蔣第一，抗日第二」——性格堅持且強勢。汪精衛則表示要團結寬容，在削減蔣介石權力的情況下，留蔣執政，所謂「抗日第一，討蔣第二」——性格寬厚，容易原諒他人。而蔣介石在這場會議上抱持著他的一貫作風，鮮少說話——性格沉悶，讓人猜不透。當時報紙刊登了一段有趣文章來間接描寫三人的個性：「胡漢民會客，客不說，他說話；汪精衛會客，客說一半，他說一半；蔣介石會客，客說話，他不說。」後來有人加上「孫科會客，客不說，他不說」來諷刺孫科的硬脾氣，胡漢民曾對此解釋：「因為他是孫中山的兒子，因此有革命脾氣；因為他在國外長大，因此有洋人脾氣；因為他是獨子，因此有大少爺脾氣。有時只發一種脾氣，有時候兩種，有時候三種一起發。」

和平會議最後決定寧粵雙方在南京、廣州分別召開各自的國民黨第四次代表大會，選出各自的中央委員後，在南京召開四屆一中全會，合併並重組國民政府，廣州政府隨即取消。

一九二七年十一月十二日，南京政府的「中國國民黨第四次代表大會」召開，蔣介石在會上表示「虔誠悔過」，通過了恢復汪精衛、陳公博等四百八十一人黨籍的議案。另一方面，廣州政府的「四大」則於十一月十八日在廣州召開，依照舊例，六大派又再次吵了起來，多數派別竟表示支持胡漢民在上海所說的「討蔣第一，抗日第二」觀點，譴責蔣中正不抵抗日本侵略、喪失東北地區的罪行，並表示：寧、粵雙方合作必須以蔣中正辭職為先決條件，否則不會解散廣州國民政府與廣州中央黨部。

這場大會對於汪精衛，猶如壓垮理智線的最後一根稻草，他認為：如今外強入侵，應當是握手言和、一至對外的時候，然而他們卻拋棄大局，為錙銖之事計較！汪精衛再也無法忍受意見分歧的政府了，在會議中怒斥胡漢民派「不體諒共赴國難的退讓精神」[2]，隨即離席退場，大會上贊成一致對外的改組派以及西山會議派人士，共兩百餘人也紛紛退場，他們在汪精衛的帶領下遠赴上海，召開了另外一次「四大」。十二月二十二日，南京、廣州、上海，三方於「四大」選出的中央委員在南京召開四屆一全會，這場會議中，蔣介石成了廣州方的打壓目標：實行獨裁政策、軟禁胡漢民、對九一八事變妥協、珍珠橋事件暴力鎮壓學生（南京學生不滿蔣介石政府一方面對日實行不抵抗政策，一方面卻對共產黨展開大型圍剿行動，因此發起抗議遊行，不料卻遭軍警武裝鎮壓）等批評接踵而至，這些負評引起諸多民眾的反響，在局勢嚴重不利的情況下，蔣只得被迫再次宣布下野，是為第二次下野。

這次組成的國民政府主要由廣州政府派的人馬組成，蔣介石派在政府中居於明顯劣勢，但為了做到「停止內鬥，一致對外」的諾言，汪精衛和胡漢民沒有趁勢將蔣派給削倒，甚至為了表示三方平等，也不在政府中擔任職務。四屆一中全會選舉林森為國府主席，但不負實際責任，由孫科任行政院院長，負責政府的實際領導，而掌握槍桿子的陸海空軍總司令呢？會議決定要暫時擱置。國家已經遭受危難，那為何沒有選出？原來大家都在等蔣介石，他雖然下野，但卻還有一片忠於他的私家軍，沒有蔣介石的命令，別人根本指揮不動這些精銳軍隊。且靠著蔣的卓越軍事能力以及經驗，總司令一職可說是非蔣不可的。清楚來說，蔣介石在下野後仍然是最有實力的實權者，只需要等待時機一到，隨時可以準備復出。

孫科為首的新政府為了爭取民心，一反蔣介石對日妥協的不抵抗政策，開始對日本採取強硬的態度。正好一九三一年十二月二十八日日軍向在錦州的張學良東北軍發起進攻，新國民政府下令張學良死守錦州。張學良卻稱自己的兵力武器不足，請求中央政府予以增援。孫科召集諸將領討論對張進行增援，可是沒有一位將軍表示願意去東北增援張學良軍。在此情況下，東北軍不戰而撤出錦州，全軍退入山海關以內。張學良在解釋東北軍為什麼不執行中央政府死守錦州的命令時，批評中央政府「中央口頭上要求東北軍死守，實際上卻不給予任何支援，想讓東北軍在抗日中耗盡自己的實力」。

汪精衛認為張學良的批評是為藉口，東北軍擁有五十萬軍隊，亞洲最大的兵工廠，怎麼可能兵力武器不足呢？他只是怕自己的勢力遭到削弱罷了。但張確實有自己的苦衷，東北軍只是號稱五十萬，實際上僅有十六萬正規軍，且九一八的毫無抵抗導致武器裝備來不及撤走，步槍八萬支，機槍四千挺，飛機兩百六十餘架皆完好的送到了日本人手裡。這時張學良的奉系軍隊已凋零磨滅，為了保存僅有實力，張學良頻頻撤退，不抗敵。

在抗戰初期，汪精衛是名副其實的主戰派，在這期間多次發表抗戰演講，高呼中國政府「決非威武所能屈，決不以尺土寸地授人」，如此堅決的抗戰決心，自然容不下抱持消極態度的張學良，汪精衛曾帶著宋子文飛抵北平，與張學良進行了一次長談。張學良曾回憶：

> 汪精衛對我說：「現在，你的軍隊應該跟日本人打一下。」我就問他：「是真打嗎？你中央是不是有所準備，有所辦法？如果沒有，打一下結果會怎樣？一定打敗！那你為什麼要打呢？」

他說：「現在外面的壓力太大，南京政府受不了啦，你呀，軍隊動一動，跟日本人打一打，就可以了。你要是不這樣，政府恐怕就維持不住了。打一下，可以先平息一下國內反對的聲浪。」

我說：「汪先生，你這是在說什麼話？讓我的部下打一下，讓我的部下拿生命來換你們的政治生命？」我這個人說話，唉，我一著急，說起話來就毫不客氣。我就對汪精衛說：「我張學良從來沒有靠犧牲我部下的生命，來換取我的政治生命。為這事，你中央政府也好，你也好，都別來找我！」[3]

張學良在口述歷史的還原方面難免有醜化汪精衛之嫌疑，卻反映出了他的真實態度。自中原大戰後，雙方的關係迅速惡化，汪張二人經常互找麻煩。這次汪精衛是以堂堂行政院院長的身分來跟張學良談正事的，沒想到他卻認為汪又是來找麻煩的，給他碰了一個結結實實的大釘子，汪精衛不生氣都難。此外，張學良時任北平綏靖公署主任，依照不成文慣例，如果有政府官員來到自己管區應當給予熱情招待。張學良當然知道這份慣例，但卻只有招待宋子文吃喝玩樂，把汪精衛這個行政院院長晾在了一邊，完全不把他當作一回事，雙方關係可見一斑。

時任行政院長的孫科力主抗戰，但不只是張學良不從，底下的武官們也各行其是，這可以用當時軍閥風氣尚未消除來做解釋。大家雖然都認為該群起抗日了，但自己合作的隊友竟是昨日的仇敵，難免心生懷疑，不敢於其真誠合作，且戰爭是必定會讓戰鬥方的兵力遭到損失的，而一損失，戰力便下降了；戰力下降了，影響力也會隨之下降，所以他們當然不敢放手，讓自己的軍隊前去戰鬥了，使孫科政府體會到在抗戰初期，「口頭上抗日簡單，實際上抗日行動難」的滋味。

就在此時，國內又爆發了讓孫科難於應付的上海事變。

一九三二年一月十八日，上海租界的五名日本僧侶忽然被一群中國人毆打，其中一人被打死，二人重傷。二戰後的調查發現，該事件原來是關東軍的高級軍官委託日本上海總領事館的武官，僱傭中國流氓所作。但當時中國人打死日本僧侶一事，除了日本高層軍官知道真實情形，日本民眾及國軍軍官無人知曉，在上海居住的日本人對於此事非常謊恐，就怕成為下一位民族仇視的犧牲者。一月二十日，一千餘名在華日本人前赴上海日本總領事館和海軍陸戰隊總部門前示威遊行，強烈要求日本政府立即出兵保護他們，在示威途中這些日本人還搗砸了許多貼有反日標語的中國人商店。在此情況下，日方順水推舟，向國民政府提出了類似於最後通牒的「限期要求」，要求中國政府在一個星期內做到道歉、賠償、懲罰作案者和取締解散上海的民間反日團體。

孫科政府猶豫不決拿不出對策，為了不承擔漢奸的罵名，只好於一月二十五日申請辭職，而此舉確實讓孫避免了罵名，卻間接導致了一二八事變的發生。由於辭職過於匆忙，就連繼位者都沒有選上，導致國民政府主和派、主戰派爭鬥，意見分歧，無人能代替孫科給出日本對策。二十七日，主和派逐落上風，做出初步善後動作，然而野心勃勃的日方卻不講理，硬是以中國「沒有接受限期要求」為由，於一月二十八日派兵強行進入中國管區，和駐守上海閘北地區的蔡廷鍇十九路軍發生了激戰，而就在一二八事變發生的這天，汪精衛被推舉為行政院長，負責領導政府，掌握大職後，汪精衛擺出了進行積極抵抗的姿態，命令十九路軍不惜一切代價繼續抵抗，給日軍造成了重大傷亡，日軍三次更換將帥，從六千兵力一路加派到十萬兵力，仍無法攻陷上海。

一面抵抗，一面交涉

一九三二年二月一日，當時一二八事件尚未平息，汪精衛主持召開了最高軍事會議，決定把全國劃分四個防區和一個預備區，以做好長期抗戰的分配工作。另外，會議上也決定將洛陽設為「行都」，將國民政府暫遷洛陽，以戰略角度上來說，首都南京與日軍所佔領的上海太過接近，且四面平坦，不利於長期防守，而洛陽北有黃河天險、南為江淮水網地帶，四周又群山環抱，易守難攻，是長期抗戰的最佳指揮地點。

汪精衛自知如果僅用整軍備戰的姿態來跟日本說話，日本對中國的傷害只會更加猛烈，因此在這段期間汪發表了大名鼎鼎的「一面抵抗，一面交涉」方針，提倡以軟硬兼施的方式將中國主權及民眾的傷害降至最少，他說道：「這個主張，不是今日才定的。兄弟從去年十月由廣州到上海之時，已經抱定這個主張了；兄弟對於那時從南京來請願的學生及各民眾團體，都是以此來答覆。因為中國的國難，不是偶然的，所以我們要預備長期的抵抗。同時也要盡力的交涉。」、「一面抵抗一面交涉，同時並行，軍事上要抵抗，外交上要交涉，不失領土，不喪主權，在最低限度之下，我們不退讓，在最低限度之上，我們不唱高調，這便是我們共赴國難的方法。」[4]

二月八日，汪精衛代表國民黨中央慰勉上海十九路軍將士「忠義之氣，照耀天日」，自掏腰包犒勞十九路軍五萬元。同時下令其他部隊增援上海的十九路軍，但無論是頤指氣使的命令，還是卑躬屈膝的請求，汪精衛就是指揮不動各部軍隊，除了蔣介石為博取民意提早復出，特地調派了第五軍的幾支部隊前來上海抗戰例外。孤掌難鳴的上海將士因此落入了險峻的困境。汪精衛的主戰意識並未停息，以國民政府代表之身分於《南華評論》所發的主戰宣言，該文章雖非汪執筆，但卻是為汪代言，文章稱：「國際對於暴日之制裁，絕不可恃；而暴日侵我之野心，無有已時；欲救民族之危亡，除了長期抵抗，再沒有第二條路！……我們除了信奉汪先生的主張，實行民族自衛戰而外，還有什麼躊躇的餘地呢？……不用躊躇，不用憂慮，戰是我們唯一出路，要從戰爭中，才能獲得民族復興的前途！」

在國軍於上海浴血奮戰的同時，日軍也在熱河發起了南下入侵行動，此仗張學良依然保持一貫作風，做完了象徵性抵抗後便早早撤退了，曹長青曾經回憶，當時在熱河保衛戰時，張學良「只到前線去過一次，還是為了陪宋子文；汽車每行十五公里就得停下來，讓他注射毒品」。三月四號，熱河在短短十餘天內遭到攻陷，汪精衛生氣之餘，下令在北平的張學良在重新起兵熱河，讓日軍在上海兵力借此分散，並派陳公博到北平說服張學良起兵。但張學良壓根沒有出兵的打算，只是以上賓招待陳公博等人，一談到出兵之事就支吾過去。三月六日，十九路軍在孤立無援的情況下全線撤退，發表停戰佈告，至此第一次上海事變宣告結束。

汪精衛終於明白了，無論是自己的位置再怎麼崇高，本質是永遠離不開讀書人的。按照西方的政治型態，「文」與「武」是必須分開的，且「武」理論上來說是要聽從「文」的指示，但「文」是不能專一獨裁的指使「武」，就好像現今各國政府會將總統權力及國防軍武做出適量隔閡一般。而在當時中國，一切的法律程序再汙濁的政治利益面前是不奏效的，文武規則成了「文武合一」，「武」能夠直接干涉「文」，而「文」卻只能成為「武」底下的一部分。現今文人汪精衛想要管控武人做抗戰，盤著利益的武人是永遠不會聽從汪精衛的話的，儘管軍隊知道他的話是正確無誤。

在這局面下，汪精衛不得不再次相信蔣介石，讓身為武人的蔣介石管理軍事，這樣一來各部將領多少會聽從他的指示。一九三二年三月六日，蔣介石復出任軍事委員會委員長，此後的國民政府又回到了「汪精衛主政，蔣介石主軍」的規則型態。另外，在政見上蔣介石也偏好汪精衛的「一面抵抗、一面交涉」方針，另外打出了「不絕交、不宣戰、不講和、不訂約」的四不方針，有著異曲同工之妙，汪蔣的關係也因此不再像以前一樣劍拔弩張。

由於上海為英、美、法、義等列強的利益所在，在列強們的調停下，中日開始進行和平談判，汪精衛派外交次長郭泰祺和日本談判，雙方於五月五日在英國領事館達成《淞滬停戰協定》，由於四國列強代表在一旁觀看，日本不敢要求太多，協議只表示要將上海規劃一部分為非武裝地區，日本須將兵力撤退至戰前防區，而國軍僅能將軍隊置放在停戰前的掌控區域。

客觀來說，這份停戰協議不算喪權辱國，當時的中國不論軍事實力還是經濟實力皆不能經得起長期抗戰的消耗，打下來必將慘敗，中國的調和者能夠利用日歐雙方的利益矛盾來獲得國家的最佳得失，更何況當時歐洲正流行綏靖主義，只是個紙老虎，能夠談得如此實屬是一場外交的勝利。但《淞滬停戰協定》的消息傳出後，中國的民眾沒有因此感到開心，反倒認為這是個不知羞恥的條約，憤怒的上海民眾把外交次長郭泰祺責罵為賣國賊，將其打傷住院。

部分史學論者認為《淞滬停戰協定》是汪精衛由主戰派轉為主和派的轉捩點，實則不然，汪真正轉變成主和派是要等到長城抗戰結束後，而在停戰協定簽定後汪精衛的主戰行為可說是越演越烈，「一面抵抗、一面交涉」的方針的也轉變成為了「抵抗為主、交涉為輔」的狀態。

與張學良的衝突

一九三二年六月，汪精衛率領行政院副院長宋子文、外交部長羅文乾等去北平會見國聯調查團團長李頓，共同調查日軍佔領東北三省問題。汪精衛在北平時找當時任北平綏靖公署主任的張學良商談東北問題和對日方針，張稱病不見，卻又和宋子文一起去北海遊船，使汪精衛深感氣憤。七月十七日，日軍在熱河發起了新的軍事進攻，汪精衛以行政院長的名義發表通電，命令張學良立即出兵熱河，收復失地。張學良卻聲稱汪精衛無權過問軍事，出兵要有軍事委員長蔣介石的命令。蔣介石念及張學良過去幫他打贏中原大戰，也有意袒護張學良的不抵抗行動。

蔣介石的偏袒使張學良越加得寸進尺。一九三二年八月五日，張學良致電汪精衛，索取大筆出兵費，威迫汪精衛以交錢的手段來換取抗戰的進行。這下可把汪精衛激怒了，一氣之下連發五發百字通電，斥責張學良：「惟兄擁兵最多，軍容最盛，而敵兵所擾，正在兄防地以內，故以實力言之，以職責言之，以地理上之便利言之，抵抗敵人，兄在職一日，斷非他人所能越俎。須知中國者中國人之中國，凡屬族類，皆有執干戈以衛社稷之義務。」、「去年放棄瀋陽，再失錦州，以致三千萬人民，數十萬土地，陷於敵手，致敵益驕，延及淞滬。」[5]這五發通電四散至了中國各地，引起了許多民眾的贊同，張學良也在此時名聲一路掉落，於之後的西安事變中跌入谷底。

面對汪精衛來勢洶洶的批評，張學良也不妨多讓，回電反擊。一時函電交馳，互相指責，一時好不熱鬧，當然，汪精衛對於筆戰這點有著無人能比的天賦，加上先前於《民報》與梁啟超互相討伐的經驗，汪輕鬆獲得了筆戰勝利。然而，雖然在內部贏得了勝利，張學良依舊是不會聽主戰派的話的，汪精衛也從原本筆戰的勝利喜悅轉換成為了空虛自責，隨後汪在南京發表了一段演講，自責自己無能將民族團結，史得大敵當前下軍閥卻依然形同散沙，並主動宣布辭職，且在最後斥責張學良「割據地方，把持財政，喪師失地，放棄國防」，應當一同辭職表示負責。中國民眾對張學良辭職一事大部分皆是表示認同的，但蔣介石卻堅持袒護他，在這種情況下，張學良僅用發電向中國民眾致歉來面對辭職的聲浪，就草草了事了。

汪的辭職雖對張學良毫無影響，但爭得了社會輿論的支持。胡適曾表示了兩種看法。第一種為以一個知識份子的立場：「行政院長用自己辭職的手續來勸一個疆吏辭職，是很失政府體統的。」另外一種為以一個中國民眾的立場：「我們本君子愛人以德的古訓，很誠懇的勸告張學良先生決心辭職。」這兩句多少代表了當時社會的輿論看法。[6]

汪精衛出國後，日軍於一九三三年一月進攻山海關，二月中旬又佔領承德。熱河省的大片領土再次淪陷，震動了全國，對熱河淪陷負有直接責任的張學良，在國內、黨內的輿論重壓下陷入一片聲討。國民黨內部也再次出現請汪精衛歸國主持抗戰的呼聲。汪精衛則提出條件，表示回國主政的前提必須是填補民憤，讓張學良辭職。蔣介石面對平民的一致聲討，再也無法袒護張學良，三月九日，蔣介石和張學良在保定會晤，蔣介石說服張學良辭職出國考察。張只能發表通電辭職，汪精衛則於三月三十日回南京復職，並在復職演講中說道：「時至今日，除了抵抗二字，更無話說，固然抵抗與交涉並行，但應付時局之根本原則，但有抵抗，然後有交涉。」他表示「今日以後，抵抗愈得力，交涉愈有希望，否則無交涉之可言。」[7]

自《淞滬停戰協定》簽定後，汪精衛的主戰精神日亦漸增，在復職後達到了最高峰，他開始公開提倡主戰政策，近乎放棄了交涉一事，他是這麼說的：「本人素抱一面交涉一面抵抗之精神，現國際一切公約，被日破壞無餘，公理無可伸張，更無交涉可言，在此千鈞一發之際，除全國上下精誠團結積極繼續抵抗外，別無他法，同時並須妥籌充實軍備，以期達到最後勝利。」另一方面，汪也大力批評張學良的不抵抗政策：「榆關以一日而失，熱河以七日而陷，實不成話。像張學良這些東北軍畏敵如虎，敵必日益驕橫。今後軍隊再不抵抗勢必影響對日外交。須知有抵抗然後有交涉。今後抵抗愈得力，則交涉愈有希望。」[8]

但隨著進入四月份後中國軍隊在長城抗戰中傷亡慘重的局面，汪的抗日高調逐漸低落下，來「一面抵抗，一面交涉」的想法也轉變成了「抵抗為輔，交涉為主」的和平政策，甚至有轉變成主和派的跡象。

慘痛的長城抗戰

長城抗戰時屬慘烈，二十餘萬名國軍先後投入戰場，倚靠萬里長城作為防禦唯一工事，企圖以長城線阻止日軍進入關內，但面對七萬武裝完備的日、滿軍，國軍的抗戰決心顯得力不從心。說來哀痛，國軍的裝備太過於落後了，我們的炮少且射程近，日軍能在國軍的射程之外大肆開炮，我們卻不能反擊；等到在槍砲射程之內時，我們的訓練不精、彈藥有限，即使是三人對一人也無法勝日軍；在拚刺刀時，我們伙食不良，力氣又比不過有肉有飯的日軍。除了人數數量勝於日軍，其他方面國軍皆屬落後，國民政府不得不只能「以一條命換一尺地」的政策穩固戰局。英勇的國軍們在一次次的戰火洗禮後，從一開始的一昂首挺胸、一心衛國，轉換成了士氣低落、滿口怨言。

在後方的汪精衛不知道前線的戰場如何的慘烈，他當時主戰意識未消，還保留著復職時的熱血，為了讓長城抗戰的部隊繼續努力，汪精衛派了陳公博北上勞軍，想說要給予他們食物等物資，並以演說打動他們，讓他們戰力更甚。

於是，陳公博從上海先赴北平，準備轉乘至前線。剛到北平，時任軍政部部長的何應欽便使人催其見面，陳公博見情況似乎緊急，吃了份午餐後急忙趕來居仁堂。一進門，只見何應欽與內政部長黃紹竑在裡頭坐著。

「公博先生，你來得很好。今天請你替我們做一件事。」何應欽說。

「什麼？」單刀直入的話題讓陳有些疑惑。

「各次軍隊都敗下來了，打敗仗不要緊，他們已不奉命令，擅自撤退。宋哲元的軍隊已撤過了長辛店。這樣實在太丟人，所以我想你今天說幾句話。」

「你的命令還不聽，難道他們聽我說話嗎？」

「不是這樣說，我要你對他們說：『中央已經有辦法讓你們不用再作無謂的犧牲了。』這樣他們的心便安穩住了，不至於大家亡命的逃跑。」

「我是奉命勞軍，只能說激勵將士的話，我哪能空口提出無根據的和平？」

「事到如今，也不能不勞煩你了」

「這樣我要砍頭的。」

「如果中央責備你，要砍頭大家一起砍罷。」[9]

陳公博簡直不能相信眼前這位對急躁不安的指揮官，竟然就是黃埔八大金剛之首、號稱戰無不勝的何應欽，陳公博越來越好奇前線的狀況，在一番解釋後，陳公博才意識到了前線與後方的戰況消息相差甚遠，汪精衛等人以為前線士氣旺盛，以為國內一致對外的慷慨氣氛正讓日軍的侵華行動陷入泥淖，實際上背道而馳，前線士氣低落，裝備落後，每日皆有逃兵事件發生，防線崩潰的危急性遠遠超乎想像。在經費不足的情況下，為數不少的國軍士兵只能裝配大刀，充當砲灰；在戰機及防空火力的劣勢狀態下，日本戰機可以在天空肆意飛翔，為炮兵的下一次轟炸偵查地形；在後勤部隊嚴重缺失的情勢下，死亡的國軍士兵無法及時安葬，為預防傳染病孳生，只能草草挖出一個大坑將屍體全部埋入。

陳公博最終同意何應欽的請求，召集了大部分前線軍官來到後方發起演講。當時各軍官是覆命才從前線臨時退下來的，頭上還配著沾沙的英式頭盔、身上還穿著因多次匍匐臥倒而破損起毛的軍裝，他們乘著方塊行隊伍向演講台站立，趁著台上人尚未開始演講時偷偷對著旁邊同行的軍官抱怨，嚷嚷著日軍怎樣的勝利，擔心著自己的軍隊都還再前線打死仗。這時陳公博上台了，軍官們立即擺好立正姿態，以示精神，陳發言：

「兄弟今天奉了中央之命來慰勞各位，諸位同志都勞苦功高，中央非常之掛念。自然今日軍事很緊張，前方將士浴血苦鬥，奮不顧身，這不獨中央欣慰，全國的人民也屬望於諸位能深且切。不過中央還有一個意思，即是我們以血肉之軀與鋼鐵強拚，中央也不會叫諸位作無謂的犧牲，最近期間中央當另行想出一個適當辦法，使各位不至於終久困苦的。」[10]

陳公博說的這些謊言是情非得已，但獲得了相當大的成效，雖然陳公博還在台上，軍官必須矜持嚴肅些，但還是禁不住鬆了一口氣，露出了愉快的顏色。在一旁的何應欽高興極了，軍心暫時穩定了。

發放勞軍物資後，何應欽又找來陳公博，請他立刻返回南京，對中央說出前線的真相，這仗是不能再打下去了。

主和派的轉變

陳公博回南京後向汪精衛據實相告，告訴了國軍的武器是何等落伍、國軍的死傷是何等慘烈、國軍的士氣是何等低落。汪精衛起初對此表示懷疑，認為抗戰情緒依舊濃烈，何來逃兵之說？但在廣蒐前線資訊後，汪方才知曉自己是何等的愚昧，前線將士正冒著生死打著不對等的戰役，自己卻在後方安然無恙的大放厥辭，鼓吹戰爭！汪精衛的內疚心油然而生，思想上也產生了根本上的變化，他表示：「熱河失守以後，華北軍隊在長城各口苦戰三月，力竭援盡，向後撤退，平津失守，就在目前，所以我負責停戰。」[11]這是汪精衛在抗戰期間首次出現的主和言論。

汪認為軍事上的抵抗太過慘烈，毫無意義，只得走外交途徑，「抵抗為主，交涉為輔」的政策由此改變成了「抵抗為輔，交涉為主」。十一月二十二日，汪精衛在致胡適的信中指出，「外交不能為外交而辦外交，要為軍事財政全盤情形而辦外交……此時的中國除了努力預備做比利時，更無第二條路。」[12]汪精衛開始主導對日談判，開張了負責對日交涉的「北平政務整理委員會」，主導《塘沽停戰協定》的簽訂。

正如大家所知，《塘沽停戰協定》是個不折不扣的喪權辱國條約，是《淞滬停戰協定》望塵莫及的，但也僅是喪權辱國，不是賣國求榮或無能治國下的產物，身處在後世的我們一味的叫罵此條約，卻不深入探討簽訂的原因，想當年《馬關條約》簽訂，孫中山才憤而創辦興中會，身為其繼承者的國民政府難道會不知道喪權條約的作用嗎？他們是有苦衷的。

在《塘沽停戰協定》簽訂前，汪精衛將「交涉」又分成「對敵交涉」和「對外求援」，相比一味的對敵妥協，對外求援是更能保存國家利益的辦法，汪精衛也試著像《淞滬停戰協定》一樣，請出西方列強出面干涉日本入侵，不過正如同陳公博在《苦笑錄》所說：「（汪精衛）在歐洲居住幾個月，他已明了國際的形勢，國聯本身是沒有力量的，英法對於中國是不願幫助的，美國更是保持孤立的，蘇聯是靠不住的。」所謂《淞滬停戰協定》能夠在列強調停下解決，是因為作戰地點是在上海，是在列強的經濟區塊，而東北、熱河等地無關列強利益，自然不會衝突到西方的利益。

在多方面的無望的情勢下，汪精衛開始和日本進行和平交涉，蔣介石也積極支持汪精衛的和平計畫。一九三三年五月三十一日熊斌代表何應欽與日軍代表岡村寧次在天津塘沽舉行會談，共同簽訂了《塘沽協定》。這個協定承認冀東為非軍事區，准許日軍在該地區視察，實際上是默認了日本對東北三省和熱河的占領。

《塘沽協定》公佈後，社會輿論一片沸騰，強烈抨擊蔣、汪批准的這一喪權辱國的協定。當時的一份報紙這樣寫到：「如果要說那些以大刀、石頭及血肉之軀英勇與日寇拼死的抗日官兵值得後人永世頌揚的話，那麼南京政府，尤其是蔣、汪二人，實為出賣中國領土主權、出賣流血犧牲的愛國官兵、出賣愛國民眾的千古罪人。」上海的市民團體還聯合發出通電：「我全國民眾，誓死抗日，而汪精衛誓死媚日，竟至敢冒不韙，繼《上海停戰協定》之後又簽訂賣國之《塘沽協定》，即加以賣國之名，豈得為過。」

面對咄咄逼人的主戰派，汪雖知解釋簽訂原因也是於事無補，但還是刊登了自己的一套看法：「以前人們批評政府不抵抗而丟失了領土，現在我們進行了抵抗，結果卻丟失了更多的領土。中國是一個弱國，這就決定了這場被侵略的國難絕不是偶然發生的。以現在中國的國力，無論進行怎樣的抵抗，都沒有取得勝利的可能，這是我們最初就明白的。既然沒有取勝的希望，我們為什麼還要抵抗呢？這就是愛國心的緣故，他讓我們明知不能取勝，還要準備抗戰到最後一兵一將。現在很多人當中有兩種錯誤的想法，一種是過分軟弱，認為中國絕對不能對日本進行抵抗，如果和日本交戰，將和過去義和團的下場一樣；另一種是過分強硬，就像一個人在曠野中發洩一樣，『殺盡倭奴！』、『打到東京！』，什麼狂言都敢說，還能得到人們的拍手喝采。以上兩種看法都是錯誤的。政府和日本和平交涉，有一個最低的限度。只要停戰條約在我們可以忍耐的最低限度以上，政府就決心簽署停戰條約，即使受到國民一時的唾棄，也要堅決進行負責任的簽字。但如果停戰條約在我們可以忍耐的最低限度以下，政府就決不簽字。這次政府和日本簽署局部地區的停戰條約，是為了讓疲憊的軍隊、窮困的人民得到一時的休息，其是非利害將得到歷史的評判。」[13]

一九三三年四月二十三日，汪精衛在與胡適的書信往中對抗日表達了完全悲觀的看法，他說：「戰則同為犧牲，和則同受譴責，……日本在國際社會，道德上已成孤立，……我國道德上雖得同情，而軍事經濟無各國實際援助，則亦孤立而已。以孤立之中國，支孤立之日本，不能持久，已無待言。」從這封信中，可以看出汪精衛對抗戰的基本想法。首先，汪認為中國沒有實力與日本作戰，唯一挽救之機會只剩鳴金求援，然而蘇俄袖手旁觀，英美綏靖盛行，不予援助，如果戰爭真的打響，必將慘敗，國民政府亦必隨之垮台；其次，無論是戰是和，都是為國家考慮。他以《趙氏孤兒》中的公孫杵臼和程嬰來比喻主戰派與主和派。故事中的公孫杵臼為救孤，壯烈而死，受人讚頌，程嬰忍辱負重，背負罵名。這則密電有兩樣可看性，一種是暗示主和比主戰更加困難。二種是這篇文章竟與數十年前汪精衛發表的《民報》二十六期

《革命之決心》有異曲同工之妙：薪化為灰燼，壯烈成仁，釜忍受煎熬，燉煮成果。

十一月二十二日，汪精衛再次致胡適信件，說道：「如今的戰爭，是經濟戰爭，以現在我國的軍隊，若無經濟供給，留駐於沿海沿江嗎？必然成為無數的傀儡政府；退入西北內地嗎？必然成為無數的土匪。」即使日本被英、美、俄等國打敗，中國也絕無復興的可能。因為中國的國力衰弱，戰爭持續，只能造成民窮財盡，政府垮台，國家分裂，軍隊化為土匪，陷入長期的分裂與混亂之中，「除了化作蘇維埃，便是瓜分或共管。」因此只有對日妥協折衝，以換取時間，用這些時間來發展經濟，充實國力，以為將來復興之基礎。

胡適曾公開法表演說，希望國民政府能以國際援助及調和來避免戰爭，然而十二月月二十五日，汪精衛再次致電，反駁了胡適的看法：「中國和丹麥、瑞士絕不相同。丹麥、瑞士小的像一塊沒有肉的骨頭，兩狼相食，各不得飽。……中國卻是一塊肥肉。世界上弱小國可以生存，弱大國則不能生存，……比利時的生存是因為『抓住協約國』，誠然。但英、俄、法與德國打仗，是各為自己，不是為比利時。英、俄、法決不會為比利時而與德國打仗。」同理，英、美、法、俄這些大國，會因自己的利益對日作戰，絕不會因所謂國際道義而幫助中國。一旦中日開戰，將希望寄託在國際援助之上，無疑是一種僥倖心理。

下定決心

廣田弘毅出任日本外務大臣後，深感日本退出國聯，在世界上已陷入孤立。他試圖從修復中日關係入手，改善日本在世界上的孤立處境。一九三五年一月二十二日，廣田在議會發表了對中國「不威脅、不侵略」的政策，在世界上引起很大反響，蔣汪聯合政府也對廣田修復中日關係的倡議表示回應。二月一日，蔣介石發表講話認為廣田的演說「具有誠意」；二月二十二日汪精衛以行政院長的名義發佈禁止抵制日貨等排日活動的政府令；一九三五年五月，中日兩國將外交關係由公使級上升為大使級。

照當時的情況看來，汪精衛的對日和解政策也不是沒有可取之處。日本國內並不是清一色的侵略擴張派，也有主張與中國和解的主和派。但中日兩國的情況一樣，都是強硬的主戰派佔據絕對上風，中日兩國政府的主和政策都遭到了各自國民和社會輿論的猛烈批評。汪精衛的對日和解政策引起國民黨內主戰派的激烈反對，國民黨內反汪的呼聲日漸高漲。

一九三五年七月，南京政府監察院對汪精衛主持的行政院提出彈劾，指責汪精衛大搞媚日外交，中國各處人士也聞風而起，全國上下一片討罵汪精衛。在這種情況下，汪精衛並沒有像以前憤而出國，而是默默承受撻伐。汪精衛在之前經常出國，便是因為他知道自己的出國不會傷及民眾，不會對民眾造成危害，而如今一出國，原本不穩固的和平路線將會更加惡化，戰爭將會擴及整個中國，這是汪精衛不想見到的，中國軍民的傷亡已經太重了。

此時陳公博時任國民政府實業部（經濟部前身）部長，面對日本造成的經濟破壞以及民眾的怨言，他再也撐不住了，多次近乎崩潰地向汪精衛寄出辭呈，儘管汪精衛同情，但還是極力勸導陳公博忍辱負重，要以國家興亡為職責。可惜的是，汪精衛雖然頭一次不願意離開崗位，監察院可不領情，向汪表示如果不自動請辭，那將會利用民眾的力量將你拉下檯面。汪精衛只好於八月八日發電給南京政府，辭去行政院長和兼任的外交部長職務，離開南京前往青島休養。

汪精衛在位時承擔著「賣國」的主責，不管是個人的和平政策還是國民政府通過的和平政策，總是掛著汪精衛的名字執行，如《何梅協定》、《秦土協定》皆由汪的名義批准。事實上，即使是由國民政府領袖蔣介石，也不能私下簽署國際性條約，身為二把手的汪精衛更不可能私下與日本簽屬和平協定的，如《何梅協定》一類的喪權條約，一定是按照程序，經過國民政府內部的多次討論後才決定的。汪精衛知道自己代表國家簽署喪權的和平條約，民眾的怒氣肯定會集中在他一人之上，但他還是為和平大局考量，屢屢代表簽約。有人對此舉不解，質問汪精衛沒有必要背這些黑鍋，汪只說了短短兩句，裡頭帶盡了一切辛酸：「我既已跳入茅坑，就讓我臭到底吧。」

有汪精衛在前面當「主和派的擋箭牌」，蔣介石的壓力減輕了很多，但汪精衛的請辭讓蔣介石直接暴露在「主戰派的箭矢」面前，「賣國」的責任也就換蔣承受了。任何人都不會想要搞臭自己的名譽，蔣介石為了挽回手邊的擋箭牌，表示絕對支持汪精衛，並派元老蔡元培飛抵青島慰留汪精衛，國民政府主席林森也發電請汪留任，國民黨中政會和中常會再三電邀汪回南京主政。汪精衛則提出復職的三個條件：

一、負責制定對日外交方針。

二、行政院的政治外交不必均提交中政會決議。
三、中央財政歸行政院獨立主持。

在蔣介石的支持之下，汪精衛的要求被國民黨中委會全部接受，預定於八月二十三日宣告復職。在復職的兩星期前，山東青島市有一場國民黨對日和平方案的探討會議，汪精衛當時還在山東，打電報請陳公博一同前來參與。

陳公博曾在此時數次請辭實業部部長，但當時陳與汪分隔兩地，都是用信件來溝通的，汪精衛大可以「已讀不回」的方式拒絕，這次陳公博抓準時機，想在汪面前提出辭呈。依據陳公博《苦笑錄》回憶，在青島，汪精衛與陳公博單獨見面後，汪劈頭便問：

「你真打算辭職嗎？」

「怎麼不是，我真是一天也挨不下去了。」我決然的答覆汪先生。

「唔！你打算什麼時候辭職？」

「汪先生什麼時候回南京呢？」

「我大約十五日回上海，二十日南京，聽說蔣先生也將回來，他要約我相見。」

「汪先生如果二十日回南京，我準備二十五日上辭呈，希望在九月一日交代。」

「好，就這樣決定罷。」我們又談了一陣繼承的人選問題，我便興辭而出，那時我真高興極了，夜裡我和沈成章市長大喝其酒，真有些無官一身輕的感覺，趕到第五天下午，我還大醉睡覺，汪夫人到了東海飯店，從床上拉我起來：

「汪先生有事找你，怎麼你喝得這樣醉？」

「我面上太紅了，等今夜再去罷。」我有點不好意思。

「不行，他有事等著你呢！」

我踉蹌的趕到汪先生所住的韓復榘別墅，汪先生只是一個人在房中。

「你真打算走嗎？」汪先生又一次問我。

「汪先生不是已准我辭職了嗎？」我很驚異的何以汪先生有此一問。

「我決定了，我是不走的，我勸你也不要走。」汪先生面色突然沉了下來，我和汪先生做了朋友十幾年，沒有見過他那樣斷然的態度：「也許我在病中，我的說話是帶病態的說話。我們要中國復興，起碼也要三十年。不止我這年紀看不見，恐怕連你也看不見。我今年已五十多歲了，我沒有其他報國之道，只有讓中國再不損失主權和領土，就是我畢生的工作。」

「汪先生是決定的了？」我問。

「是，我是決定的。」汪先生面色還是那樣沉澱。

「我可不可以再說幾句話呢？」陳公博問。

「自然可以說。」汪先生還是很嚴肅。

「我現在翻歷史，承認秦檜是一個好人。因為國家到了危亡關頭，終要找出一個講和的犧牲者。但一個人的犧牲很容易，而時間也飛得太快。我想秦檜當日何嘗不想自己暫時犧牲，受人唾罵，等南宋設法中興，然而秦檜是犧牲了，終於無補南宋之亡。就是清朝的李鴻章，過去的袁世凱和段祺瑞，也都想一面妥洽，一面設法復興，然而李鴻章死了，中國還是那樣不振，至到今日國難更嚴重。我想今日與其說是賣國，不如說是送國罷，因為賣國，私人還有代價，送國是沒有代價的。可是今日送國大有人在，黃膺白優為之，張岳軍也優為之，又何必你汪精衛去送國。」我乘著酒意，一氣說了許多衝動話。

「不過黃膺白他們送國是沒有限度的，我汪精衛送國是有限度的。你知道我為什麼要兼外交部？我什麼都不願幹，難道稀罕一個外交部長？就因為別人做外交部，蔣先生不會聽話的，我做外交部，他雖也不聽話，可是我打一個電報去，他終要考慮一下。這樣或者對於國家可以得多少補救，這是我的意思。」汪先生對我的疑問，又加以解釋。

「不過我對於這種無計畫的犧牲，總覺得不值。」我又想勸諫。

「說到犧牲，都是無計畫的，有計畫便不能算犧牲，我決意做這犧牲品，我已五十多了。」汪精衛深思了一會兒，再一次表示了決心。

「我和汪先生做了十多年朋友，沒有聽過汪先生這樣決心的說話。好，既然汪先生決定要跳水，難道我好站在旁邊看嗎？我不走就是了。」我也下決心。

下得樓來，我見陳璧君由海邊游泳回來，又發了一通感慨：「汪夫人，我從來沒聽過汪先生那樣決心的說話，十幾年來今天還是第一次。」[14]

這番談話後，陳公博下定決心跟汪精衛一起「犧牲救國」，為兩人後來共同組建南京政權打下了思想基礎。

第四屆六中全會刺殺事件

一九三五年十一月一日，這天是國民黨第四屆六中全會的正式開會日期，清晨八時左右，參加會議的百餘名國民黨中央委員身穿西裝、馬褂等正式裝扮，乘車前往紫金山南麓的中山陵拜謁孫中山的陵寢，然後返回位於湖南中路的中央黨部舉行開幕式，不料原開幕式主持人應故未到，汪精衛被臨時推選為開幕式主持人，憑藉著天生的口才，汪精衛在沒有閱稿的情況下，在台上毫無支吾，慷慨激昂道：「今當開會之際，所能報告者，便是精誠團結精神，永遠不散。我們對於國難之痛心，增加了我們無限的努力，我們決心以無限的勇氣，來擔負這責任，來謀國難之解除。」[15]開幕式結束後依照舊例，全體中央委員要合影留念，方可正式開會。在聽完汪精衛的演講後，委員們三三兩兩邁出會議大廳。這些中央委員們聚集到中央黨部門前，在攝影師的調動下分成三排，以官位高低分別站在中央黨部三個階梯上準備列隊合影。汪精衛站在前排偏中，他身邊的一個位置是留給蔣介石的。

然而，蔣介石的位置卻是空的。中央委員們頗不耐煩的在台階上頭等待了十餘分鐘，蔣還是遲遲不到，這可讓汪精衛著急了，一打聽才知道，蔣介石見會場秩序太糟，不願出席，還在中央黨部的二樓休息室裡坐著（一說為汪精衛親自上樓質問蔣介石，但在查閱時人回憶錄後，作者發現明顯不符合史實，經查證後，這一說法是從電影《刺殺汪精衛》而來的）總不能因為一人缺席而白白讓記者撲空，汪重新排列補齊了蔣的位置，照舊拍照。在汪精衛以及中央委員的面前的十多名新聞記者這時皆已經架好相機準備拍照了，其中有位記者特別顯眼，他的年齡約有三十歲，身材結實，眼睛銳利，身穿一件藏青色西服，清灰色人字呢大衣，他並沒有攜帶照相機，左手拿了一本記錄用的小冊子，右手則不時掏向口袋，他望著中央黨部門前，好像是在等待蔣介石的出現。他的名字叫孫鳳鳴。

「啪擦！啪擦！」數道鎂光燈此起彼落，九時三十五分，合影完畢。中央委員們放下嚴肅的面孔，吵雜的亂動，對著彼此相互握手問候，轉身向大廈走去，準備參加預備會議。突然，孫鳳鳴跨過了記者護欄，從西服大衣中掏出了一把左輪手槍，對準了正在頭排正要轉身前往會議室的汪精衛高呼：「打倒賣國賊！」三響震耳的槍聲，汪精衛感到劇烈疼痛後忍不住摔倒在地。這三發子彈彈無虛發，一發射進汪精衛的左眼外角下顴骨，一發打入了左臂，一發從後背射入第六、七胸脊柱骨旁。

槍響之後，不論在會議旁管理秩序的憲兵，還是汪、蔣的衛士全都愣住了，不知如何應對，居然忘了自己手底下還有桿槍。這時在場的國民黨要人也嚇得魂飛魄散，四處逃竄。坐在椅子上的張靜江嚇得連滾帶爬縮成一團，孔祥熙拚命鑽入汽車底下，把長袍馬褂都扯破了，以只見張繼一人往反方向直衝，迅速跑到孫鳳鳴背後，將他攔腰抱住，使其無法瞄準，還站在第三臺階的張學良見刺客依然死活拿著左輪，也上前幫忙，由於他之前學過武術，腳一踢，孫鳳鳴緊握的左輪就脫離飛天了。讀者可能會問：張學良不是汪精衛的仇敵嗎？怎麼救了他呢？他在後來這麼解釋：「人皆說我多寬容，不計與汪精衛的隙怨，實際上，救汪只是剎那間的事情，是一秒鐘的事情，是瞬間反應，哪還想那麼多？」

等到張學良踢掉手槍後，汪精衛的衛士才回過神，急忙掏出駁殼槍（C96）還擊，孫鳳鳴頓時胸中二彈，倒坐地上，陳公博這時大喊：「別再打了！我們還要問口供。打死了，哪裡得憑據？」但是刺客依然反抗激烈，又有幾民中央委員也湊上來壓制孫鳳鳴，孫還是反抗激烈，弄傷了幾名中委，使得中委們惱火了，圍起來踹他、踢他，本來他的槍傷是不嚴重的，但在中委們一人一腳之下，他不但喪失了抵抗，還因而性命垂危。

孫鳳鳴解決之後，中委們紛紛前來按住汪精衛的傷口，這時的汪精衛斜躺在地上，左面頰因為下顴骨的那發子彈導致血流滿面，右面頰因為嚴重失血而逐漸變得慘白，身上的西裝及內衣也因兩處槍傷而染得鮮紅，陳璧君跪坐在汪精衛的身旁，把著汪的左脈搏，眼淚掉落到了汪精衛的手臂上，她說道：「四哥，你放心罷，你死後有我照料兒女。革命黨反正要橫死的，這種事我早已料到。」[16]陳璧君難得露出了感性的一面，與汪精衛作最後訣別。這時蔣介石也下來了，原來他一聽見槍聲後便馬上穿起軍裝，準備下樓關切。蔣來到了汪精衛身邊，屈著一條腿把著他的左手，汪說道：「蔣先生，你今天大概明白了罷。我死之後，要你單獨完全負責了。」蔣只說：「不要緊，不要多說話。」陳璧君這時又多想了，她認為蔣介石之所以遲遲不來，就是因為知道此事，而叫汪不說話，只是怕汪說出蔣介石行刺的事實，因此憤然怒言：「蔣先生，用不著這樣做的，有話可以慢慢商量，何必如此！」[17]蔣介石頓時無言以對，顯得十分尷尬。

其實在這局面裡，不用陳璧君大罵，中委十有八九應該都會誤認為是蔣介石作的，像是陳公博就曾回憶：「我那時非常之焦悶，也悲憤，那時如果有一根手槍在身旁，也許打一個人，但也奇怪，我時時都攜有手槍的，唯獨這一天沒有帶。」[18]裡頭寫到的「一個人」，不可能是刺客，這樣一來就不用用「一個人」這麼神祕的字句來帶過了，是蔣介石沒錯。蔣介石也明白大家的猜忌，為了證明清白，蔣介石特地召集了特務隊的負責人大罵：「你們每月花了幾十萬，就幹出這類好事嗎？限你們三天之內，把兇手緝獲，否則要你們人頭！」[19]

汪精衛在中彈後二十餘分鐘救護車才趕來，載走汪孫二人至南京中央醫院。由於孫鳳鳴使用的子彈彈頭是為土造子彈，品質不好，並沒有造成嚴重的停止作用（stopping power），血很快就止住了。另一方面，孫鳳鳴被射中的為九毫米毛瑟手槍彈，雖然這種子彈威力不大，但初速極快，造成了兩處穿出傷害，而這並不是主要死因，讓他致命的是之後被中委踢得內臟破裂，內外出血過多，才導致危在旦夕。就南京當局者為從其口中獲得線索，醫生為了保住孫命，每小時得需注射強心針十次左右。《我在蔣介石與汪精衛身邊的日子》的作者臧卓眼看孫鳳鳴已經日薄西山，危命旦夕，在彌留之際臨時朝開口供：

（前略）

問：孫鳳鳴，你這次行動，有什麼目的？雖然失敗，明天報紙登載，你立即成為「英雄人物」了，你滿意嗎？

答：失敗了還能滿意，豈非滑稽？

問：這次行動，想已策劃了好久，何人主謀？何人協助？想你已經知道自己身受重傷，康復的希望很少，那些人逍遙法外，你倒無謂犧牲了，想想何等冤枉？

答：我認為冤枉的是不能全部辦到，只打中了汪精衛一人。

問：你的目的還想行刺些什麼人？

答：目的在蔣汪二人一併解決，今日不見老蔣出來，可惜可惜！（實則不然，依照後來的調查發現，孫鳳鳴是僅想刺殺蔣一人的，只不過因為蔣不在而退求其次，臨時改為刺殺汪精衛。）

問：哪個人主使你要這樣幹呢？

答：是你。

問：別開玩笑了，我和你素不相識，怎能主使你呢？

答：蔣汪兩人，身負國家興亡重責，對日本歷年接連不斷的侵略行動，只事妥協，不想抵抗，凡是中國人都切齒痛恨。你是中國人，所以也是要我動手的其中一人。

問：你的愛國熱忱，佩服佩服，不過蔣汪兩人倘使真為你一併解決了，那以後由何人來領導抵抗日本的侵略呢？

答：可請放心，屆時自然會有人來領導。

問：請詳細說明，屆時會有何人來領導？

答：我不是主持國政的人，無從猜忌，不過我敢相信，絕不是你或著是我。[20]

審訊到此時，孫鳳鳴突然傷處劇痛，無法表達言行，經過多次搶救後仍回天乏術，於隔日宣告死亡，年僅三十歲。經過國民政府一番調查後，發現他曾任十九路軍排長，行刺前的身分為南京晨光通訊社記者，是受斧頭幫幫主王亞樵資助行兇的，軍統局藉著這些資料逮捕了一百多位可能與刺殺事件相關人士，有一半遭到槍斃示眾，如孫鳳鳴之妻崔正瑤、斧頭幫幫主王亞樵便是其中二人。

汪精衛的傷勢雖重，但所中的三槍並非致命傷，血很快便止住了，過了幾天後，南京中央醫院召集了當時中國各地名醫們前來開刀，試著將左臂、左頰、後背的子彈取出，不過當時中國醫療技術不夠成熟，只把最簡單的左臂子彈給取出了；後背開刀後找不到子彈，擔心深入尋找的話會導致癱瘓而作罷；而左頰雖然找得到，但有可能傷及面部神經，也作罷了。

汪精衛曾在中央醫院接受記者採訪，表達了心中想法：「竊思本人生平並無私仇。而最近數年，承乏行政，正值內憂外患重重煎迫之際，雖殫心竭力，而艱難周折，外間何從得知？倘因此誤會，致生暴舉，於情不可無原。擬懇請國府，將牽連犯人從寬赦免。」[21]有趣的是，記者才訪時正值中午，是午餐的時間，那時汪精衛的頭部傷口還在隱隱作痛，下顎沒辦法用力咬食，但見記者有意拍照後卻呼來了午餐，並不豐盛，是一盤小西餐，汪精衛隨後椅著枕頭程半坐半躺姿勢，左手拿叉右手拿刀，還不忘放了片餐巾在胸前，故意不看鏡頭專心切食物，好像是在向國人表達本人身體平安，勿需擔心之意。

汪精衛被刺，舉國上下無不喝采，但身為當時輿論界最具影響力的胡適卻不然，他不僅專程看望遇刺的汪精衛，還公開力挺汪精衛，發文表示：「近兩個月之中，汪精衛院長被槍傷於南京，唐有壬次長遭慘死於上海，他們的愛國心本是無可疑的，他們的為國事任勞任怨的精神也是將來史家一定原諒讚許的。」然而國內主戰意識濃厚，胡適的幾句論話始終無法得到國內對汪的諒解。

汪精衛被刺受傷後辭去了行政院長和兼任的外交部長，離開南京前往歐洲療養，並憑藉著德國醫療技術的幫助，順利將左頰子彈給取出，而背部子彈的位置實在太尷尬了，就當時最先進的技術也極有可能導致癱瘓，因而收手。德國醫生取出左頰子彈後做了簡單的化驗，發現其使用子彈居然是鉛彈頭。鉛是對人體有害的，更何況背部這顆子彈將會長期待在身體裡面，有可能永遠無法去除了，據說那位醫生盤算了一下，表示：要是不冒險去除後背鉛彈，汪先生及有可能在十年後中毒而亡。汪精衛認為自己已經五十二歲了，最多再活三十年，而政治生涯最多再十年，何不如用十年的身體健全的政治生活來換取三十年的癱瘓苟活？汪精衛決定留著這顆子彈。

汪精衛的行政院長和兼任的外交部長分別由蔣介石以及與蔣理念相近的張群接任。此後蔣介石的勢力不僅在政府方面和軍隊方面，在黨的方面也增長起來。一九三五年十二月二日至七日召開的國民黨五屆一中全會上，中央常務委員會主席為胡漢民，蔣介石為副主席；最高決策機關的中央政治會議主席則為汪精衛，蔣介石亦為副主席，但胡漢民和汪精衛都在國外養病，實際國民黨已由蔣介石一手操縱。

西安事變

一九三五年至一九三六年的交接點是個決定性的轉捩點，這代表了政府對於對日妥協政策轉向了對日抗戰，當然，在這時期的中國，每一次的轉變都是需要流血的，汪精衛被刺後，主和派人士一一遭到激進抗日派「中華青年抗日除奸團」、「鐵血鋤奸團」刺殺，就連外交部副部長唐有壬也不幸遇刺身亡，此後國民黨內的妥協派人士迅速散盡，主戰派在民眾的擁戴下就此成為主流。而蔣介石呢？他在汪精衛走後兼任了行政院院長，面臨「單獨負責」的窘境，以後簽屬條約可沒有人一舉撐起背黑鍋的責任了，但他不願跟汪精衛一樣「掉入茅坑臭到底」。為了順應民意，蔣只好改變政策，開始向主戰派的方向傾斜。

汪精衛此次赴歐治療完後不選擇迅速返回國內重掌黨權，而是學習了蔣介石的下野政策：密切專注國內局勢，時不時發表電報表示國內局勢看法，默默守候，等時機成熟再次復出。汪精衛當時的政治傾向有些矛盾，他既反對蔣介石向主戰派傾斜，卻又認為只有蔣介石才有能力主導現今政局。此時西南的陳濟棠、李宗仁等人正祕密策劃反蔣，他們認為汪精衛是在等待適當時機復出，因此產生了聯汪反蔣的意嚮。李宗仁祕密告訴了還在中國的陳璧君，請其發電通知給汪精衛，柏林養傷的汪精衛收到訊息後，於六月十四日回應陳璧君表示四大政策：

（一）對蔣保持嚮來之關係。

（二）對西南只取感情聯絡，不做政治關係。

（三）西南如有人來，至多不即不離。若聯西南以倒蔣，是盡毀數年來立場，我絕不為。[22]

看來汪精衛對蔣介石還抱有一絲希望，希望他能維持和平現狀，可惜接下來的一連串事件卻讓汪無法繼續容忍。一九三六年一月二十二日，外交部長張群對日本駐華大使表示：「希望調整中日關係，否則只有靠戰爭解決問題。」一九三六年六月蔣在講話中說：「中國和日本的衝突已不可避免，而且為期不遠了。」一九三六年七月的國民黨五屆二中全會上，主戰派大占上風，確定了對日本採取強硬態度的政府方針。蔣介石在該會上表示：「絕不容忍任何侵害領土主權之事實，如危及國家生存，則必出最後犧牲之決心。」[23]蔣介石的心裡還是知道，中國在現在這種情況是跟日本無打對打的，說出這麼多激進話語除了拉攏人心外，最主要還是能以預備抗日來激勵人心，藉此將賦稅提高，從而購買更多武器裝備，應付剿共以及將來的對日抗戰。但是身處在國外的汪精衛卻深深相信蔣介石已經成為了堅定主戰派，兩人的關係再度產生了破裂。

正在這時，中國發生了西安事變。

張學良在抗戰時期的主張可以分為兩者，一種是《塘沽協定》簽訂前的不抵抗政策，另一種則是《塘沽協定》簽訂後的積極主戰，所提出的主張可謂峰迴路轉，那《塘沽協定》到底對張學良產生了什麼影響呢？原來，張學良為了保存軍隊實力，拚命撤到奉系的地盤盡失，導致《塘沽協定》簽訂後，張學良這才知道地盤的重要性是不比軍隊小的，甚至是最重要的。一九三三年四月到一九三四年一月，張學良受到汪精衛的壓力遠出歐洲各國，回國後被任命為西北剿匪副司令，東北軍移駐西北，執行剿滅共產紅軍的任務。此時的張學良是可悲的，他的「不抵抗保存實力」政策讓他成為了蔣介石的魁儡，儘管保全了實力，失去地盤後兵權等於遭到了控制，而被蔣命令剿匪，卻對奉軍沒有利益只有損害，使得張學良非常不滿，他認為與其被中央指揮來剿匪，不如被中央指揮來抗日，一來能夠獲得民眾歡迎，二來如果抗日順利，還能接收日本人所占領的奉系土地，再圖發展。因此張學良一反舊態，表示蔣介石的「攘外必先安內」政策是錯誤的，自己過去的不抵抗政策也是錯誤的，一同抗日才是正確之路。

一九三六年十二月十二日，張學良聯合共產黨人士在西安發起了武裝兵諫，殺死蔣身邊的幾百名幕僚及衛兵，將蔣介石扣押監禁，以其性命威脅國民政府改變「攘外必先安內」政策。

西安事變之於汪精衛，正如同一二八之於蔣介石，兩者事件雖然都是造成中國嚴重破壞的噩夢，但卻間接給了兩人再一次爬上政台的機會，西安事變發生時間為凌晨，當時汪精衛正在一處名為坎城的法國南部小鎮暫居，於事變爆發後的當天晚上九點，才剛聽聞此訊的陳璧君，馬上密電給汪精衛報告西安事變消息，於次日凌晨四時半又發一電：「為朋友、黨國均應立即歸，惟莫因急而致病，反不能治事，共匪奸人窺伺甚急。」

正如之前所說，蔣介石雖然在多次演講中宣揚主戰，但依舊沒有放棄對日主和，只是在戰爭及妥協中徘徊猶豫，然而汪精衛卻深信蔣介石已經徹底轉為主戰。在汪得知西安事變後，先是驚訝，隨後流露出了一絲興奮，汪認為如果蔣介石出事的話，自己大可以取代蔣介石的領導位置，將國內的主戰局面翻轉；如果蔣介石沒有出事，自己還是能藉著西安事變重新歸國再圖發展。而蔣這回可謂九死一生，即使張學良、共產黨不殺蔣介石，蔣也難以逃過何應欽派遣的飛機空襲。汪自信滿滿的決定回國，在電文說道：

（一）不問中央有電否，我必歸。

（二）請轉顧孟餘、陳公博，如行得開，望到新加坡。

（三）妹（陳璧君）行得開否？盼酌。

（四）如多數人想起此數年困守空城，安定時局不是容易，則我歸後或可做事，否則只有見危投命，但此不宜由同志說出。

隨後汪精衛又發了通電給中央執行委員會，向黨國宣告自己的回歸：「事變突起，至為痛心，遵即力疾起程。謙複。」又致電慰問蔣介石夫人宋美齡：「西安事變，聞之憂憤，天象吉人，介兄定少出險，敬祈珍攝。」汪精衛離開法國轉進義大利，於十二月二十二日在意大利熱那亞開行的披茨坦號輪船重返中國。赴往意大利時，汪精衛曾接受媒體訪問，說道：「西安事變，突然而起，隳國家之綱紀，紊軍隊之紀律；此逐漸獲得之進步，將橫被摧殘，而內憂外患，將益陷於紛紜；此而言禦侮，真所謂南轅而北轍者。中央對於此次事變一切決議，已顯示吾人以努力之目標。」

事態的發展出乎汪精衛之意料，西安事變在短短十三天內和平解決了，蔣介石不只能安然重返南京，還意外贏得了國內各派的一致支持。

西安事變發生時，國內不乏有許多人對蔣介石的對日妥協政策不滿，但比起對日妥協，張學良以武力對國家元首進行逼迫的作法更讓大家覺得厭惡，從而同情蔣介石的處境，社會輿論也因此站在蔣介石一邊了，可以說，張學良間接解救了蔣介石的民調。而在這種情況下，除共產黨以外的各路軍閥和各地實權者紛紛見風使舵，通電支持蔣介石，力挺的雪球就這樣越滾越大，全國皆散布著擁蔣的氣氛，蔣介石眼看局勢翻轉，開始拒絕服從張學良的談判要求。

國內局勢對中共夠糟了，國外更是慘不忍睹。史達林當時跟國民政府正要好，意圖聯合蔣介石來壓制日本，突如其來的西安事變硬生生地打斷了這次合作，蘇聯想當然生氣了，發電公開力挺蔣介石，要求張無條件釋放蔣介石。孤立無援的張學良處於十分為難的處境，後來在周恩來的說服下，雙方終於達成共識：「準備向停止內戰、一致抗日的方向努力。」但這也只是個沒有正式簽署依據，口頭上面的共識罷了。

一九三六年十二月二十六日，蔣介石返回南京，像凱旋英雄般受到國民政府官員、各路軍閥的代表、以及數以萬計市民的盛大歡迎。十二月二十八日，蔣介石以對西安事變負責為由提出了辭呈，被中央政府慰留。十二月三十一日，在南京的軍事法庭判決張學良「首謀夥黨，對於上官暴行脅迫，判處有期徒刑十年，褫奪公權五年」，但隨後蔣介石提出對張學良進行特赦，但取而代之的則是一生遭受軟禁，兵權也遭到卸除。張學良曾說：「我的事情只到三十六歲，以後就沒有了。從二十一歲到三十六歲，這就是我的生命。」張學良把手握兵權的那段日子視為他真正活著的時光，在這段期間，他每日奔波於奉系的延續，立圖延續張作霖時期的強大，可惜造化弄人，當初被他視為救命稻草的不抵抗政策與西安事變卻反讓他一步步地走向失敗，如今張學良既沒有地，沒有軍，更沒有權，就連最基本的人身自由也遭受限制，令人唏噓。

西安事變結束後，汪精衛在波茨坦號郵輪上接好友褚民誼自南京來電，報告在南京會見蔣介石：「今晨訪蔣於軍校，見彼臥於長椅上，精神尚佳。」[24]這一消息對汪精衛猶如當頭一棒，取而代之的方案落空了。一九三七年一月十二日，汪精衛抵達香港，再轉船北上上海時，陳公博、周佛海等朋友跑來港口歡迎汪精衛，他們也打算跟著一同前往上海。在航行途中，汪精衛找來陳公博談天說地消磨時間，其中有段對話意味深長。汪精衛說：「蔣先生這次在西安吃了這個大虧，以後大概要改變些罷？」陳公博則認為：「我敢擔保他不會改變。因為蔣先生平日的舉動，不是他的政策，而是他的脾氣。政策是由理智發生的，碰了壁當然要改。但脾氣是先天帶來的，俗語說得好，江山易改，品性難移，你想蔣先生已是過了五十歲的人，他能改變他的脾氣麼？」[25]

滾滾長江東逝水，浪花淘盡英雄。提到年紀，歲月是平等且不饒人的，不只是蔣介石老了，胡漢民也是如此。一九三六年五月十二日，五十六歲的胡漢民參加老友酒宴，餐後與人對弈象棋，前兩局一勝一負，第三局胡漢民處於劣勢，在丟了一隻車後竟突發腦溢血倒下，昏迷三天後不治身亡。從此以後，國民黨三巨頭僅留下汪、蔣兩巨頭駕車。

汪精衛回國後正值五十四歲，此時他的身體也逐漸老化了，肝病、槍傷、以及時不時復發的糖尿病讓他飽受折磨，經常進出病院，也因為如此，汪精衛並沒有在政府內任職，但黨內人士還是推崇「蔣介石主軍，汪精衛主政」的制衡理念，將汪評選為國民黨最高決策機關的中央政治會議主席，對國民黨的方針政策仍有極大的影響力。

1 桂崇基，《中國現代史料拾遺》臺灣中華書局，一九八九年，第九九八頁。
2 楊樹標、楊菁，〈三個國民黨四大〉，《蔣介石傳（一八八七—一九四九）》。
3 王書君，《張學良世紀傳奇》，第一卷，明鏡出版社，第四六六頁。
4 雷鳴，《汪精衛先生傳》，第二百二十九頁。
5 韓信夫、李新、姜克夫，《中華民國大事記》，第三卷，中國文史出版社，一九九七，第三九九頁。
6 《獨立評論》，一九三二年八月十四日。
7 國史館，《中華民國史事紀要（初稿）》，一九五三年。
8 林思雲《真實的汪精衛》第三部分之一　從主戰派到主和派的轉變。
9 陳公博，〈第十三章：長城古北口之戰〉，《苦笑錄》。
10 同前註。
11 汪精衛，〈鬩變決不能擾亂中央施政方針〉，《中央黨務月刊》第六十四期，第四四七頁。
12 梁錫華選注，《胡適祕藏書信選》第十九冊，風雲，一九九〇，頁八十二—八十三。
13 林思雲，《真實的汪精衛》第三部分之一　從主戰派到主和派的轉變。
14 陳公博《苦笑錄》第十五章汪先生的被刺。
15 蔡德金，《汪精衛生平紀事》，中國文史出版社，一九九三年初版，二二五頁
16 陳公博，〈第十五章：汪先生的被刺〉，《苦笑錄》。
17 朱子家，《汪政權的開場和收場》第四冊，風雲時代，二〇一四，第八十一頁。
18 陳公博《苦笑錄》，二百一十九頁。
19 同前註。
20 臧卓，〈汪被刺與蔣蒙難〉，《我在蔣介石與汪精衛身邊的日子》，獨立作家出版，二〇一三，第一六一頁。
21 林思雲，《真實的汪精衛》第三部分之二　主和派的艱難。

22 汪精衛，〈汪精衛電陳壁君〉，一九三六年五月十四日，《近代史資料》，第六十號。

23 秦孝儀，《中華民國重要史料初編對日抗戰時期緒編》，中國國民黨中央委員會黨史委員會，一九八一，第五卷，第一篇，第三百頁。

24 程舒偉、鄭瑞偉，〈十六章：既生蔣，何生汪〉，《汪精衛與陳壁君》。

25 同前註。

第八章　八年抗戰爆發

七七事變

自清政府與八國聯軍簽訂《辛丑條約》後，中國承認八國聯軍可以在北京有一定數量的駐軍，此後日本一直在北平附近維持數千人規模的條約駐軍，日本將其稱為「天津軍」。日本「天津軍」和國軍第二十九軍同駐一處，磨擦頗多，舉兩個例子應證：由於二十九軍有大量軍人裝備大刀，日本兵在街上看到後就會故意走上前在大刀上劃火柴，挑釁他們；日軍在看到國軍於路上訓練踢正步時，也會臨時召集一批軍人跟著一起行軍，故意先超前國軍隊伍，之後又停下來擋住去路。

一九三七年七月七日晚，一個小隊的日軍在北京蘆溝橋附近進行演習，其中一名新兵似乎是水土不服得了痢疾，連向長官報備都沒就擅自失蹤跑去解手了。弔詭的是，演習區塊附近剛好響起了一陣槍聲，日軍小隊長立即進行點名，發現少了一名士兵。日軍小隊長聯想到剛才的槍聲，以為該士兵與國軍發生了衝突，隊長要求進入宛平城內搜查。但由於時間已是深夜，中國駐軍拒絕日軍的要求。日軍包圍盧溝橋，經過談判後，雙方都同意天亮後派出代表去現場調查。但是固執的日本寺平副官依然堅持日軍入城搜索的要求，在中方回絕要求後，日軍開始從東西兩門外炮擊城內，八年抗戰也就此爆發。

盧溝橋事變發生時，蔣介石和汪精衛等正在廬山邀請政府要員和社會名流召開國事座談會。盧溝橋事變發生後，蔣介石在廬山發表了著名的「最後關頭」演說，力主抗戰：「我們既是一個弱國，如果臨到最後關頭，便只有拼全民族的生命，以求國家生存，那時節再不允許我們中途妥協，須知中途妥協的條件，便是整個投降，整個滅亡的條件。如果戰端一開，只有犧牲到底。那就地無分南北，人無分老幼，無論何人皆有守土抗戰之責任，皆應抱定犧牲一切之決心。」[1]

蔣介石離廬山回南京進行軍事部署後，汪精衛經常代理其發表抗日演講，其中有這麼些話：「中國今日受日本帝國主義的侵略，窮凶惡極，無所不用其極，唯有抗日才能爭取國家民族的生存，唯有全國同胞醫治的自動犧牲的精神，從事抗戰，才能爭取最後的勝利。」[2]「我們勢必繼續將所有血汗都榨出來，以前的及現在的所有將士所有人民的血汗，合流一起成為江河，撲滅了侵略者的兇焰，洗滌盡了歷史上被侵略的恥辱。」[3]讀者看完這段話後可能覺得有些衝突，汪精衛不是轉變成主和派了嗎？確實沒錯，但七七事變後不論黨內還是民眾，大部分人士皆抱持著主戰心態，如果汪精衛在這時候不跟著順應民意，表態支持抗戰，那他的中央政治會議主席一職極有可能遭到撤換，到時候主張和平救國的言語份量將更為薄弱。

不過，在之後的抗日演講，汪精衛越來越沒有抵抗氣勢，在發起第二次「最後關頭」演說中，隱約帶入了自己的一絲愁苦：「……因為我們是弱國，我們是弱國之民，我們所謂抵抗，無他內容，其內容只是犧牲，我們要使每一個人，每一塊地，都成為灰燼。我們如不犧牲，那就只有做傀儡了。歷史上的元滅宋、清滅明，這兩次被外族侵略而亡，不是侵略者能使我們四萬萬人被殺盡，能將我們的土地毀盡，而是我們死了幾個有血腥的人之後，大多數沒有血腥的人，將自己的身體連同所有的土地，都進貢給侵略者，以為富貴之地。以我們必定要強制我們的同胞一齊犧牲，不留一個傀儡的種子。無論是通都大鎮，無論是荒村僻壤，必使人與地俱成灰燼。我們犧牲完了，我們抵抗之目的也達到了。」[4]這篇講話，貌似慷慨激昂，事實上卻充滿了悲觀絕望，看不出抗戰有絲毫光明前途，汪精衛將中國的抗戰結局劃分為兩條路，犧牲和投降，隱隱約約地將主戰形容成一場沒有意義的犧牲。這用另一種角度來看似乎是正確的，如果後來沒有美國參戰，中國和日本進行單獨較量的話，結局確實只有犧牲和投降兩條路能供選擇。汪精衛私下曾表示了自己的真實想法：「別看現在全國一致高喊『徹底抗戰，犧牲到底』的口號，實際上真的準備為國家犧牲的人能有百分之幾？大部分人嘴上高喊犧牲，但他們內心裡犧牲的概念是讓別人去犧牲，而並不是自己犧牲。為什麼大部分人不肯講出不願犧牲的老實話？因為他們害怕賣國的罪名，害怕承擔亡國的責任。」[5]

說起投降即賣國的罪名，中華文化及西方文化的觀點可謂南轅北轍。中國之前是一個強大帝國，面對其他小國，人數是最不缺乏的問題，所以大可以原諒臨陣脫逃的逃兵，但卻對於投降敵方的降兵有著特殊的執著，認為有損顏面，甚至可以痛斥為賣國賊，以各種污名讓他遺臭萬年，當然，這種模式也一直持續到了抗戰時期；但西方國家卻完全相反，他們認為向敵人投降的降兵並不可恥，他們已經做好自己身為士兵的職責了，可以原諒，但對臨陣退縮的逃兵卻是極為嚴苛，大多難逃一死。

逃兵、降兵的不同待遇，反映出了大中國文化的根深蒂固，也是為什麼汪精衛的「漢奸」之名難以抹滅的主要原因。

德國的和平調停

在抗戰的正式開始後，西方列強對中日戰爭大都持旁觀態度，只有德國願意出面調停。中國要求《九國公約》的八個簽字國（不含自己），英國、美國、日本、法國、義大利、葡萄牙、比利時、荷蘭，一同開會討論制裁日本違反《九國公約》的侵略行為。一九三七年十一月三日，《九國公約》簽字國在比利時的布魯塞爾舉行會議，原本九國並不包含蘇聯，不過侵華一事威脅了蘇聯的東方領土，所以被以特邀代表的身分邀請出席。在會議當中，蘇聯表示支持中國，主張各國對日本進行集體制裁；而日本、德國處於尷尬位置，均拒絕派代表參加會議；美國代表表示：「既然日本政府已由德國出面調停，美國政府認為中國代表的態度不要偏激，以免影響調停，刺激日本。」美國代表還建議中國應該：「公開宣布消除抵制日貨，保護日僑生命財產，與日本進行經濟合作，避開談論恢復戰前國土原狀的問題，前景還是樂觀的。」英國代表表示：「英國政府將與美國採取完全一致的步調。」法國代表表示：「雖然同情中國遭遇，但無能為力。」義大利代表表示：「在戰事發生中，很難確定誰開的第一槍，這個責任便屬誰的問題，義大利打算譴責衝突的任何一方。」最後會議僅通過了一份宣言，指責日本在華行動違反了《九國公約》，建議日本停止軍事行動，但只是一紙空文，毫無任何制止日本侵略的措施。由此看來，當時汪精衛力排眾議，對抗戰的抱持悲觀看法並不太離譜，誰又會想到日本之後會惹上美國、蘇聯，最終玩火自焚呢？

身為戰時的最高領導人，蔣介石是最清楚中國不可能打敗日本的，他雖然在表面上唱高調主戰，私底下卻頻頻尋找和平路線，除了與德國陶德曼的調停外，蔣介石在抗戰時期也多次和日本進行過祕密和談。一九三九年十二月蔣介石密令戴笠手下的軍統特務曾廣冒充財政部長宋子文的弟弟宋子良，在香港與日方舉行祕密談判。日方對此會談十分重視，要求繼續舉行高級別的談判。一九四〇年三月七日至十日，雙方在香港舉行了高級別的祕密會談，中方代表除了宋子良外，還有重慶行營參謀處副處長陸軍中將陳超霖，最高國防會議主任祕書章友三，副侍從長陸軍少將張漢年。不過在承認滿洲國問題上，國民政府內部意見對立，談判因此不了了之。

蔣介石也曾策劃藉助第三國的軍事力量對抗日本。但藉助外國軍隊打日本也是非常危險的一步棋，正所謂「引虎趕狼」，外國軍隊不會無償幫助中國打仗，其索要的代價可能也非常高昂。後來蘇聯出兵東三省幫中國趕走了日本人，但作為代價中國不得不以承認外蒙及默認蘇聯將外蒙赤化。附加代價更是慘痛，中國共產黨就是在蘇聯攻入東三省時趁機與其合作，聯合收取了大量佔領區以及日軍槍械，為第二次國共內戰打下了鐵釘般的基礎。

現在看來，中國和日本主和派的下場都不妙，在日本，主和的犬養毅首相被殺，後來陸續有多位主和派高官被殺；在中國，汪精衛被刺差點喪命，主和派的唐有壬等人也遭暗殺。當時的政治型態非常扭曲，理論上來說主戰派人士應當才是最具有勇氣、最具有烈士情節的，但現實正好相反，喊出主戰的人士往往不是前線的英勇將士，而是血氣方剛的學生或政治性質強烈的軍事官員，他們是不需要直接上戰場的，大可以在後方鼓吹命令別人於前線流血犧牲。而主和派備卻要受官民惡言相向，在政局上倍受多數的主戰派給排擠，宅邸的郵箱裡裝滿了激進民眾所寄來的各種恐嚇信件，膽戰心驚的冒著被狂熱主義者暗殺的風險出席場會。可見主和派要比做多數的主戰派需要更大的勇氣。

現今中國，電視上總不乏有鼓吹戰爭、鼓吹英雄主義的「抗日神劇」，這是歷代中國的一個通病，政府總是喜歡讓國家、民族作出對立，從而提高民眾對於自己國家的向心力，而這種情況在近代期間達到高峰，直至二次大戰過後的七十年後都無法消除，現今不論紅、藍、綠哪個政黨，都會使用這種方法，讓每個中國人都想殺光「倭寇」、「收復釣魚台」，每個台獨份子都想殺光「支那人」、「實踐台獨」，每個統派人士都想殺光「台客」、「復興大中華」，這種極端思想的初衷是為了國家的富強沒錯，但他們何時想過，這些口號如果的要實現，那將付出多少代價。想當年日本在戰間期，政府也經常使用影視來鼓吹戰爭，宣揚日本帝國軍隊在日俄戰爭、甲午戰爭的大勝，聲稱既已打下臺灣、韓國、東三省，那併吞中國更不算是什麼，日本主和派當時還是大有人在，他們很清楚日本帝國的國力無法支撐這麼長久、這麼多國的攻擊，不過卻遭到了主戰派的打壓，犬養毅甚至就是這麼被暗殺的，而在主戰派獨大的局面下，目空一切的日本最終慘敗，這時人們才開始反思當時沒有聽從和平人士的勸告，才開始批判當年那些不負責任的主戰言論。正如同《真實的汪精衛》所說：「由於中國有幸成為戰勝國，現在我們可以輕鬆地批評當年和平人士的「賣國求榮」，可是我們如果理解當時主張和解妥協甚至要冒生命危險的話，我們也許就不會輕易批評他們主和是為了「賣國求榮」了。」[6]

美國想坐觀成敗，歐洲列強想隔岸觀火，蘇聯則不懷好意，蔣介石壓力甚大，只能想出下策，那就是讓第三國在中國的利益遭受損失，以此來強迫他們關注中國戰場。蔣介石在抗戰爆發不久就在上海主動向日本駐紮上海的海軍陸戰隊進攻，試圖使上海這個國際城市陷於戰火而引起英美法各國列強的干涉。但英美法對中日戰爭的反應意外的冷淡，英法忙於對付歐洲的希特勒，已無暇顧及遠東事務，而美國的民眾正處於嚴重的孤立主義中，不願捲入外國的紛爭。

淞滬會戰的結束一掌拍醒了蔣介石的抗日美夢，作為當時全中國最為精銳的軍隊——八十八師、八十七師德械部隊皆參與了此戰，論軍隊素質，德械部隊反而略勝一籌，可惜德械師就是太少了，且德式裝備並未集中使用，而是分散裝備。德械師在淞滬會戰就損傷了五分之三的兵力，於後來的半年內迅速消失殆盡。除了德械師外，另外參與淞滬會戰的還有從各部抽出的六十八萬精銳部隊，加起來共七十萬的國軍，可惜面對三十萬完全機械化的日本甲級師團依舊無法阻止日軍的進攻步伐，一戰下來國軍日軍傷亡比例竟是三比一！如果按照這種形式繼續下去，國軍的精銳士兵將在一年後消耗殆盡，中國將必敗無疑，蔣介石因此開始考慮在德國的調停下和日本進行停戰談判。

德國當時已與日本和義大利簽訂了三國同盟條約（Tripartite Pact），不過為何德國會願意出面調停中日戰爭呢？近來有許多「鍵盤歷史學家」認為希特勒是以種族觀點來做調停的，以為希特勒認為中國是一個古老而高尚的民族，值得與雅利安人平起平坐；而日本是一個獐頭鼠目的卑劣民族，與其合作只是不得已。實則不然，希特勒只是認為大和民族是二等民族，並非劣等；也沒有將中國人認定為高等民族，這從一九四四年納粹德國將中國人關押至「明日勞動營」就可以略知一二了。「沒有永遠的朋友，也沒有永遠的敵人，只有永遠的利益。」國與國之間的友好關係永遠是建立於利益之上，調停的目的也是如此。

中國和日本都是德國的友好國家。當時歐美國家圍堵納粹德國，德國在國際上朋友不多，所以十分重視和蔣介石政府的關係，且中國當時是鎢等戰略金屬的世界最大供應國，德國雖然產煤鐵等金屬礦物，但在某些戰略金屬方面是十分缺煤的，所以還需依靠中國供應，作為交換，德國以向中國「借款」的方式，借給中國大量軍事裝備，簽訂了了一百五十輛輕型坦克（實際僅有第一批的十六輛到達），三十五萬份德式鋼盔、防毒面具、輕機槍、高射炮、再到轟炸機等等……幾乎所有類型的武器德國皆有給予援助，不僅如此，德國還分派三十多名德國軍事顧問前去中國指導，其中陣仗之廣大，甚至還有前德國國防軍總司令，而最有名的當屬曾任德勒斯登步兵學校校長的亞歷山大·馮·法肯豪森了，他在淞滬會戰期間兼任了德國駐日武官，卻以中國軍事顧問身分親赴前線指揮，即便這一行為受到德國當局的斥責，他卻表示不後悔。中日全面戰爭爆發後，日本以同盟國的身分向德國提出抗議，要求德國停止向中國供應武器，召回在中國的軍事顧問。德國在日本的壓力下不得已停供中國軍火並召回軍事顧問。

儘管發生了這些政治衝突，中德仍是友好國家，請德國出面調停，中國也比較放心。於是德國大使陶德曼擔任了調停的主角，他對中國抱持同情心理，認為中國到目前為止的抗戰已經向全世界充分展示了中國人的勇敢精神，現在應該到結束戰爭的時候了。第一次世界大戰時，德國有好幾次講和的機會，但我們卻過分自信自己的國力，沒有走上講和的軌道，後來德國無條件降服時，不得不悲慘地接受戰勝國的所有條件。陶德曼希望中國人吸取前車之鑒，不要像德意志第二帝國那樣讓自己走到無法回頭的地步。一九三七年十一月五日，陶德曼向中國方面透露了日本講和的條件：

（一）內蒙成立自治政府。
（二）華北非武裝區域擴大，主權歸南京政府，治安由中國員警維持。
（三）上海非武裝區域擴大，治安由國際員警管理。
（四）中國停止反日排日政策。
（五）共同反共。
（六）減低日貨關稅。

（七）尊重外國人在華的權利。

十二月二日，蔣介石與顧祝同、白崇禧、唐生智等國民黨高級將領開會，徵求大家對陶德曼轉達的日方和談條件的意見。與會者均認為日本沒要求成立華北自治政權，沒要求承認滿洲國，也不要求賠款，條件不算苛刻，白崇禧甚至說：「要是（只是）這些條件，那我們為什麼打仗？」[7]十二月二日下午，蔣介石會見陶德曼，表示中國願意接受德國的調停，可以以日本提出的條件作為和平談判的基礎，但華北的主權和完整不得侵犯，和談始終由德國擔任仲介人。蔣介石認為：「假如他全部同意這些要求，中國就會被輿論浪潮沖倒，中國就會發生革命。」[8]他要求德方、日方對談判一事嚴格保密。

一九三七年十二月六日，汪精衛在漢口主持召開國防最高會議常委會，討論陶德曼大使轉達的日方停戰條件。參與者基本同意接受日方條件，在鄭州部署軍事的蔣介石打來電話：「和談可依照國防最高常務委員會議的決定，通過外交途徑進行。」這暗示蔣介石不準備直接主持和談，要把賣國的帽子扔給汪精衛。汪精衛倒是不怕漢奸帽子，他說：「現在是抗戰時期，所以『和』的一字，是一般人所不願意聽的，因為講和的結果自然沒有勝利的結果來得暢快。如今大家因為痛恨日本的侵略，恨不得把日本整個滅亡，然後痛快，聽見講和自然滿肚子的不舒服。一般民眾如此是不足為怪的，但政府卻不可為一般民眾所轉移。對於民眾同仇敵愾之心，政府固然要加以鼓勵，才不致一鼓作氣，再而三，三而竭。然而政府更應注意虛驕之足以誤事。民眾儘管可以唱高調，而政府則必須把握現實，不得不戰則戰，可以議和則和，時時刻刻小心在意，為國家找出一條生路，才是合理的辦法。」[9]

就在和談局面即將成功之時，日軍為了直爭取談判籌碼，向南京直搗黃龍，發起了大型攻勢，史稱「南京保衛戰」。其實南京的失陷是必然的，國民政府將其定為首都的目的是為了經濟利益，江南富庶，糧草豐盛，但他的地理位置太過於尷尬了，地勢平坦，無險可守，所以在戰爭期間容易失陷，蔣介石也認為守不住南京，遷都是勢在必行，不過為了打擊日本士氣以及延長部隊撤退時間，蔣分派給了唐生智十五萬「半德械師」防守南京城，其實不派還行，派了反而本末倒置，那些士兵都是剛從前線撤退下來的部隊，士氣正低落，加上唐生智竟然想「破釜沉舟」，將所有船隻給搗毀，還分派了許多憲兵在沿岸防守，如果有軍民渡江則開槍擊斃，導致部隊士氣不增反減，更諷刺的是，原本提倡玉石俱焚的唐生智，竟在開戰後私自逃至武漢，導致南京城內部一片混亂。十二月十三日，日軍以短短十二天的時間輕取首都南京，十五萬軍隊、十六台德造坦克全為殲滅或俘虜。這本該只是個嚴重的戰略失敗，日本卻以為攻下南京這座首都後，中國已經沒辦法再抵抗了，對於國民政府態度也因此傲慢起來，展開連續七周，史稱「南京大屠殺」的民族慘劇威迫國民政府妥協，又於十二月二十二日增加了三項苛刻的和談條件：

（一）在華北、內蒙、華中的非武裝地帶設立特殊機構（親日政權）。

（二）承認滿洲國。

（三）中國向日本賠償戰費。

日方請陶德曼將新增三項條件轉達中國，並把談判期限規定為一九三八年一月十五日。陶德曼看後搖頭道：「這樣的條件中國是不會接受的」，果然不出陶德曼所料，中國政府沒有按期答復日方的條件。於是日本政府決議使用「一手拿蘿蔔，一手拿棍棒」的威逼利誘形式迫使中國投降，先是於一月十一日提出象徵「棍棒」的《理中國事變的根本方針》：「如中國現中央政府不來求和，則今後帝國不以此政府為解決事變的對手，將扶助建立新的中國政權，與此政權簽訂調整兩國邦交關係的協定，協助新生的中國的建設。對於中國現中央政府，帝國採取的政策是設法使其崩，或使它歸併於新的中央政權。」之後又發表象徵「蘿蔔」的《不以國民政府為對手的政府聲明》：「今後不以國民政府為對手，而期望真能與帝國合作的中國新政權的建立與發展，並將與此新政權調整兩國邦交，協助建設復興的新中國。」[10]

一月十八日，國民政府發表聲明，表明了中國的強硬態度：「全力維持主權與行政之完整，任何恢復和平方法，如不以此原則為基礎，決非中國所能忍受。」日本政府在中國發表聲明後不再想好聲好氣了，於同日發表瞭如下的《今後不以國民政府為對手之補充聲明》：「所謂『今後不以國民政府為對手』，較之否認該政府更為強硬。……意在否認國民政府的同時，把它徹底抹殺……」[11]

由上可以看出，「今後不以國民政府為對手」的原意是不以國民政府為敵人，在日本政府判定蔣介石沒有談判的可能後，此層含義更為強勢，即「意在否認國民政府的同時，把它徹底抹殺」。日本撤回駐華大使，誓言關閉一切談判大門，將國民政府打到無法支撐，中國也於一月二十日撤回駐日大使，斷絕了一切外交關係，陶德曼的調停最終以失敗告終，此後日本便開始使用大舉增兵的高壓手段迫降中國政府，中國的各地經濟要地連連淪陷：

一月：山東的兗州、濟寧、安徽的蚌埠失手。

二月：山東的煙台、河南的新鄉、山西的臨汾等地棄守。

三月：山西的風陵渡、山東的臨城、棗莊、南通相繼淪陷。

五月：江蘇的徐州、阜寧等地又告失守。

六月：河南的開封、安徽的安慶、潛山等地失手。

九月：湖北的武穴、河南的光山、羅山又告失守。

十月的戰況最為慘烈，十二日經濟大城廣州淪陷，二十五日戰略要地武漢三鎮相繼丟失。

一九三八年十月十二日，日軍開始進攻廣州。這一行動侵犯了英國在華南的利益，汪、蔣都認為日本顧忌英國，不敢過分威脅香港，因此不會大舉進犯廣東，假使日本真的進攻廣州，亦可促使英國不滿而展開外交調停，使抗戰得以全面平息。廣州戰役打響的第一天，蔣介石就致電汪精衛、孔祥熙、王寵惠等人，告知「敵軍今晨在大鵬灣登陸，已與我前方部隊發生激戰，此時請對英美儘量設法運用。」汪也同意蔣的判斷，他在當天回電蔣介石：已告知顧維鈞，請其赴倫敦與郭泰祺合作，進行對英交涉，並表示：「弟愚以為，日本此次看破英俄無積極行動之決心，故悍然出此，誠為最後之一著，若廣州能如武漢之堅持，使敵力疲智盡，則大局必可好轉。」

然而，汪精衛盼望的局面沒有發生，國軍部隊因軍閥派系問題尚未化解，為保存實力而不肯拚死一搏，而國民政府寄予厚望的英國，竟除譴責外毫無動作，日軍損失不到三千人便拿下廣州，幾乎可以稱得上是不戰而得。王世傑日記中記載：「敵軍自登陸後，幾於長驅直入，毫未遭遇抵抗。……我軍原稱將於廣州近郊頑抗，實則毫未抵抗。」這對汪精衛的抗戰信心造成了致命一擊。廣東對於汪精衛來說，有著特別的意義。它不但是孫中山革命的發源地，也是汪精衛的故鄉、國學根基的起始點、與陳璧君的結婚地點、也多年來對蔣鬥爭所依靠的勢力所在。廣東的不戰而失，令汪無比痛心。

十月二十五日，粵籍將領薛岳致電汪精衛：「萬世恥辱，創於今日，岳不忍粵人淪陷敵手，更不忍革命策源地於此時斷送於敵，今日粵危則國危，粵亡則國亡。擬請先生等速電委座，立派岳率軍救粵，……非如此則吾人將為亡國之奴，非如此對粵人，無以對總理。」並表示，若能「奉明令」到達北江，則請汪精衛駕臨軍中勞軍。

汪復電說：「廣州放棄之速不惟出國人意外，出各國意外，且出敵人意外。……如此失敗，不是可哀而是可恥。且不戰而焦土，廣州大火至今未熄，無損於敵，而徒結怨於民。此後在淪陷區內工作亦無人相信，無人相助矣。言之痛心。我兄急難，弟十分同情，已電蔣委員長建議立派我兄率軍救粵，如蒙採納，全粵幸甚。」然而在南北戰區一籌莫展的被動情勢下，汪精衛提出的救粵計畫無人理會。

十月二十七日，日軍占領漢陽，武漢三鎮全部失守。蔣介石發表《為國軍退出武漢告全國國民書》，對抗戰前景表示看好：「武漢雖已被敵人占領，亦將一無所用」，所攻下的城市「若非焦土，即為空城」，「自今以往，全面抗戰，日益發展，而我軍一切行動，進戰退守，不惟一無拘束，而且能處處立於主動地位，自由處置，不僅使敵軍被占之區一無所用，而且使之一無所有。昔則使之深陷泥淖不能自拔，今則使之步步荊棘，葬身無地。」

蔣介石雖然在演講中吐露樂觀心態，實際上卻壓力極大，接連派出數名代表請求英美法給予日本制裁，可是他們只想隔岸觀火，蔣介石又找來蘇聯搬救兵，可是史達林卻找了份漏洞百出的理由予以拒絕：「如果簽署九國條約的國家共同出兵制裁日本的話，蘇聯就出兵。如果蘇聯單獨出兵的話，世界輿論就會把蘇聯看成是趁火打劫的侵略者。」不過蘇聯為避免日本迅速壯大，還是答應為國民政府提供高達二十個師的裝備援助。

抗戰開始後，蔣介石以加強軍事為由，提出國民黨中設立國防最高會議為全國最高決策機關，取代以前的最高決策機關中政會。國防最高會議的《組織條例》規定：國防最高會議主席由軍委會委員長擔任，副主席由中政會主席擔任，蔣介石是軍委會委員長，汪精衛是中政會主席，所以蔣介石自然出任主席，汪精衛出任副主席。一九三八年三月召開的國民黨臨時全國代表大會上，又修改黨章重新確立國民黨的領導體制，規定國民黨設總裁一人，副總裁一人，大會選舉蔣介石為總裁，汪精衛為副總裁。蔣介石以戰爭為由，名正言順地推翻了「蔣主軍，汪主政」的制衡力量，取代了汪精衛長期在黨方面的最高地位。儘管如此，汪精衛在黨內的影響還是巨大的，蔣介石雖然掌握實權，但在表面上也要敬讓汪精衛這位老前輩三分。

慘烈的焦土抗戰

在對外交涉已經無望，對內戰局又連連敗退的情況下，國民政府開始通過了一系列不人道戰術，企圖以國家存亡來換取前線住民之存亡，毀滅任何即將遭日軍佔領的地區物資，史學者統稱為焦土戰。

焦土戰的發明淵遠流長，最早由春秋戰國時期趙國的廉頗於長平之戰發明，但隨著中國走向現代化，焦土戰已經很難看到。抗戰爆發的前一年，李宗仁與蔣介石的關係還是緊張狀態，時不時就想剷除對方，李趁機抓準了蔣「表面主張抗戰，實際主張妥協」的辮子，一面抨擊蔣介石的退讓，一面撰寫多份文章大肆鼓吹激進抗戰法來博取民意，老實說，這些文章都是為了順應民意所撰寫的，所以特別不符合邏輯、特別激進，沒想到其中有份文章所表示的戰法卻歪打正著的正中了中國戰場的需求，這便是《焦土抗戰論》：「吾人必須避我之所短，而發揮我之所長，利用我廣土眾民，山川險阻等優越條件來困擾敵人，作有計畫的節節抵抗的長期消耗戰。到敵人被誘深入我國廣大無邊原野時，我即實行堅壁清野，使敵人無法利用我們的人力和物資，並發動敵後區域游擊戰，破壞敵人後方交通，使敵人疲於奔命，顧此失彼，陷入泥沼之中，積年累月，則暴日必敗無疑。」[12]

日本是一個資源貧瘠的島國，不利於打持久戰，所以蔣介石就把希望寄託於用持久戰來拖垮日軍，日本也明白自身資源有限的弱點，提出了「以戰養戰」，用中國的資源打中國人的設想。蔣介石為了不讓敵人利用中國的資源達到以戰養戰的目的，所以採信了李宗仁的焦土方案，在中國各戰場大搞燒光毀光的焦土戰術。但焦土戰的最大受害者不是日軍，而是底下的老百姓，其戰術本意是「餓死一位中國人來防止日本人造五發砲彈」，國民黨內部對這種殘酷的焦土戰術也有不少反對之聲。

一九三八年六月九日，國民黨軍在沒有預告的情況下，突然炸開黃河大堤，氾濫的黃河水並沒有淹死一個日軍，卻淹死數十萬中國老百姓，上百萬人成為無家可歸的流民。而惡夢還沒結束，由於污坑遍地，蚊子多，死屍多，難民們又經常露宿在外，導致致瘟疫流行。因霍亂、傷寒、痢疾而死的人甚至無法確切統計。不久，國民黨軍又在預定撤退的長沙預計實施焦土政策，「見市內起火便是放火燒城的信號。」結果凌晨二時長沙某處地區剛好失火，國民黨軍以為這是放火信號，狂呼亂叫著「放火了！」便開始沿路縱火，當時還未撤退的平民數就有十餘萬，粗估有三萬人在一夜之間失去了生命，是為歷史上毀壞規模最大的一次人為火災，也讓長沙與華沙、史達林格勒、廣島和長崎一起成為第二次世界大戰四大毀壞最嚴重的城市。

長沙大火後，汪精衛批評蔣介石說：「我們燒東西也許是怕自然物資變成『自然漢奸』被敵人利用，但如果沒有人出來做漢奸的話，自然又怎麼會變成漢奸呢？如果像長沙一樣把每處每地都焦土化的話，我方抗戰所需的物質又從何而來？如果把淪陷區內的物質全燒光，剩下的只有一大群無食無住的饑民，這些人怎麼處理？帶他們一起跑吧，他們又跑不動；將他們殺了吧，又於心不忍。如果把他們扔給敵人，他們必然要被敵人所用，必然要當漢奸。」[13]

汪精衛在一次演講時說；「從前法國有一個國王，叫做亨利四世，他講過一句很有名的話：我希望我的人民，在每個星期六的晚上，在他家裡的火爐子上面、瓦罐子裡面，都煨著一隻雞。我們再看看我們中國的老百姓，他們有的連雞毛都沒有見過，還談雞？一生都吃不著一隻，還要說在每個星期六？他們從小到老都在勞動，田地和工廠接受了他們的血汗，等到血汗用盡了，生命也完了，就離開了世界。那好比火爐需要柴炭，等柴把精力完全貢獻出來，只剩下灰末、只剩下煤屑的時候，不講情面的鐵鏟就把它們鏟出去！不讓它們再在火爐裡停著……」[14]

一九三八年四月二十九日，舊曆三月二十九日，這天是中華民國的國定青年節，也是黃花崗起義的週年，汪精衛來到長沙岳麓山弔念黃興，回首往事，汪精衛有許多感慨，過了這麼多年，國家的命運仍然在風雨飄搖之中，遍地風煙。只不過，追隨黃克強革命時汪精衛還是青春年少，如今已是白髮生；然而國家當時贏弱不堪，至今仍是如此。汪精衛忍不住在墓前憑弔垂淚，作《岳麓山謁黃克強先生墓》[15]抒發感懷：

黃花岳麓兩聯綿，此日相望倍惕然。
百戰山河仍破碎，千章林木已風煙。
國殤為鬼無新舊，世運因人有轉旋。
少壯相從今白髮，可堪攬涕墓門前。

汪精衛越來越對這種建立在犧牲基礎上的抗戰感到疑問：一個國家的組件目的便是為了保衛人民，而抗戰的目的是什麼？不就是保衛人民的權利嗎？但如今只看見破碎的山河以及用盡血汗爭取生存的貧民，如果抗戰只是一味的犧牲平民百姓來滿足不可能達成的勝利，那孫中山所說的「國家之本，在於人民」的真諦到底在哪呢？汪精衛越來越肯定了和平救國的理念，也導致了許多人士的批評，像是海外華僑陳嘉庚就針對汪精衛提出「主和即漢奸」的論斷，而汪精衛給了一段趣味橫生的回覆：「為什麼主張言合就是漢奸？如此說來，憲法規定國家有媾和的大權，是規定國家有做漢奸的大權了。『忠孝仁愛信義和平』的匾字，其解釋應該是『忠孝仁愛信義漢奸了』。」[16]

主和行動的醞釀

當然，國民黨內部持和平救國觀點的，不止汪精衛一人，但他們是少數中的少數，如同周佛海、顧祝同、熊式輝、梅思平、陶希聖、胡適、高宗武等人都是主和派的一員，雖然政治因素讓他們不敢公開支持和平，但他們不願放棄理念，祕密成立了主和派團體——「低調俱樂部」，暗中策劃和平行動。

低調俱樂部成立者為周佛海，任職於蔣介石侍從室副主任、中國國民黨中央宣傳部副部長、代理部長，為主和派裡官職僅次於汪精衛的官員。他於一九三二年在南京西流灣八號建造住宅時，特地建造了一地下室於花壇底下。八年抗戰打響後，和周佛海理念相同的朋友會不時團聚在周家一同祕密談論政事，武人中高級將領如顧祝同、熊式輝、朱紹良等；文人則有胡適（一九三八年九月胡適被任命為駐美大使，與低調俱樂部中斷了聯繫，但其始終支持、同情和平救國派人員。）、梅思平、陶希聖、高宗武等。久而久之就形成了一個小團體了。

低調俱樂部是胡適起的名字，以諷刺那些唱抗戰高調的人。周佛海對此給予了一番補充：「共產黨、桂系以及一切失意分子，都很明白地知道，抗日是倒蔣唯一手段。他們因為要倒蔣，所以高唱持久全面的抗日戰爭。蔣先生本想以更高的調子壓服反對他的人，而這些人就利用蔣先生自己的高調，逼著蔣先生鑽牛角。調子越唱越高，牛角就不得不越鑽越深。當抗戰到底的調子高唱入雲的時候，誰也不敢唱和平的低調，故我們主張和平的這一個小集團，便名為低調俱樂部。」[17]蔣介石與反對派的相互唱調，可以從李宗仁提出焦土抗戰一事略知一二。

一九三八年九月，胡適被任命為中國駐美大使，從此與低調俱樂部斷了音訊，些許減弱了低調俱樂部的氣勢，但換個方面來說，這樣也好，想必各位讀者不會想讓一代文壇巨擘被罵作漢奸。多年後胡適在美國聽聞汪精衛的死訊時，曾經在日記寫下：「精衛一生吃虧在他烈士出身，故終身不免有烈士的情結。他總覺得：『我性命尚且不顧，你們還不能相信我嗎？』他好像常常這樣想。其實不惜生命是一件事，某種政策的是非又是另一件事。精衛之不惜犧牲一切，名譽生命都非所顧惜，而終於走上一條死路上去，其起源似由於這種自我正義心理（Self-righteous）。社會上能諒解他的人也許不少，但未必肯公然為他辯護。在二三十年中，他的『惡名』恐難洗刷。一個很可愛的人，一生最有血性、而不能不負『惡名』而死，真可惋惜！」[18]《民國之死》作者余杰也曾胡汪表達了一番看法：「胡與汪的人生際遇大不相同，胡適的生命就如同長江中游，大抵平順和緩，故寫不出一首好詩，而汪精衛的生命則如同長江上游，處處驚滔駭浪，故而下筆就能撼動人心。」[19]

正如同先前的「改組派」一樣，汪精衛雖不直接參加低調俱樂部的活動，卻是這個組織的靈魂，無形中形成了以汪精衛為中心的和平運動。低調俱樂部批評主戰派說：「蔣委員長等主戰的結果，一個是丟，一個是燒，丟不了也燒不焦的地方，都給了共產黨的遊擊隊。共產黨以遊擊戰爭回避對敵作戰，人稱『遊而不擊』，他們是想借抗戰保全實力，待國軍消耗光了，他們就可顛覆政府。」[20]曾經是共產黨早期領導人，對共黨處事作風了解透徹的周佛海也表示：「咸以如此打下去，非為中國打，實為俄打；非為國民黨打，實為共產黨打也。」汪精衛雖然在抗戰結束前就病逝了，但就抗戰之後中國歷史的走向，卻看得比任何人都清楚。國民政府取得抗戰慘勝，卻雙手空空；躲在後方游而不擊的共產黨尾大不掉，成為這場戰爭的最大受益者。

汪精衛主張：「主戰有主戰的道理，不過，主戰的目的是什麼呢？為的是國家能夠獨立生存下去。如果能達此目的，和日本言和也不失為一種手段。一味主張焦土抗戰的、唱高調的應該再坦誠一點，要說老實話。依我看來，日軍佔領區日益擴大，重要海港和交通路線大多喪失，財政又日益匱乏，在戰禍中喘息著的四萬萬國民，沉淪於水深火熱的苦難之中。為儘早結束戰爭，我曾多次向蔣委員長進言，要打開談判的大門。」[21]

一九三八年一月，在汪精衛的直接支持下，以周佛海、陶希聖、梅思平、高宗武等「低調俱樂部」的核心分子為中心，在漢口成立了一個名為「藝文研究會」的組織。從其名稱上看，該組織似乎是一個研究文化藝術的學術團體，其實不然，完全是一個政治性的團體，而且是主和派集團的大本營。周佛海說：「藝文研究會的宗旨是：第一，要樹立獨立自主的理論，反抗共產黨的籠罩。第二，要造成一個輿論，使政府可戰可和。」周佛海負責主持一切，汪精衛則是幕後的操控者，藝文研究會在香港設立了一個分支機構，即「國際編譯社」，公開的名稱則是「蔚藍書店」。這一據點將在以後作為與日方接觸主要地點。

汪精衛夫婦的晚年關係

一九三八年六月，原《廣州民國日報》編輯陳嘐風應邀到汪公館做客。席間，陳嘐風談到抗日宣傳深入人心，全國人民正在奮起抗日時，汪精衛顯得左右為難，但也表示願意繼續傾聽，而陳璧君卻忍不住怒言：「抗戰以來，上海丟了，首都南京失陷了，我們轉進到了武漢。為了贏得一點轉進的時間，最近不惜把鄭州附近花園口的黃河堤給炸開了，黃河水淹沒了三個省份，使十一個城市和近四千個村莊成了澤國。一年來，丟城失地，損失慘重，半壁江山已淪入日本人手中。」陳璧君接著講：「我們哪裡是日本人的對手，幻想『保持主權領土完整』，奢談『如果放棄尺寸領土與主權，便是中華民族的千古罪人』。其實能夠從日本人手裡得回黃河以南地方已經算滿足了。連黃河以北，甚至於東北都想收回，談何容易。雙方所提標準相差太遠，結果就談不來。越打時間越長，受苦的還不是老百姓？」她越說越激動，又道：「其實中國以前何嘗有東三省。奉天是滿清帶來的嫁妝。他們現在不過是把自己的嫁妝帶回去就是了，有什麼理由反對呢？」[22]陳璧君的這一席話，不但陳嘐風感到愕然，就連汪精衛也不知如何應對。

陳璧君之所以激動狂言，與她的更年期有直接關係，這時期的她體型變得頗為肥碩，脾氣也跟著暴躁了起來，由於她之前出生於富豪門下，已經有些許大小姐蠻橫不講理的脾氣了，今則有身為國民黨大老的丈夫來把自己的地位拉得水漲船高，又加上更年期的硬脾氣，陳璧君顯得更目中無人，除了對汪精衛客氣外，對於他人，甚至對於陳公博都是以責備或高高在上的口氣來溝通的。有些人實在是受不了，向汪精衛抱怨不該縱容陳璧君在一旁插嘴附和，汪卻說：「她是我的妻子，但她也是我的革命戰友，因此，在我沒有考慮她的意見之前是很難做出重大決定的。」[23]陳璧君如火，不顧一切的燃燒；汪精衛如水，溫柔而含蓄包容。汪精衛選擇了包容對方的缺點，堅守著雙方的恩愛。

在許多歷史論者的評價中，汪精衛的溫文儒雅和陳璧君的強悍不屈形成強烈對比，也因此產生汪精衛經常遭受陳璧君牽制與干預的刻板印象，這是「女人誤國」的傳統思想作祟，事實上，夫妻兩人鶼鰈情深，陳璧君雖然對外人衝動無理，對於汪精衛卻是濃情密意，汪精衛對陳璧君的深厚感情不時流露在他的詩詞中，最明顯的例子當屬汪精衛將他的詩詞作品命名為《雙照樓詩詞藁》，「雙照」一詞感情溢於言外。

在夫妻的相互照料方面，陳璧君是十分優秀的。汪精衛工作繁忙，身體不好，糖尿病、肝病等病症經常復發，陳璧君擔任起監督把關的工作，以免過度操勞。據何孟恆所說：「每當汪精衛臥病請假在家時，陳璧君為讓他能好好休息不受政事影響，特意把電話筒拿下，讓他接不到電話。」、「汪精衛喜歡飲紅酒，或許是旅法期間養成的習慣。但是因為患糖尿病，醫生囑咐要嚴格控制飲食，所以只能在晚餐時少量飲用。」[24]為了汪精衛的健康，陳璧君經常管控他的飲食。金雄白曾把他在汪家做客時的情景記錄下來，生動描繪出夫妻間的互動景象：「我曾經幾度應邀在他私邸中同飯，汪夫人雖常避席，而汪氏勸飲頻頻，三杯落肚，又復談笑娓娓，汪氏尚未盡興，而陳璧君已姍姍而來，瞪著眼高喚一聲『四哥！』汪氏已知其意，吐一下舌頭，躊躇停杯。來客想到他的健康，滿座亦同有黯然之慨。」[25]

陳璧君對家庭互動十分看重，要求汪精衛星期日和每日晚後不能辦公，把時間空出來給家人。晚飯後，汪精衛一家經常聚在一起閒話家常，看孩子們玩耍，播放電影，或是切磋棋藝，偶爾汪精衛也會召集親朋的孩子，為他們講岳飛、三國志或其他歷史故事。汪精衛不喜愛運動，倒是陳璧君喜愛散步、游泳，但有趣的是，汪精衛的身材十分標準，陳璧君的身材卻頗為福態。週日時陳璧君會以健康為由，拉著汪精衛去郊外散步，但是當陳璧君不在時，汪精衛往往會在家中偷閒，從事研讀詩詞，閱讀名著一類事宜。[26]

第二次對華聲明

在國民黨內主戰派壓倒多數的情況下，汪精衛感到已不可能說服蔣介石等人走「和平救國」的道路，開始獨自走自己的和平道路。其實對於與日本人合作搞和平運動，汪精衛一開始非常猶豫，正如梅思平所言：「這件事也實在犯難，搞好了呢，當然對國家有益；搞不好呢，汪先生三十多年來的光榮歷史只怕讓人一筆勾銷。」[27]汪精衛的三大政治資本分別為刺殺攝政王、撰寫國父遺囑、以及任職國民政府第一任主席，可以從中看出，汪精衛的僅有的政治資本不是實質意義的勢力或是軍事能力，而是先前的傑出名聲，這也是他自己之所以能夠在中國汙濁的政治沙場上有一席之地的原因。如果這件事情搞砸了，不只是先前的光榮名聲煙消雲散，政治資本全失，甚至要成為後人唾罵的漢奸。陳公博也勸汪止步：「先生幾年前主持簽署《塘沽協定》被罵為賣國並被刺，現在要離開重慶單獨出面對日言和必身敗名裂。」汪精衛考慮了整整兩天，最後拍響桌子道：「決定了！只要能救民於水火，我決心跳火坑了。」[28]

一九三八年中末，汪精衛委託「低調俱樂部」的梅思平、高宗武等人和日本私下接觸，談判停戰的條件。日本國內也有一批主和派，主張儘早以較為寬大的條件和中國停戰言和，雙方不久就達成了初步協定：日方以寬厚的講和條件支持汪精衛出馬，汪精衛則脫離國民黨另立政府和日本簽訂停戰條約，實現兩國間的停戰與和平。

原本日本是不考慮和談的，打算在武漢戰役中一舉殲滅中國軍隊主力，但中國軍隊主動撤退，中國政府也遷都重慶，使日本通過武力高壓迅速解決中國問題的企圖落空，此後，日本軍隊陷入了持久戰的泥淖中。日本是一個物資貧瘠的島嶼，唯二的優點是媲美歐美的工業技術以及訓練有素的軍隊，如果中國繼續打消耗戰，日本的資源將會逐漸耗盡，戰況對人口資源豐富的中國就越有利，而不僅是資源問題，經濟問題也帶給日本沉重地壓力，一九三八年，侵華日軍兵力二十四個師團，如此龐大的軍隊數量使得軍費成為令人頭疼的難題，光是一年的軍事費用國會就已經撥給軍方超過七十億日圓。日本政府沒辦法承擔巨額負擔，只好把槍口對準民眾，加重稅收，導致人民苦不堪言，此舉成為壓垮駱駝的最後一根稻草，日本議會、各政黨趁勢猛力抨擊，要求盡快結束中日戰爭，就連最後，日本政府也要求軍方「重新檢討對華政策」。

同一時間，國民政府也不怎麼好過，自從近衛首相發表《不以國民政府為對手》遭到國民政府拒絕後，日本開始使用大舉增兵的高壓手段迫降中國政府，山東、安徽、江蘇等省遭到陷落後，廣州又於十月落日敵手，同月武漢三鎮又告陷落，這時除了重慶、長沙外，幾乎所有的經濟要地皆已丟失，抗日情緒就此陷入低靡。

雙方的遍體鱗傷最終換取另一次和平談判的機會，一九三八年十一月三日，近衛首相發表「第二次對華聲明」示好，改變過去以武力使國民政府倒台的方針，表示：「帝國所期求者即建設確定東亞永久和平的新秩序。只要國民政府拋棄以前的一貫政策，更換人事組織，取得新生的成果，參加新秩序的建設，我方並不予以拒絕。」一九三八年十二月六日，陸軍省參謀部公佈《一九三八年秋季以後的對華處理方略》，決定今後的對華總方針：「以攻佔漢口、廣州為行使武力時期，今後自主指導新中國建設，切戒急躁。為此，目前應以恢復治安為根本，其他各項施策都應與此相適應。」對華總方針還規定軍事上「以不擴大佔領區」為宗旨，確定新黃河、合肥、蕪湖、杭州一線以東的佔領區為治安地區，以西為作戰地區。在不擴大佔領區的原則下，對國民黨軍實施有限的局部進攻，同時加強航空作戰，轟炸重慶國民政府大後方及中國國際補給線，打擊中國的抗日意志，促使國民政府主戰意志崩潰。

一九三八年底以後，日本政府和軍部的對華方針由「軍事打擊為主，和平談判為輔」改為「軍事打擊為輔，和平談判為主」，由否認重慶國民政府改為承認重慶國民政府。一九三八年十一月以後，日本政府開始考慮作出一定讓步的情況下，和中國政府談判，結束戰爭。一九三九年三月，日本新首相平沼在國會演說中公開表示說：「蔣介石將軍與其領導之政府，假使能重新考慮其反日態度，與日本共同合作，謀東亞新秩序之建立，則日本準備與之進行中止敵對行動的談判。」但日本政府所希望的合作，並非是與蔣介石合作，而是蔣介石的國民政府合作，這從第二次近衛聲明（第二次對華聲明）就能知道了，文中提到：「提出只要國民政府更變人事組織，日本就可以與中國進行停戰談判。」日本所說的「更變人事組織」，就是指蔣介石下野。

汪精衛聞訊不久，蔣介石邀請汪精衛到家中一同吃飯，汪趁機勸蔣即刻下野：「自從國父逝世十二餘年，黨國重任一直落在你我二人肩上。開始是由我主政，但我很慚愧，沒有把黨國治理好。後來由蔣先生主政，先生同樣沒有把黨國治理好。如今，我兩一同執政，祖國半壁河山卻淪陷在日本人手裡，千百萬同胞慘死在日本的槍林彈雨之下，使國家民族瀕於滅亡是國民黨的責任，我們應迅速連袂辭職，以謝天下。」汪精衛為了表明自己沒有篡奪之意，表示也要一同下野，沒想到蔣介石還是氣得直哆嗦，憤慨地站起身來指著汪精衛的鼻子，好一陣才說出話來：「我們如果辭職，到底由誰負起政治的責任？逼我辭職，辦不到！一萬個辦不到！」[29]兩人進行了激烈地爭辯，最後蔣介石說：「說什麼都是一樣，我們不必再爭論了。我已經睏了，要睡覺去了。」蔣介石的棄之不顧，使汪精衛下定決心，離開重慶。

其實，蔣介石在「主戰」和「主和」之間並沒有一定的堅持，只是抱持機會主義態度，一方面他為了擁護政權，高唱抗戰到底的高調，另一方他為了留後路，讓汪精衛等人的和平行動睜一隻眼閉一隻眼。蔣介石並沒有制止和懲處參與和平行動的官員，使汪精衛的主和行動得以順利進行。

自從那場象徵兩人關係破裂的飯局後，汪精衛加快了與日本人合作的步伐。十一月二十三日，汪精衛發表《為什麼誤解焦土抗戰？》一文。稱：「因為誤解焦土抗戰，而至於將長沙付之一炬，是極為痛心的事。今日抗戰，是存亡所關，不僅要有熱烈的感情，並且要有冷靜的理智，一切標語口號，都應該細析其內容，而確定其價值。指導是必要的，煽動是不必要的，不從焦土抗戰的口號為然。」隔日汪精衛再度發表演講，題為《犧牲的代價》。謂：「犧牲是必要的。但近年以來，有許多人橫著一種謬見，以為流寇方法，可以對付侵略，這是濫用焦土政策之最大原因。歷史上以流寇方法對付政府，不是政府將他趕盡殺絕，便是他將政府打倒。這種方法不能為對外戰爭之用。」

1 蔣中正，《廬山聲明》（對盧溝橋事件之嚴正聲明），一九三七年七月十七日。

2 徐達人，〈繼續犧牲加緊生產〉，《汪精衛寫汪兆銘》，嶺南出版社一九三九年。

3 汪精衛，〈救國公債〉，《汪精衛先生抗戰言論》，第十九頁。

4 汪精衛，《最後關頭》（汪精衛版本），一九三七年七月二十九日，維基文庫，https://zh.wikisource.org/zh-hant/最後關頭。

5 林思雲，《真實的汪精衛》第三部分之一：從主戰派到主和派的轉變。

6 同前註。

7 吳重翰，〈兵臨城下，蔣介石為何不走〉，《國殤》，崧博（右灰）出版社。

8 楊樹標、楊菁，〈蔣介石同日本的祕密和談〉，《蔣介石傳（一八八七—一九四九）》。

9 汪精衛，《復華僑某君書》。汪精衛紀念託管會，汪精衛網站。

10 日本政府，《政府聲明不已國民政府為對手》，一九三八年一月十五日。

11 日本政府，《補充聲明》，一九三八年一月十八日。

12 李宗仁，《李宗仁回憶錄》（下），華東師範大學出版社，一九九五，第四九八頁。

13 林思雲，《真實的汪精衛》第三部分之一　從主戰派到主和派的轉變。

14 同前註。

15 汪精衛，〈岳麓山謁黃克強先生墓〉，《雙照樓詩詞稿》，第一百三十二頁。

16 雷鳴，《汪精衛先生傳》，第三百一十七頁。

17 周佛海，《回憶與前瞻》。

18 胡適，《胡適日記》一九四四年十一月十三日。

19 余杰，《民國之死》，八旗出版社，二〇一七，第一百一十七頁。

20 茅民，《復興記》，CreateSpace Independent Publishing Platform（中譯：創造空間獨立發布平台），第四章第六節。

21 同前註。

22 聞少華，《陳公博傳》，東方出版社，一九九四，一四九頁。

23 張靜星，《從革命女志士到頭號女漢奸：陳璧君傳記》，學林出版社，一三四頁。

24 汪精衛紀念託管會：汪精衛網站，陳璧君介紹，何孟恆回憶。

25 金雄白，《汪政權的開場與收場》，香港春秋出版社，一九五九－一九六四。

26 汪精衛紀念託管會：汪精衛網站，〈陳璧君介紹：南京國民政府與和平運動〉。http://wangjingwei.org/zh/chen-bijun-cn/。

27 李飈，《乞尾賴犬》，中國環境科學出版社，電腦版，六十七頁。

28 林思雲，《真實的汪精衛》第三部分之三：和平運動的開始。

29 程舒偉、鄭瑞偉，〈第十八章：和平運動鼻祖〉，《汪精衛與陳璧君》。

第九章　和平救國的代價

和平運動正式開始

其實，早在一九三八年二月，也就是近衛首相發表「不以國民政府為對手聲明」（第一次近衛聲明）短短一個月後，就早已有中國官員正式發起了和平救國運動，他的名字叫做董道寧，任職於國民政府外交部亞洲司日本科科長，但科長只是一個小職，董道寧怎麼這麼大膽行事？事有蹊蹺，根據後人的調查發現，原來是直屬上司——外交部亞洲司司長，同時也是低調俱樂部成員的高宗武的私下指派下發起和平救國第一響的。

董道寧從小在日本生活，接受日式教育長大，京都帝國大學畢業，日文造詣極深。處理外交事務時，因為董的日語方面比日本人還要日本，日本外交官皆戲稱他為「日華人」。董道寧任職於亞洲司日本科科長，負責研究及處理對日本的外交事務，靠著先前應酬的機緣，董道寧與上海的日本南滿鐵路駐京辦事處主任西義顯、同盟通訊社上海支局長松本重治等人認識，是合作夥伴兼好友，董道寧也藉著他們摸索與日本和談的可能性。西義顯對和談抱有興趣，勸董道寧直接到日本與軍方人士會談，於是在松本的安排下，董道寧於一九三八年二月十四日，即近衛首相發表「不以國民政府為對手」聲明的一個月後，來到日本與陸軍參謀本部中國課課長影佐禎昭大佐進行了會談。

參謀本部中國課長的影佐禎昭大佐（級別相當於上校）是日本的主和派，是早期參與和平工作的唯一軍人。董道寧向影佐詢問日本改變「關閉談判大門」政策的可能性，影佐說：「軍部中也有很多人反對近衛首相發表那樣的堅決主戰，但近衛首相的主戰亦是事出有因，不可能那樣簡單地取消。」但影佐表示日本希望和平的人也大有人在，非常願意與中國進行停戰談判，期望中國也能夠表示出具有和談的誠意。

坦白說，這次的會談頗為失敗，董道寧的官位太小，沒有斬釘截鐵的決定權，所以兩國的關係沒改做出實質性的改變，但董道寧的赴日也並不是全無收穫，他由西義顯的介紹，得以晤見時任參謀本部專辦對華問題的課長影佐禎昭，雖然董道寧當時的地位而論，自不會產生積極的效果，但卻牢牢地打下了日後和平救國的基礎。

在談判最後，董道寧請影佐給蔣介石寫封信，藉機表達善意，影佐提筆寫下：「關閉談判大門是一樁不幸的事件，董道寧此番來日本表示了中國的誠意，日本深為感謝。」董歸國後，認為自己的職位太小，此信大有可能因與蔣介石的職位差距而石沉大海，於是他給在陸軍士官學校的老同學何應欽和張群分別印了幾份副本了，請他們代替自己送信給蔣（蔣介石後來向影佐表示謝意，但未進一步靠近）。之後董道寧又將信的副本交給上司高宗武（外交部亞洲司司長），以及宣傳部長周佛海（低調俱樂部創辦人），周佛海再將信轉交給汪精衛。這麼多姓名，讀者可能有些搞混，先統整一下主和派的管理順序吧：董道寧（亞洲司日本科課長）的上司是高宗武，高宗武（外交部亞洲司司長）的上司是周佛海，周佛海（中央宣傳部副部長、蔣介石侍從室副主任、低調俱樂部創始人）的上司是汪精衛（國民黨副總裁）。

董道寧回來不久後，周佛海又向蔣介石進言派高宗武到上海「收集情報」，也就是作祕密外交的意思，蔣介石很重視這場行動，並從軍委會祕密經費中每月支六千元作為高宗武的活動經費，周佛海有機可乘，趁著離開蔣介石的監視後作出更大筆的賭注，叫高武宗別留在上海了，直接到日本會談，高宗武有些擔心：「我去日本蔣先生知道嗎？」周佛海則含糊回答：「你就放心去吧，一切責任由我承擔。」[1]

周佛海之所以敢瞞著蔣介石和日方談判，是因為周佛海認為蔣介石抱持機會主義的看法：「抗戰後蔣先生一反他以往的表現，如果把過去蔣先生的行為貫穿起來進行研究，就會知道蔣先生的真正態度是『主和』的。由於舉國上下高唱全面持久抗戰，蔣先生不能不附合，而且比別人的調子更高，以便壓服反對他的人，爭取輿論的支持，蔣先生是被逼迫著走上他不願意走的路。」所以周佛海決定「以自己的膽識，把蔣先生的作法反過來加以靈活運用，等決心和平後，再向蔣先生報告。」再次強調，周佛海是蔣介石的侍從室副主任，經常觀察蔣介石的一舉一動，因此周佛海也是當時中國鮮少能真正了解蔣介石思緒的人物。周認為蔣介石終究會明白他的一番苦心。蔣介石在知道高宗武未經他許可私下到日本談判時，也只連說數聲「荒唐、荒唐……」象徵性地停止了高宗武的經費補助，卻沒有對高宗武或周佛海進行處罰，更沒有強調今後要嚴格禁止類似事件發生。

一九三八年六月，高宗武在周佛海的催促下親赴日本談和，並在談判前首先表示他並不是蔣介石派來的使者，而是中國主和派的代表。高宗武說：「我首先想說明我的立場，為了實現和平，我準備不惜做出任何犧牲。為了中國，我最為重視的不是對日作戰，而是對共產黨的鬥爭。關於這一點，蔣委員長周圍的一部分軍人，主張即使把對共產黨的鬥爭置之以後，也要把抗日看成國家的當務之急，我對此是反對的。但漢奸我可不當，我所奮力爭取的僅僅是實現和平，這條界限是明確的。如果是不當漢奸的和平工作，那麼有什麼困難我都忍耐，但倘若這樣做會成為漢奸，那麼我馬上就此作罷，即使說我中途脫逃也好，或說我是叛徒也罷，我都要退出。」[2]高宗武的這番原則，為他後來退出和平運動埋下了伏筆。

會議中，高宗武曾對影佐幀昭有著這麼幾段話：「關於中日和談的大義，如果從我的信念上來說，我不得不以汪先生為同夥。」、「隨著戰禍的擴大，國民是不能忍受的。」蔣介石在每次演講上經常唱高調，使高宗武以為蔣不願保留談判空間，因而極力推薦汪精衛，他還說：「為了造成中日之間的和平，也許必須找蔣先生以外的人。除了汪先生之外，就不容易找到別人。汪先生早已痛感有迅速解決日中問題的必要，而國民政府內部終究不能容納他的主張。為此，不如從政府外部掀起國民運動，開展和平運動，由此造成蔣先生聽從和平論的時機，這樣較為適當。」[3]高宗武之所以如此推崇汪精衛，也參雜了一些自己的觀感，他曾在一次黨內會議中以亞洲司司長的身分向汪蔣二人報告關於日本政治的最新資訊，報告完畢後蔣介石沉默不語，而汪精衛讚揚高宗武報告詳細。截然不同的回覆，使高宗武倒向了汪精衛一邊，如此評價雙方：「蔣先生冷酷，而汪先生溫暖。」[4]

高宗武後來又與職位更大的日本陸軍大臣坂垣征四郎進行了會談。會談時高宗武提出由汪精衛出馬，從政府外部掀起和平運動的計畫，希望日本方面為汪精衛出馬提供有利條件。日方同意以「不要領土，不要賠款」的優惠條件，且表態支持汪精衛出馬進行「和平運動」。高宗武於七月二十一日返回中國，向各層人員報告事項。

由於高宗武因未經蔣介石允許擅自赴日，且此行得到的結果對汪精衛有利而對蔣介石不利，因此害怕得不敢回武漢見蔣，只得先行向周佛海交對日報告書，並請周代替自己交給蔣介石，其中報告書上還夾有一封道歉信：「委員長鈞鑒：職於六月二十三日由香港祕密東渡，刻已平安返港。茲謹將職東渡日記及在東京會談記錄與職個人觀感三項，分別呈閱。倘有可能以供鈞座參考之處，則或可贖職擅赴之罪於萬一。」[5]

在周佛海送給蔣介石前，這封信先送到了汪精衛手中，因為報告中寫有「日本希望汪先生出馬主持和平」字句，周佛海徵求汪精衛的意見：「在呈送蔣先生以前要不要把這段刪去？」。汪精衛則說「沒有關係，他不是那種斤斤計較的人。」蔣介石看完高宗武的報告後，過了三天後才大發雷霆：「高宗武是個混蛋。誰讓他到日本去的？」[6]正如同周佛海所說的，蔣介石是理智的，他雖然在口頭上唱高調罵主和，但私底下還是支持「和平救國派」來給自己後路的，以上的舉動可以看出：蔣介石在看完高宗武的信後，並沒有有特別的舉止，也沒有對高宗武在沒有報備的情況下赴日談判一事做出深度追究，但在三天後，這封信在高層人物間傳開，蔣介石這才象徵性地作大力譴責，來維持他「主戰派領袖」的地位。蔣介石的私下袒護主和派，使周佛海更敢於放手進行和平運動。

不久高宗武因肺病復發住院，周佛海改派軍委會政略部祕書主任梅思平接替高宗武進行祕密談判。說個題外話，近來有謠言指出梅思平曾於五四運動參加圍攻曹汝霖住宅的行動，並將宅邸窗口打破並丟入火把，其餘青年紛紛響應，最終釀造了「火燒趙家樓事件」[7]，這則謠言是錯誤的，雖然「火燒趙家樓事件」曾真實發生，但卻沒有資料顯示梅思平有參與其中，可見現今網路歷史為了博取版面，是多不可信。

一九三八年八月二十九日至九月四日，梅思平以文藝研究社旗下的蔚藍書店為據點，與近衛首相的私人代表松本重治在香港進行了五次談判，初步確定了日本政府以「不要領土，不要賠款，兩年內撤軍」為條件來換出汪精衛的合作。梅思平將日方的內容轉交汪精衛後，汪精衛表示欣然同意，和平運動即將成功了！興奮的汪精衛開始著手逃離重慶的計畫。

重光堂會議

一九三八年十月二十二日，汪精衛與周佛海、梅思平、陶希聖、陳璧君等人祕密召開會議，討論和平運動的具體計畫。當時他們計畫的「和平運動」分五個步驟：

第一步：汪精衛離開中國，宣布脫離國民政府。日本政府在同一時間發表聲明，提出不要領土，不要賠款，兩年內撤軍的條件，倡議與中國進行和談。

第二步：汪精衛以個人身分發出回應日本政府的和平倡議，建議國民政府接受日本的條件和平停戰。

第三步：雲南等地的地方實力者通電響應汪精衛的和平號召，在雲南等日軍未佔領地區建立新的獨立政府。

第四步：日本承認新政府並與新政府進行和平談判，日軍撤退回長城以北，將日軍佔領區轉交新政府。

第五步：新政府統一全國，實現中日兩國間的真正和平。

如果在不割讓領土、不賠款的條件下和日本實現和平，對於中國人來說還是有相當的可接受性，汪精衛未必被國人責罵為賣國者。但後來日本政府在政局的更動以及利益的考量上，頻頻私自塗改汪精衛的和平計畫，使得汪精衛成為了舉國痛斥的犧牲品。

汪精衛和平計畫的第一個關鍵，就是要得到雲南政府主席「雲南王」龍雲的支持。龍雲是位地方實力派，在抗戰初期與汪精衛一樣，都是堅定的主戰派，曾在記者會上表態：「身為地方行政負責者，當進以地方所有之人力，財力，貢獻國家，犧牲一切，奮鬥到底，以期挽救危亡。」龍雲在初期抗日戰場投入了近三十萬名將士，主戰意識積極，直到一九三八年十月，先是廣州陷落，又是武漢三鎮淪陷，兩大經濟城市的失陷對國家無疑是重大損失，龍雲由此對軍事作戰逐漸悲觀，轉變成了一名主和派，與汪精衛等人私自聯絡了起來，據蔣介石當時在日記中記載：「滇龍對汪態度不明，此事關係重大，成敗存亡，全繫於雲南唯一之後方，不可不察也。」[8]「敵與汪勾結已深，而振省是否受其影響，汪之背景何在，皆不得不研究。」[9]可見當時龍雲確實與汪精衛等主和派有所往來。

汪精衛曾派陳璧君找龍雲進一步商談和平計畫，在會談中，龍雲道：「汪先生是黨國元老，在國內外聲望極高，只要他登高一呼，應者必然雲集於他的旗幟之下。蔣介石一貫陰險奸詐，排除異己，所以汪先生發動和平運動、另立新政府是天經地義之事。除了共產黨和馮玉祥等少數人之外，都會擁護汪先生出來宣導和平事業，在國際上也會得到許多國家的支持。」[10]

有了龍雲支援和平運動的許諾，下一步便是讓日本承諾寬大的和平條件。一九三八年十一月十二日，汪精衛派遣梅思平、高宗武等人為代表，日本派遣影佐幀昭、今井武夫等人為代表，在人稱「帝國陸軍頭號中國通」的特務頭子土肥元賢二的私宅重光堂舉行最後談判，雙方經過八天的討價還價，最後達成了所謂「重光堂協定」。

（一）締結華日防共協定，內蒙為特殊防共地區，日本可以在防共區駐兵。

（二）承認滿洲國。

（三）日本廢除在中國的治外法權，歸還日本的在華租界。

（四）華日經濟提攜，在開發利用華北資源方面，為日本提供特殊方便。
（五）補償因事變而造成的在華日本僑民所受的損失，日本不要求賠償戰費。
（六）恢復和平後，日軍在兩年以內撤軍。

重光堂會議的談判內容，大多是在爭論日本軍方對中國分而治之的戰略。中國雖然落後，卻是個擁有廣大土地、眾多人口的統一國家，這對日本來說是個威脅，最好的消除中國威脅方法就是把中國分為數個國家「分而治之」。日軍先在東北製造了滿洲國，於一九三七年十二月在華北製造了以王克敏為首的北平中華民國臨時政府，於同月又扶植了上海市大道政府（此時已被維新政府合併）。於一九三八年四月在長江下游地區製造了以梁鴻志為首的南京中華民國維新政府。於一九三九年九月在內蒙古成立蒙疆聯合自治政府，日方本來計畫汪精衛出面建立一個局限於雲南兩廣的地方政府，但汪精衛在梅思平、高宗武等人前赴談判前，堅持撤銷梁鴻志和王克敏等的地方政府，由一個完整的中央政府統一領導中國。由於汪精衛在此問題上態度十分堅決，梅思平等代表不願折衷，日方最後讓步同意汪精衛的新政府統一領導中國。

重光堂會議後，梅思平把密約內容抄在絲綢，縫在西裝馬甲裡，於十一月二十六日帶到重慶，向汪精衛、周佛海等人彙報。對此汪精衛展現出了書生的一面，舉棋不定，猶豫不決，決定了又推翻，推翻了又決定，周佛海在日記中做出生動地描繪：

五時偕思平赴汪宅，與汪先生及夫人（陳璧君）商談。汪先生忽變態度，提出難題甚多。餘立即提議前議作罷，一切談判告一結束。汪又轉圜，謂簽字部分可以同意，其餘留待將來再商，於是決定照此覆電。經數次會談，發現汪先生無擔當，無果斷，做事反覆，且易衝動。唯茲事體大，亦難怪其左思右想，前顧後盼也。餘為此事，亦再四考慮，心力交瘁矣。[11]

後來，在周佛海等人的勸說下，汪精衛終於下決心選擇「和平救國」的道路。汪等人策劃了一個脫離重慶的計畫：十二月五日，周佛海先去昆明，十二月八日，汪精衛夫婦去成都，兩日後到達昆明再去河內。日本政府於十二月十一日發表第三次對華聲明，汪精衛隨即在昆明、河內或香港中任何一地宣布下野，響應聲明。

在策劃逃離計畫的同時，汪精衛也接到日方的通知，表示對重光堂協議無異議，希望一切按計畫實行。出逃前，陳公博任職於四川省黨部主任，雖然他在重慶力主和談，但卻主張「國難當前，黨不可分」，這與第三帝國的鄧尼茲有些許相似之處，認為現今中國猶如遭到包圍的城堡，危機重重，內部應該團結一心，不能分裂，要和談就要由整個黨一同和談，要抗戰就要整個黨一同抗戰。汪精衛認為陳公博的政見與自己漸行漸遠，因此在初期與日本商定和平計畫時，並沒有讓陳公博參與，甚至連告知都沒有。而現在中國已經很難撐下去了，政府依舊保持主戰，使得陳公博對於國民政府有些心灰意冷，「黨不可分」的理念產生了動搖。汪精衛看準機會，將陳公博請來，希望陳也參加他們的和平計畫，並給他看了重光堂協議。據茅民《復興記》第四章第二節記載：

陳公博看了重光堂協議後徒然變色：「汪先生，這協議書是哪兒來的？委員長他知道嗎？」

周佛海說：「委員長暫時不知。」

汪精衛說：「委員長不出來議和，我準備來議和，不然，焦土抗戰，死且不知！」

陳公博聽後不安地說：「汪先生，依公博之見，先生這樣做恐怕是難為人理解的，還可能出大亂子。」

汪精衛則向陳公博解釋說：「你我相處二十年，患難與共，我這次到外面去，和以前一樣非常希望能夠得到你的理解和支持。有路可走，我是不會離開重慶的，可現在只能離開重慶才能去談和。我在重慶談和，人家定會誤以為是政府的主張，這是對政府不利的。我離開重慶，那麼和談便是我個人的主張了，如果交涉得當，再來勸政府，由政府出面接受。如果政府仍然執迷不悟，那就只能撇開他們另組戲班子了。我與周佛海一批人的良苦用心，將來是會得到國人的理解的。」

周佛海也勸陳公博說：「歷史的評價問題，牽涉到戰局如何發展問題，很複雜，不是我們今天所能定得下來的。成事在天，謀事在人，要謀事總要付出代價和犧牲的。」

陳公博見眾人都同意，只好說：「你們都統一意見了，我還有什麼可說的？不過我總覺得這事還欠考慮，背著政府去和敵方談和，無論結果怎樣，總還有個立場問題。更何況還牽涉到要組織另一個政府問題，而日本方面是否有此誠意？此事須得慎重，最好放棄。」不過最後陳公博表態：「汪先生走到哪裡，我跟到哪裡。我不想留在四川，眼看眾人在我面前罵汪先生，更不願被別人看成是汪先生留在政府裡的密探。」

逃離重慶

一九三八年十二月八日，汪精衛準備飛離重慶，這天本來是蔣介石外出不在重慶的日子，不料十二月八日蔣突然從桂林飛抵重慶，打亂了汪的行動計畫。汪精衛只好暫時留在重慶，等待時機。十二月十八日，蔣介石再次離開重慶，飛往陝西出席軍事會議，汪精衛見時機已到，於當日凌晨五點多召集六位和平救國派人士，對將逃離重慶做最後一次研究。決定七個人分兩批走，上午十點，汪精衛往見行政院長孔祥熙，告之前往成都講演。隨後，同陳璧君、曾仲鳴、汪文嬰、汪文惺、何文傑等直奔機場。

機場上雖然軍統特務密布，對乘客嚴格檢查，但面對國民黨的副總裁汪精衛，幾個特務面面相覷，只得讓他們登機，誰知登上飛機，汪還沒坐穩，忽然發現國民黨空軍司令周至柔也在機上，汪精衛如坐針氈，心想是不是老蔣派他來監視我們？是不是要趁機將我們一網打盡？周至柔倒是神態自然，一見汪精衛便起身敬禮。陳璧君在一旁解釋：「汪先生應雲南龍主席的邀請，去昆明講演。」經過幾番寒暄問候後，汪精衛坐在了靠窗處若有所思，曾仲鳴也跟著入座在一旁，向汪低聲說出對周至柔的懷疑。

周至柔早年學過書法，算是半個文人，因此崇拜書法造詣上頗負盛名的汪精衛，拚命想引起這位「偶像」的注意，飛機航行約十五分鐘時，周從座位上站起來說道：「我向汪主席做彙報表演！」語畢，走進駕駛室，親自駕駛飛機。頓時，汪一夥嚇得心驚肉跳，擔心周把飛機開回重慶。曾仲鳴掏出筆記本，輕輕撕下一頁，在上面寫道：「密切注視，如果轉變航向，由連軒把周擊斃，由曾對付周的衛士，文傑和常燾保衛汪主席夫婦。」紙條在同夥中祕密傳閱，氣氛頓時安靜得令人不安。約又過了二十分鐘，陳璧君透過機窗往下一看，竟看見了底下兩條大江彙合，下意識的認為這是重慶的嘉陵江與長江的彙合處，不由大驚道：「周司令！你為什麼把我們送到重慶？」曾仲鳴和桂連軒一看情形不對，右手同時插入了口袋，緊緊握住手槍。就在這一觸即發的氛圍下，待在駕駛艙的周至柔連頭都沒回，輕鬆平常地哈哈大笑，說道：「這是沱江與長江的彙合處，是瀘州，不是重慶。」汪曾多次乘機來往於重慶與昆明，他往下仔細觀察，說道：「航向沒有錯，剛才經過的地方的確是瀘州。」又是一場虛驚。[13]

飛機抵達雲南上空，周至柔才離開駕駛室，笑著對汪精衛說：「報告汪主席！周柔彙報表演完畢，您看我這個航空兵合格不合格？」周的舉動把汪嚇得出了一身冷汗，心裡雖有不甘，只能強裝笑臉說：「合格，合格，我給你打一百分。」周至柔一聽到汪的鼓勵真是開心極了，開始毫無遮來搭起話來：「我當空軍司令，憑的是真本事，不是靠黃埔，更不是靠慈溪。」[14]汪精衛時不時說幾句附和，就在這種一搭一唱的情況下，不知不覺已經降落到了昆明。

汪精衛到達昆明後，雲南省政府主席龍雲率領省、市各廳局官員列隊相迎，後面是一排排學生和市民夾道歡迎。在此之前，龍雲已經與汪精衛通過數電，龍雲表示願意合作。當天晚上，汪精衛與龍雲又作了一次會談，汪精衛計畫自己到達河內後，立即公開提出與日本議和的建議，接著由龍雲發表擁汪通電，然後四川的各部將領、兩廣的張發奎等實力派也紛紛響應，形成割據勢力，一來可以對蔣介石實行「逼宮」，一來又可以對日交涉。龍雲聽完後滿口贊同，汪精衛大喜過望，召集心腹，準備脫離國民政府。

發布艷電及日本政府的食言

十二月十九日，汪精衛夫婦、周佛海、陶希聖、曾仲鳴等一行十餘人，乘龍雲代為包租的專機離開昆明，飛抵法屬殖民地越南的河內，邁出了和平運動的第一步，近衛在得知汪精衛於十二月十九日到達河內後，於一九三八年十二月二十二日發表了第三次對華聲明。據說，汪精衛在離開重慶前曾留下一封長信給蔣，信中只有短短八字：「君為其易，我任其難。」在當時的情況下，主和所面臨的困境確實比主戰來的多。

一九三八年十二月二十八日，汪精衛發出《致中央常務委員會國防最高會議書》，要求蔣介石和國民政府認真考慮日本政府的和平倡議，其原文如下：

茲有上中央一電，除拍發外，謹再抄呈一紙，以備鑒察。本月九日，銘謁總裁蔣先生，曾力陳現在中國之困難在如何支持戰局，日本之困難在如何結束戰局，兩者皆有困難，兩者皆自知之及互知之，故和平非無可望。外交方面，期待英、美、法之協助，蘇聯之不反對，德、意之不作難，尤期待日本之覺悟，日本果能覺悟中國之不可屈服，東亞之不可獨霸，則和平終當到來。凡此披瀝，當日在座諸同志，所共聞也。今日方聲明，實不能謂無覺悟。猶憶去歲十二月初南京尚未陷落之際，德大使前赴南京謁蔣先生，所述日方條件，不如此明劃，且較此為苛，蔣先生體念大局，曾毅然許諾，以之為和平談判之基礎。其後日方遷延，南京陷落之後，改提條件，範圍廣漠，遂致因循。今日方既有此覺悟，我方自應答以聲明，以之為和平談判之基礎，而努力折沖，使具體方案得到相當解決，則結束戰事以奠定東亞相安之局，誠為不可再失之良機矣。

英、美、法之助力，今已見其端倪，惟此等助力僅能用於調停，俾我比較有利，決不能用於解決戰事。俾我得因參戰而獲得全勝，此為盡人所能知，無待贅言。蘇聯不能脫離英、美、法而單獨行動，德、意見我肯從事和平談判，必欣然協助，國際情勢，大致可見。至於國內，除共產黨及惟恐中國不亡、惟恐國民政府不倒、惟恐中國國民黨不滅之少數人外，想當無不同情者。銘經過深思熟慮之後，始敢向中央為此提議。除已另函蔣先生陳述意見外，僅再披瀝以陳。伏望諸同志鑒其愚誠，俯賜贊同，幸甚，幸甚。專此，敬候公祺。

汪兆銘謹啟

十二月二十九日，汪精衛又發表了所謂的「豔電」。由於「艷」一詞經常受到他人聯想或誤解，作者我想聲明：「豔」一詞不是蔑稱，也沒有帶有任何特殊意義，只是電報為了節省字數，把日期用「豔」這個字代替，故稱之為「豔電」。且還有一點常使人誤會：汪精衛的「豔電」並不是宣布與日本合作的聲明，而是以公開向國民黨中央黨部、國民黨總裁蔣介石、國民黨中央執監委員會提出建議的形式發表的。其內容如下：

重慶中央黨部，蔣總統，暨中央執監委員諸同志均鑒：

今年四月，臨時全國代表大會宣言，說明此次抗戰之原因，曰：「自塘沽協定以來，吾人所以忍辱負重與日本周旋，無非欲停止軍事行動，採用和平方法，先謀北方各省之保全，再進而謀東北四省問題之合理解決，在政治上以保持主權及行政之完整為最低限度。在經濟上以互惠平等為合作原則。」自去歲七月蘆溝橋事變突發，中國認為此種希望不能實現，始迫而出於抗戰。頃讀日本政府本月二十二日關於調整中日邦交根本方針的闡明：第一點，為善鄰友好。並鄭重聲明日本對於中國無領土之要求，無賠償軍費之要求，日本不但尊重中國之主權，且將仿明治維新前例，以允許內地營業之自由為條件，交還租界，廢除治外法權，俾中國能完成其獨立。日本政府既有此鄭重聲明，則吾人依於和平方法，不但北方各省可以保全，即抗戰以來淪陷各地亦可收復，而主權及行政之獨立完整，亦得以保持，如此則吾人遵照宣言謀東北四省問題之合理解決，實為應有之決心與步驟。第二點，為共同防共。前此數年，日本政府屢曾提議，吾人顧慮以此之故，干涉及吾國之軍事及內政。今日本政府既已闡明，當以日德意防共協定之精神締結中日防共協定，則此種顧慮，可以消除。防共目的在防止共產國際之擾亂與陰謀，對蘇邦交不生影響。中國共產黨人既聲明願為三民主義之實現而奮鬥，則應即徹底拋棄其組織及宣傳，並取消其邊區政府及軍隊之特殊組織，完全遵守中華民國之法律制度。三民主義為中華民國之最高原則，一切違背此最高原則之組織與宣傳，吾人必自動的積極的加以制裁，以盡其維護中華民國之責任。第三點，為經濟提攜。此亦數年以來，日本政府屢曾提議者，吾人以政治糾紛尚未解決，則經濟提攜無從說起。今者日本政府既已鄭重闡明尊重中國之主權及行政之獨立完整，並闡明非欲在中國實行經濟上之獨佔，亦非欲要求中國限制第三國之利益，惟欲按照中日平等之原則，以謀經濟提攜之實現，則對此主張應在原則上予以贊同，並應本此原則，以商訂各種具體方案。以上三點，兆銘經熟慮之後，以為國民政府應即以此為根據，與日本政府交換誠意，以期恢復和平。日本政府十一月三日之聲明，已改變一月十六日聲明之態度，如國民政府根據以上三點，為和平之談判，則交涉之途徑已開。中國抗戰之目的，在求國家之生存獨立，抗戰年餘，創巨痛深，倘猶能以合於正義之和平而結束戰事，則國家之生存獨立可保，即抗戰之目的已達。以上三點，為和平之原則，至其條例，不可不悉心商榷，求其適當。其尤要者，日本軍隊全部由中國撤去，必須普遍而迅速，所謂在防共協定期間內，在特定地點允許駐兵，至多以內蒙附近之地點為限，此為中國主權及行政之獨立完整所關，必須如此，中國始能努力於戰後之休養，努力於現代國家之建設。中日兩國壤地相接，善鄰友好有其自然與必要，歷年以來，所以背道而馳，不可不深求其故，而各自明瞭其責任。今後中國固應以善鄰友好為教育方針，日本尤應令其國民放棄其侵華侮華之傳統思想，而在教育上確立親華之方針，以奠定兩國永久和平之基礎，此為吾人對於東亞幸福應有之努力。同時吾人對於太平之安寧秩序及世界之和平保障，亦必須與關係各國一致努力，以維持增進其友誼及共同利益也。謹引提議，伏祈採納！汪兆銘，豔。[15]

豔電的內容令舉國一片譁然，再經過汪精衛的說明後，有些許人士開始接納汪精衛的主和運動，像是上海和香港的報紙就曾刊出了一批公開支持的聲明，據北京大學校長蔣夢麟在三民主義青年團的調查顯示：「一百五十九個同學中，六十三人支持汪的行動，二十五人反對，其餘意見不定。」

在豔電公開之前，蔣介石對於汪精衛的出逃感到非常不安，國民政府的第二號人物對日妥協，無疑是對國軍士氣的一重大打擊，蔣介石先是封鎖住了汪精衛的出逃事件，對外宣稱汪精衛身體不適，留昆明休養。而《豔電》一出，紙已包不住火。一九三九年元旦，蔣介石主持國民黨中央執行委、監察委緊急會議，決定永遠開除汪精衛國民黨黨籍，撤銷其一切職務。但蔣介石並沒有就此將與汪精衛的談判大門徹底關閉，他顧忌汪在國民黨內和中國革命中的歷史地位，沒有對汪精衛下達叛國通緝令，而是對汪的行為表示「惋惜」，希望他「幡然悔悟，重返抗戰隊伍」。為此，蔣介石請黨內元老寫信勸慰，並派人遊說汪精衛。

蔣介石先派行政院長孔祥熙致電河內，但被汪精衛以書信婉拒。蔣介石又派河內洽辦武器運輸事務的外交部長王寵惠勸汪精衛回重慶，王寵惠說：「委員長三番五次對人說，汪先生只是赴河內治病，現在回去，仍然名正言順。」汪精衛回答說：「謝謝重慶方面目前還給我留條退路。雖然這樣，我還是不能回去，為什麼呢？我這次離開重慶，只是對政局有不同意見，並不夾雜其他任何個人意氣在內，這一點務請你們轉告中央，請他們理解。在重慶，我要發表個人意見很不容易，我不離開重慶，這份豔電就不能發出，和平工作就難以開展。我的和平主張能否採納，權操中央，我絲毫不勉強。如果政府出面主和，改變立場，我可以從旁做些協助工作，或者退隱山林不問國事都可以，但如果政府不轉變立場，那我只能出面來談和了。」[16]

時過一月，至二月中旬，蔣介石又派心腹谷正鼎赴河內遊說，帶了汪精衛、陳璧君、曾仲鳴三人的出國護照和一筆鉅款。谷正鼎轉達了蔣介石的意見：「汪先生如果要對國事發表主張，寫寫文章，發發電報，任何時候都很歡迎。如果有病需要到法國等地療養，可先送五十萬元，以後隨時籌寄。但不要在上海、南京另搞組織，免得被敵人利用，造成嚴重後果。」

汪精衛聞聽此言，感情衝動地對谷正鼎說：「以前我因蔣介石的兇殘暴虐自私，我反對他，他用盡各種方式來危害我，中傷我，下流到要綁我及璧君的票。我被他苦迫出國，去來何嘗要過他什麼護照？」汪精衛要谷正鼎轉告蔣介石：「他如把黨國搞得好，我便終身不回國亦得，如搞得不好，我去了，還是要回來。」谷正鼎自知遊說無望，告辭而去[17]。後國民政府對汪態度轉為強硬，蔣介石命令軍統局等特務機構偵查汪精衛之行跡，主和行事岌岌可危。

其實在這段期間，汪精衛對於放棄和平計畫也頗為猶豫，首先是艷電一發出去後，重光堂會議的兩年內撤軍許諾遭到近衛私自修改，要知道，汪精衛願意主和的最主要原因，便是因日本信誓旦旦承諾撤軍，聞此訊後，汪精衛勃然大怒，批評日本「墨跡未乾，日本人食言，我如何拿這樣的條件向國人交代，新政府尚未出世，就裹上了一層漢奸的胞衣。」汪原本認為，即使現在被人一時罵作漢奸，但日子久了，民眾自然會知道他的用心良苦，是為了國家存亡著想，現在可好，日本食言，自己也成了「漢奸」。汪本來想要赴往日本和近衛交涉此事，沒想到近衛卻於汪精衛發表艷電五天後宣布辭職內閣，和平運動陷入被迫停擺的局面。一時讓汪精衛感到進退兩難。這是否是日本政府的陰謀呢？我們無從得知了。

汪精衛對於和平談判抱持著過於天真的想法，不但在交涉中過低估了日本的野心，對於他在國內政治中的影響力也做出了錯誤的判斷。他原本設想只要發布艷電後，與他早有淵源關係的第四戰區（廣東、廣西）司令官張發奎和雲南軍閥龍雲，以至陳濟棠、何健，都能參加他的和平運動。如果這些將領行動了，那麼四川的潘文華、鄧錫侯、王鑽緒、劉文輝、鄧錫侯各軍，以及軍政部長何應欽及政學系頭子張群都會照著計畫相繼響應。如此他將能在日軍佔領區之外組建一個與蔣對抗的武裝政府，使抗日戰線徹底破裂，迫使蔣介石下野。不料事與願違，撤兵的許諾遭到日本塗改，致使反蔣勢力不願響應。就連一向被劃分為汪派要員的顧孟餘、彭學沛、張道藩、甘乃光等人，也都不同意他的主張。結果，建立反蔣政權的行動最終以失敗而告終。

汪在這場孤注一擲的冒險中耗盡了畢生的政治資本，銀錠橋下的壯烈、功成身退的德行、撰寫國父遺囑的賢德、國民政府第一任主席的威名隨著艷電的發布灰飛煙滅，只留下了「大漢奸」的印象。此時汪的處境十分難堪，要繼續往下走嗎？不能，前途茫茫，無從預知；要放棄和平運動嗎？不能，艷電已經公然發布，已經毫無退路可言了。日本人不用，中國人不齒，汪哀嘆道：「在河內的孤獨的正月，在我的一生，是不能忘卻的。」[18]

日本的主和派對近衛的辭職感到愕然，影佐直言：「近衛竟奇怪地幹出這種事，他把汪先生這樣的中國元老拉到河內，自己卻立即辭職，簡直沒有一點國際信義。」西義顯也感嘆：「日本把汪精衛欺騙了。」松本重治感嘆：「感到和平運動的未來已經出現了暗影。」[19]近衛文麿的辭職原因無從查證，雖然他選稱是因為自己厭倦了繼續做軍方的「傀儡」才辭去了首相一職，但近衛於一九四〇年七月二十二日起至一九四一年七月十八日、以及一九四一年七月十八日起至一九四一年十月十八日，又再度任職了兩次內閣首相，當時的首相權力更小，已經完全成為軍國主義思想下的魁儡，然而近衛卻在此時再度任職？這明顯不符合邏輯，由此可推斷辭職原因並不成立。作者推測：近衛當初表示願意和平議和是抱持著機會主義的想法，一方面出自於時局的考量，一方面是為了分化國民政府的詭計，就在汪精衛即將達成和平運動時，日本軍方卻斬斷了議和的可能性，他們認為吞併中國只是時間問題，不必議和，只需繼續分化國民政府，軍方不但塗改了近衛的寬大議和條件，為完全截斷汪精衛等人的聯繫，還強迫近衛辭職。但，以上想法也僅是作者的一方推測罷了。近衛的神祕辭職，為汪精衛投敵之舉增添了許多陰謀論，也使後世史學家對此各執己見，抱有諸多不同見解。

自從近衛內閣修改條約內容後，汪精衛的和平運動一時間陷入了停頓的泥淖。在中國情況也不樂觀，集合反蔣勢力逼迫蔣下野的行動失敗後，國民黨通過了永遠開除汪精衛黨籍，撤銷其一切職務的決議。由於國內以及日本的形勢皆對汪精衛極為不利，汪精衛曾一度產生退出政壇隱居歐洲的設想，但這次和他以前幾次光明正大地前往歐洲不同，將被人看作是國家的叛徒逃往歐洲，汪精衛對此計畫非常躊躇。正在此時，發生了高朗街暗殺事件。

高朗街暗殺事件

在河內的這段時間汪精衛住得很不習慣，河內是個吵雜且骯髒的都市，而汪精衛卻喜愛鄉下的寧靜，他在法國居住的別墅大多在鄉村，安寧靜謐、蟲鳴唧唧，反映出他對山水的愛好。汪精衛不久便搬到了一處草木橫生的丘陵作為暫時起居處，這是一座坐落於三桃山上的避暑別墅，有樹木作為掩護，十分不容易發現。說個題外話，避暑別墅的地板有次打蠟打得太光亮，汪精衛兩腳一滑，摔傷了膝蓋，據朱維亮《關於汪精衛的回憶》記載：

一天前汪先生在剛打蠟的地板上滑倒了，腳踝傷得不輕。我到的時候看見他裹著繃帶躺在床上，似乎還很痛的樣子。他瞬時開朗了起來，把我當朋友一樣用快活的語氣大聲地和我抱怨昨天的意外，還說都怪他自己太笨拙才發生了這場無妄之災。當時，他背倚著好幾個大枕頭坐著。腿上放著一個早餐托盤上面擺滿了寫字的用具和文件他讓我在床邊坐下。遞給我幾頁文件。上面是他的筆跡和一些修改的痕跡，顯然是一份剛潤過的初稿。這就是後來著名的艷電。[20]

中統特務一時找不到汪，於是換了方向，開始暗殺和平救國派的執行人士，先是在一九三九年一月十六日，在香港的梅思平在路上被數人襲擊打傷頭部；一月十七日，親汪精衛的香港《南華日報》社長林柏生在回家途中突遭兩位大漢襲擊，以斧頭砍傷頭部，幸虧一位外國船員及時發現，林柏生才免一死；一月十八日，在澳門的汪精衛外甥沈次高遭軍統特務開槍擊斃。一月二十八日，軍統特務沿著蛛絲馬跡找到了汪精衛的山間別墅，率領十多名人士從山下向上攀登，汪精衛得報後緊急下山。

要藏一棵樹，最好將它藏在森林裡。此後汪精衛搬入人口稠密的河內市內，居住在高朗街。他們住在高朗街二十五號與二十七號——是兩個相鄰、每層彼此相通的三層西式高級寓所，兩側有小花園點綴，建築堅固壯觀，四周有高大圍牆，牆上安裝護絲網。一樓為汽車房及隨從人員、衛士住所；二樓為會客廳及其他隨從人員、親戚臥室；三樓為汪精衛夫婦及兒女、心腹的居所，為四個相連的四間臥室，同樣大小，並非謠言指稱的一大三小，許多歷史書籍和資料中都說汪精衛夫婦為了獎勵曾仲鳴的一路相伴，特地將自己的大臥室讓給了曾仲鳴、方君璧夫婦，所以曾代汪被刺。這是沒有根據的，曾據何文傑回憶，汪精衛夫婦一直住在二十五號三樓前房，從來沒有移動過，何來讓房之說？

汪精衛曾向法國提出政治庇護，不過法國當局並不熱心，只派遣了一名配戴手槍的越南警察做象徵性保護，汪精衛只好雇用警衛人員護衛，不過法國殖民當局規定，安南地方除了法國人，誰都不允許持槍，衛士僅能赤手空拳。

軍統特務不久後又找到了汪精衛的寓所，這次行動的負責人為陳恭澍，是軍統天津站站長，曾先後策劃刺殺張敬堯、石友三、王克敏等人，雖然皆不成功，但也累積了豐富的經驗。行動執行者為王魯翹，曾任戴笠貼身警衛，是一名熟練的職業殺手。此外，余樂醒、岑家焯、魏春風、余鑒聲、張逢義、唐英傑、鄭邦國、陳布雲等人，各個都是殺人不眨眼的老牌特務。刺汪特務共有十八人，被稱為「十八羅漢」。為暗殺汪精衛，王魯翹可謂煞費苦心，在汪的住宅對面租了一幢房子窺察一個多月才決定動手。

由於汪精衛足不出戶，陳恭澍首先想到的暗殺方法是毒藥，汪精衛早餐習慣吃麵包，所以特務便有機可乘的找到了替汪精衛送麵包的麵包店，打算將送麵包的人攔截下來，換上一個含毒麵包，由特工人員化裝成送麵包的人送去。不料，汪精衛對越南氣候水土不服，早上無法吃不容易消化的食物，在行動開始前就不再叫麵包了，行動因此失敗。

刺殺汪精衛難如登天，汪精衛的活動區塊只在家中，鮮少出門。且陳恭澍以為汪精衛集團有攜帶槍械，明目張膽登門強攻必將導致兩敗俱傷。三月二十日上午九時，陳恭澍正在研究行動方案，突然接到屬下報告，說汪精衛全家打點行裝，似乎要外出。陳恭澍決定將特務一分為二，一方負責攜帶上武器駕車追趕，一方埋伏在特定區塊，負責狙擊。汪精衛一行出門後乘坐兩輛轎車，向紅河大橋方向開去。由於天氣晴朗，路上車水馬龍，行人眾多，陳恭澍不敢下手。汪精衛一行發現有人跟蹤後加快了車速，軍統特務們緊緊尾隨，但卻遇到紅燈，汪精衛一行趁機擺脫了跟蹤，掉頭返回高朗街住宅。

三月二十一日下午四時，在現場監視的特務魏春風報告說，汪精衛和陳璧君在門外的草坪上說話，好像在爭吵。陳恭澍立即帶兩名特務趕往高朗街。等到了汪精衛寓所外邊，發現草坪上空無一人。

最終，陳恭澍決定孤注一擲，發起一次突擊性強攻，深夜直搗汪宅，實行武裝襲擊刺殺。一九三九年三月二十一日凌晨，陳恭澍親自指揮行動人員來到汪宅附近，準備動手。暗殺小組分為三路，陳恭澍留在車上指揮，另有兩人在汪宅院外遊走把風、接應，由王魯翹擔任主攻，率領四位特務翻過高牆進入院內，走到三樓槍殺汪精衛。

此次暗殺行動以策劃許久，各個侍衛的站崗地點或視野死角都被刺客們查的一清二楚了，六位刺客先後無聲無息翻牆入院，用斧頭砍開通向後院的房門入室，為了保持潛伏姿態以免被發現，他們決定不開燈前進，不料一人卻因而絆到了一把椅子，「啪當！」陳璧君的親戚陳國琦當時正在二樓臥室內睡覺，房門正對著樓梯，他聽到外面有動靜，便打開門，想出來看個究竟，只見一些陌生人正登樓而上，一看見他打開房門，便朝他開槍，陳國琦被擊中腿部受傷倒地，立刻把門扣死，刺客看這人似乎不像重要人士，便繼續往三樓爬去。[21]

三樓有四個房間，三間有住人，分別為汪精衛夫婦一間；汪的女兒汪文惺與女婿何文傑一間；曾仲鳴、方君璧夫婦、朱媺一間。二樓的那聲槍響驚醒了三樓的所有人，包括了曾仲鳴、方君璧以及兩人共同扶養的朱執信女兒朱媺，曾仲鳴當時身穿一套白色襯衫（一說為內衣）與黑色西裝褲，他急忙開門四處觀望，這時刺客們剛好登上樓來，朝門前的黑影連開數槍，曾仲鳴的胸膛被射中一彈，倒地哀嚎，方君璧和朱媺急忙將其拖進室內並把門鎖牢。刺客們跟著趕到門前，他們以為三樓只有汪精衛夫婦居住，便自行推斷剛才擊中的就是汪精衛。王魯翹退後兩步，想藉著衝勁一腳踹去，還是踢不開，又呼喚其他刺客開始用肩膀撞門，但沒有用，王情急智生，轉身到樓梯口，打手勢給唐英傑將斧頭傳上來，不久後唐英傑用飛速般的步伐已把斧頭帶上了三樓，在魯翹、鑒聲二人合力劈掉了這房門中間的一塊木板後，王魯翹探手摸著裡面的門球轉動了好幾次，還是沒有辦法把門弄開，這才確定門已經鎖死了。此刻，門板上已露出一個一尺見方的大窟窿，魯翹彎下腰子，睜著右眼往裡頭看去。當時情形是這樣的：曾仲鳴正無力地躺在地板上，鮮血不斷地從傷口裡流出來，方君璧正坐在曾仲鳴不遠處啜泣，朱媺在牆角一旁慌得發愣。曾仲鳴的房間並未開燈，王魯翹看不清暗室的人物到底是誰，也沒有看到方君璧與朱媺，只隱約看見床鋪底下趴著一個人，而且是個男人，上半身掩蔽在床下，完全看不見，腰背雙腿則全部暴露在外面，王魯翹自行斷定這是汪精衛。拿起衝鋒槍放入破孔，就是一頓胡亂掃射，曾仲鳴的先後被射中了四發子彈（一說為二十一發，但作者認為何孟恆所說四發是較符合史實的），痛得昏迷過去了，一旁的方君璧也遭受波及，身中一彈，但未傷及重要部位。朱嫐最為幸運，由於她待在門後靠牆角的地方，緊貼著牆，從而未受到任何損害。

等到王魯翹將彈匣清空後把槍交給下屬，囑咐下屬做好善後，自己插著口袋下樓報告去了，當時陳恭澍正在一台黑色轎車中等待王魯翹報告，由於角度不好，沒辦法看到三樓的狀況，所以請司機移車到出口那面觀看，結果差點撞到正在過街的王魯翹，陳恭澍搖下車窗，王魯翹言：「事情已經辦完了，眼看著汪某的腰部中了幾槍，兩條腿只顫動了幾下就不再動彈了，整個身子都蜷伏在床下。所欠的，倒是始終沒有看到他的面孔。」[22]

曾仲鳴是汪精衛結拜義姊曾醒的弟弟，文筆十分傑出。他早年留學法國，獲得文學博士學位後於一九二五年回國，在廣州中山大學任教。同年七月一日國民政府成立時，汪精衛任主席，也邀請了「從小在他身邊長大，像弟弟又像學生」的曾仲鳴任祕書，從此曾一直相隨左右，高宗武曾如此評價汪曾關係：「曾仲鳴這位祕書不僅僅是祕書。早年在法國的朋友當中，曾與汪相交多年，後來成為汪不可一日不見的密友。曾處理汪的全部財務，管理家務，陪同旅行，照料途中大小雜事。曾也是汪的重要顧問，因為肥胖喜歡玩的曾，向來都同意汪的觀點。雖然汪少不了曾，兩人的個性是不同的。曾是個奔放不羈的人，已有中國妻子，在巴黎學習藝術，喜歡酒、女人和夜生活。汪滴酒不沾，也從不勸別人喝酒，不喜歡夜生活，對強悍的妻子絕對忠實。」個性截然不同的二人，在一天天的相處中累積濃厚的情誼，這種情誼，是難以以話語描繪出的，他對於汪精衛的政治發展，有著不可忽視積極幫助。

槍聲停止了，陌生的腳步聲走遠了，汪精衛顫抖的打開房門，循著剛才的槍聲來到曾仲鳴房間，只見曾仲鳴的下半身中四彈，渾身血污，躺在血泊之中，兩眼微閉，奄奄一息，方君璧腹部也中一彈，在丈夫身邊呻吟不止。汪精衛熱淚雙流，左腳跪在地板上，右手輕輕地撫摩著曾仲鳴蒼白的額頭，低聲說：「仲鳴，醫生很快就來了，堅強些，我一定想盡一切辦法搶救你！」[23]

朱薇熟諳法語，她跑到二樓打電話報警。十到二十分鐘後，警察趕到出事地點，過後，又有三輛救護車趕到現場，曾仲鳴夫婦被緊急送往法國陸軍醫院搶救，但當時醫院條件簡陋，連血庫都沒有。汪精衛女婿何文傑做過血型鑑定，知道自己和曾仲鳴都是B型血，再告知醫生後，慌張的醫生竟忘了手續，不做鑑定就直接用針筒將血從何文傑身上抽出，然後輸進曾仲鳴的血管。這只針筒非常陳舊，兩面都漏，鮮血灑了一地，此時曾仲鳴神誌尚清，見狀歉疚地對何文傑說：「阿傑，浪費你的血了。」

汪精衛本來也要搭著救護車去，但別人都說現在出門太危險，法國員警也勸汪精衛不要冒險去醫院，攔著他不放。汪精衛看著救護車奔離，仰天流淚說：「我是從小看著仲鳴長大的，我一定要去看他！」汪精衛哭得很傷心，陳璧君於心不忍，只好同意汪精衛，請一位當地熟人開車，陳璧君坐在副駕駛位置上，汪文惺與何文傑分坐後座兩側，汪精衛坐在兩人中間，儘量放低身體不讓別人看到。

當汪精衛到達醫院急救室時，曾仲鳴已昏迷多次，醒來時見到汪精衛，感到非常欣慰，他不停地安慰汪：「我能代汪先生死，死而無憾，國事有汪先生，家事有吾妻，我沒有不放心的事。」[24]汪精衛見曾仲鳴已無力回天，唯有執手相看淚眼而已。曾仲鳴臨死前又掙扎起來，把以他的名義替汪精衛在國外銀行存款的支票上一一簽了字，為汪精衛盡最後的一份力，隨後陷入昏迷。據何文傑回憶，汪精衛回家後一邊拭淚，一邊尋找一套乾淨衣服，以便帶回醫院給曾仲鳴使用，他知道曾仲鳴沒有時間了。下午四時，曾仲鳴逝世。

曾仲鳴之死給予汪精衛極重大打擊，汪自責不已，認為是自己的疏忽而斷送了曾仲鳴的姓命，他親筆撰寫悼念曾仲鳴的《曾仲鳴先生行狀》，又在三月二十七日的《南華日報》上發表《舉一個例》文章，作為對蔣介石暗殺行為的抗議。汪精衛在《舉一個例》一文中，披露了國防最高會議第五十四次常務會議的記錄，表示對日謀和是最高當局的祕密主張，並非他個人的意見。並於文中責問蔣介石：主和是大家共同的主張，當時陶德曼大使奔走調停時，南京尚未陷落，蔣認為和談可以進行，那麼在近衛發表第三次聲明後的今天為什麼和談就不可以進行？而且還要對主和的人橫加誣衊，誣衊不足，還要奪其生命。再何況，一年多前日本提出的和談條件十分苛刻，而蔣介石居然同意作為談判的基礎，而近衛聲明所提出的條件大大讓步了，何嘗不能作為談判的基礎？蔣介石無法從理論上回擊汪精衛，只得於司法上回擊，下令通緝汪精衛、周佛海、陳公博、陳璧君等首要分子。

蔣介石以刺殺、通緝來恫嚇主和派，不但沒有讓汪精衛放棄和平行動，反而使理念越發堅毅。

與虎謀皮的過程

近衛內閣下台後，由平沼騏一郎接任內閣總理大臣，他十分不把汪精衛的和平運動放在眼裡。汪精衛在拉攏雲南王龍雲的行動中失敗，更使平沼對於汪精衛的號召力和影響力產生懷疑，認為汪只是一介文人，不能管理淪陷區。在一九三九年最初的幾個月裡，日本方面對汪精衛相當冷淡。

高特朗街刺殺事件讓日本意識到保護汪精衛的重要性，日方召開首相、陸相、海相、外相及藏相參加的「五相會議」，研究決定派遣影佐禎昭、犬養健等人前往河內營救汪精衛，幫助汪精衛轉移到安全的地方，汪精衛在日本人的保護下到達上海，暫時住在法租界，雖然這次行動是經過日本幫助沒錯，但汪精衛依然不受到日本重視，他們認為佔領區已經有王克敏的中華民國臨時政府、梁鴻志的中華民國維新政府，他們雖然在原國民政府內地位不高，但卻是對日本唯唯諾諾的效忠，比起心裡有底線的汪精衛，他們似乎更能擔當賣國一職，正好應證汪精衛所說的：「與其說是賣國，不如說是送國罷，因為賣國，私人還有代價，送國是沒有代價的。他們送國是沒有限度的，我汪精衛送國是有限度的。」[25]平沼首相認為，與其有一位名人前來做有限度的送國，不如讓無名小卒來做無限度的賣國。

在從河內搭船趕往上海的途中，汪精衛找來影佐禎昭和犬養健談話：「到今天為止，我們的方針一直是以國民黨為中心組織和平團體，用言論來揭露、指責重慶政府對日抗戰的錯誤，宣傳中日和平以拯救中國、拯救東亞，擴大和平運動的陣營，從而使重慶政府改弦易轍。原來設想在西南日軍未佔領的地區建立一個和平運動基地，但自從我離開重慶後情況發生了變化。現在我的想法也有了改變，我想不如推進百步，索性建立一個和平政府，通過日本政府對中國和平的誠意，用事實來證明抗戰已毫無意義，從而促使重慶政府轉向和平路線，這樣比較適當。」

汪精衛提出建立政府一事大出影佐等人的意料之外。由於當時平沼首相不看好汪精衛，只是吩咐影佐幫助汪精衛建立一個「反共救國同盟會」的民間組織，負責控管淪陷區的秩序，不但沒有要汪精衛建立統一政府，就連控制兩廣地區的權力都沒有。影佐尷尬地說：「誠然，這也確是一個好辦法。但是事實上我們只是受命專來幫助先生轉移到安全的地點而已。關於現在您所說的話，在公務上我沒有答覆您的資格。不過作為和平運動的同志，我還是發表我的意見。我認為，首先要看日本政府是否徹底實行近衛聲明，這是前提條件。假如日本政府在這個態度上有所改變的話，那麼先生的這個新建議將會完全失敗的。我作為一個日本人說這樣的話，不免有些奇怪，但這的確是一個需要慎重行事的事。」

汪精衛說：「我也有同感。比如說，重慶政府還不信任貴國，他們認為日本嘴上說得好聽，實際上心中所想的卻完全相反。各地希望和平的同志如今躊躇不前，也是出自同一理由。近衛聲明是否實行，這是我們和平運動的分歧點。」

犬養健問：「不知汪先生在組織新政府時要向帝國政府提出什麼要求？」

汪精衛說：「主要是希望日本政府堅持實行近衛首相的聲明，如果不能踐行聲明，我必將遭到國人的譏笑，認為我是受日本的欺騙而離開重慶的。重慶方面也更不會相信日本政府，認為貴國口是心非，不守諾言。」

汪精衛還說：「倘若將來貴國政府要利用我們新政府的兵力，把我們看作日軍的一翼，讓我們與重慶軍隊作戰的話，勢必會引起內戰，造成同民族間的流血犧牲，這是絕對要避免的。我們的最終目的，並不是要打倒重慶政府，而是在可能的情況下與之合作。這一點與所謂的反蔣運動有本質的區別。」

汪精衛又道：「對於中國人來說，抗日論也好，和平論也好，都是愛國心的表現，都是以不同的形式熱愛國家。從另一方面來說，抗戰論總容易讓一般的中國人接受。與之相比，和平論幾乎就等於賣國論，是很難讓人接受的。從現在中國國民的心情來講，哪怕是內地的一、兩個省份因抗戰而生存下來，人們也會確信，它將來必定成為國家振興的根據地。這種主張最容易使血氣方剛的中國青年熱血沸騰。但是倘若青年們沒有這樣旺盛的精神，中國的將來和亞洲的將來也就令人擔心了。由於這些緣故，在我們和平運動的征途上會遭受到相當的責難，要經常不斷地被罵為賣國賊、漢奸，但我已做好挨罵的思想準備。我所盼望的只有一件事，就是日本的政策能按照與我們約定的那樣在中國廣泛宣傳，到那時我們所經歷的苦難，才會放射出異彩。我們在那個時候才能與抗日的青年們見面，互相笑著說明以前各自所走的不同的道路。」[26]

影佐禎昭被汪精衛的話深為感動，在他的回憶錄《我曾走過來的路》中，給予了汪精衛極高評價：「汪氏的行動表現出他對支那、對東亞的熱愛和赤誠，其崇高的精神、高潔的人格連鬼神都會為之感動。我除了真正地敬服感佩以外還能有什麼呢？」

汪精衛提出建立政府的計畫使日本政府一時感到為難。平沼首相對中佔區主張「建眾諸侯少其力」，崇尚分而治之的現狀，而對汪精衛提出在建立統一中央政府的計畫十分冷漠。平沼顯然不是一位明智的首相，他注重軍事及經濟意義，卻不在乎精神、思想意義，汪精衛是中國政壇上的重量級人物，如果能拉攏其投降，肯定會使抗戰思想減弱，侵華戰爭將花費更少力氣得勝。許多日本政要明白汪精衛的重要性，開始頻繁勸說平沼，最終使其開始考慮汪精衛建立政府的設想。

一九三九年五月二十六日，汪精衛在上海召集主和派高級幹部會議，研究向日本政府主動提出建立政府的計畫問題，參加會議的有周佛海、陶希聖、高宗武、梅思平等人。會議經過三天的討論，擬訂出了《關於收拾時局的具體辦法》，準備以書面形式提交日方，汪精衛親赴日本和日方談判。《關於收拾時局的具體辦法》提出：先召開國民黨臨時全國代表大會，修改黨章，重新制定政綱及政策，授權汪精衛組織中央政治會議，負責改組國民政府以及「還都南京」。該文件還規定：在國民政府還都南京的同時，王克敏的北平中華民國臨時政府和梁鴻志的南京中華民國維新政府需自動取消，並宣布重慶國民政府為非法政府，其對國內發佈的法令、對外締結的條約協定一律無效。

一九三九年五月三十一日，汪精衛、周佛海、梅思平、高宗武等十一人，在影佐偵昭和犬養健陪同下祕密飛往東京。儘管當時平沼首相並不看中汪精衛等主和派，但還是給予汪精衛很高的禮遇，前首相近衛文麿和外相有田八郎親往機場迎接。為了對外保持祕密，汪精衛被安排住在東京郊外的一所高級私人別墅。對汪精衛的來訪，平沼騏一郎召開政府首腦緊急會議，討論汪精衛提出在南京組建政府的要求，當時日本政府內部對汪精衛提出建立政府的設想意見很不一致，在會議中發生激烈爭執，主張棄汪的平沼首相甚至直言：「原來我國政府鼓勵汪氏出逃重慶是為了促進重慶政府內部分化而與帝國政府議和，這樣戰事就可能更加順利一些。原先我們只是計畫在經濟上支持汪氏進行和平運動，現在汪氏要求我國政府支持他在南京組織中央政府，這是我們未曾想過的。」[27]經過激烈的爭論後，日方終於統一意見，同意汪精衛建立新政府。

一九三九年六月五日，日本內閣五相會議擬出一個《建立新中央政府的方針》，該方針規定：

（一）中央政府由汪精衛、吳佩孚、臨時政府、維新政權共同組成，吳佩孚主軍，汪精衛主政。（吳佩孚在不久後死亡，規定因此取消）

（二）新建中央政府根據《調整日華新關係的方針》與日本建立調整國交。

（三）中央政府必須具備一定的號召力，成立日期由日本決定。

（四）中央政府與地方政府的關係，以分治合作為原則。

（五）關於國民黨和三民主義，在不妨礙親日、滿和反共的原則下，可允許存在。

日方對先前《重光堂會議》的諾言完全食言，《建立新中央政府的方針》中絲毫沒有提起兩年撤軍，或是歸還日本的在華租界等協定內容，甚至明確指出新的中央政府不會是一體政府，而是類似神聖羅馬帝國般，由數個政權結合成的鬆散國家。根本是將新政府視為魁儡政權，汪精衛對此非常不滿。六月十日，汪精衛首先與平沼首相展開會談，意圖改變內容，但並沒有達成結果。第二天與陸軍大臣坂垣征四郎的會談，是這次談判的最主要重頭戲。坂垣先提出陸軍不贊成汪精衛在南京建立政府的意見，據《復新記》記載：

坂垣說：「難道除了南京，汪先生沒有考慮設法在其他地方建立新政權嗎？譬如在皇軍佔領區以外。」

汪精衛回答說：「原來我也是這樣考慮的，只是形勢發生了變化，才作出還都南京的決定。」

坂垣又說：「南京已經有了維新政府，再由汪先生建立一個新政府，不是好辦法。」

汪精衛回答說：「我們不說在南京建立新政府而是說還都南京。因為國民政府原在南京，重慶被稱為陪都。還都能使重慶方面產生一種衝擊力和向心力，使國內一切愛好和平之國民思和之心凝聚於故都南京。南京和平政府將是一個獨立自主的中央政權，目前北平和南京的臨時、維新兩個政權應加以撤銷，或自行解散，使之在中央政府統一領導下。」

坂垣聽後反論說：「分治合作是五相會議決定的原則，臨時、維新兩政府經過與汪先生協商可以考慮廢除名義，但不能取消其內容及已形成的事實。」

汪精衛則反論說：「閣下的意思似乎與五相會議提出的內政問題交給中國方面的原則有了距離，如果只廢除臨時、維新兩個名稱而照舊保留其實體，要我出來收拾時局實感困難。因為中央政府有名而無實，勢必會發生中央與地方之間的許可權之爭。這樣的中央政府實在不是我們所設想成立的獨立自主政權，如果閣下要堅持，我只有退讓或延期組織政府。」28

汪精衛這次祕密訪日並沒有太大收穫，日本在會議最後談定：只要汪精衛能夠說服王克敏、梁鴻志自願放棄政府，日方也不反對。但誰又會將好不容易爭取而來的權勢轉交於他人呢？汪精衛回國後，曾走訪王克敏、梁鴻志，試圖說服兩人同意放棄地方政府，支持成立統一的中央政府，但王、梁兩人均支支吾吾，沒有表示出願意放棄地方政府的意思。一九三九年九月，在土肥原賢二的策動下，王克敏與汪精衛又舉行第二次會談。據說在開會的休息階段，王克敏竟私下以「老資格」的身分教訓汪精衛：「你應該向我請教，跟日本人處事，應虛與委蛇。」汪精衛對他徹底無語。這次談判失利，也象徵著他在日占區建立政府的計畫又瀕臨死路。

在返回上海途中，由於汪精衛搭的船航程有限，航行至臺灣基隆補給，在即將到達基隆之際，汪精衛一望窗外，位於基隆港西岸碼頭的基隆燈塔在薄霧朦朧當中若隱若現，汪有感而發，作《舟夜》一首，表達出了他內心中對於投敵與和平的真實想法：

臥聽鐘聲報夜深，海天殘夢渺難尋。
柁樓欹仄風仍惡，鐙塔微茫月半陰。
良友漸隨千劫盡，神州重見百年沉。
淒然不作零丁嘆，檢點平生未盡心。[29]

白話解讀：夜已深沉，舟船依然航行在海上，我在裡頭的床榻上輾轉難眠，忽然聽見報時的鐘聲，我望向窗外海天一色，想起了之前的和平殘夢，如今依然無法實現，反到讓我身處在滄海惡浪之中險象環生，月色黯淡，燈塔渺茫，何時才能迎來光明？我的朋友已經隨著時代而一個個凋零了，胡漢民、方君瑛、曾仲鳴……然而即使有這麼多人一生為國著想，卻難以挽回中國的再度沉淪，我並不是要怨天尤人的意思，只是自責自己一生奔波，卻未能讓中國富強。

許多人對汪精衛南京政府總是抱持一種誤解，認為日本人是「扶持」汪精衛在日占區成立一個傀儡政府，這句話有誤，不如說這個傀儡政府是汪盡力「爭取」而來，而且是來之不易。日本人一方面懷疑汪精衛搞和平計畫是重慶政府的詭計，試圖以此來緩解軍事壓力。一方面也對合併其餘魁儡政權，成立由中央統一指揮的日佔區政府抱持戒心，以為其心可議。一方面日本也懷疑汪精衛等人對日本的忠誠，儘管重慶開除了汪精衛等人黨籍職務，但汪等原國民黨人與重慶國民政府的高級官員仍有各種難於切斷的千絲萬縷聯繫，如周佛海在抗戰末期反水重慶，祕密傳遞軍事情報就是一例，日本人擔心汪精衛等人會在關鍵的時候反叛，或是將日本軍事機密傳遞給重慶。總而言之，日本對汪精衛等和平救國派始終保持距離。

兩個月後，歷史又給了汪精衛一次轉機。平沼首相因拚命主戰惹得天怒人怨，在一片謾罵聲中黯然下台，阿部信行接替其職位，開始推舉汪精衛的建立政府計畫。

八月三十一日，阿部信行陸軍大將出任第三十六任內閣總理大臣，他是一位頗懂中國民族性的軍事家，認為如果要讓中國民眾心服口服地站在日本政府一邊，就必需要給予他們應有的自尊，讓中國擁有一定的主權及國土面積。在上臺後的第二天，阿部信行聲稱處理中國事變是日本外交政策的核心，轉變了以往對中國「分而治之」的方針，表示支持中國政權合一，由汪精衛成立中央政府。

阿部首相的新方針使汪精衛在日占區建立中央政府的計畫成為可能。汪精衛在策劃新政府的同時，也展開了各種宣傳活動。汪精衛在《我對中日關係的根本理念和前景目標》的廣播講話中，提出了中日間「怨不如解怨」的看法，汪精衛說：「現在中國面臨兩條道路，一條道路是把蔣介石先生等人誇口的抗日戰爭繼續下去，但我實在看不出重慶有取得抗戰勝利的軍事力量，抗戰的結果只能使共產黨受益；另一條道路是繼承孫中山先生的遺志，朝化敵為友、解怨的方向努力。前者是中國走向亡國之路，後者是中國走向復興之路，也是亞洲走向復興的道路。我決心選擇後者的道路，也希望全國各黨派和無黨派的有志之士加入我們的行列。」

一九三九年十月一日，汪精衛在日本的《中央公論》上發表《寄語日本》文章，試圖警告那些熱衷於侵略中國的軍國主義分子。汪精衛在文章中說：「侵略主義和共產主義都是我們可怕的敵人。中國人都知道日本正在排除共產主義，卻不知道日本排擊侵略主義。在中國人看來，日本也是一個侵略主義者，而且對中國的侵略最甚，中國人把『東亞共同體』、『東亞新秩序』看成是滅亡中國的代名詞。如果日本有滅亡中國的企圖的話，中國就不得不和共產主義勢力聯合起來反抗日本。這雖然無異於飲鴆止渴，以暴易暴，而且是暴中之暴，但也是無可奈何。」30

在阿部首相的大力支持下，汪精衛建立統一政府的思想逐漸成為可能，王克敏的臨時政府、梁鴻志的維新政府皆感芒刺在背，只得改變理念，公開表示支持汪精衛的政治主張。梁鴻志說：「汪先生的演講均側重於講反共反蔣親日，與我們的意見完全一致，我們充分理解，倍感欣慰。我們早已下了決心，擬全力協助汪先生。不僅對汪先生如此，即對國民黨員，凡以此三項原則為基礎的，我們均擬加以協助。」王克敏則說：「以前，我們黨派觀念甚薄；現在，凡是以復興中國而崛起的，不論何人，我們均表示支持。……當前，汪先生為中日兩國計，振袂而起，臨時政府決不惜任何代價加以協助。……汪先生的英明決策，普照了兩政府的前途，我們不勝欣喜。」

忍辱負重

一九三九年十月，日本興亞院（專門負責處理侵華事宜的機構）起草了《日華新關係調整要綱》，以此作為與汪精衛談判成立中央政府的基本條件。此條約包括《調整原則》、《調整要項》、《調整要綱附件》，比起前首相近衛文麿去年宣布的「善鄰友好、共同防共、經濟提攜」三原則有很大的倒退：

第一，承認滿洲國。

第二，在國民政府還都南京前，維新、臨時政府經辦事項，由中央政府加以繼承。

第三，確保日本在中央政府外交、教育、宣傳、文化以及軍事等各方面的權力和合作關係。

第四，承認日本在內蒙、華北、長江下游、廈門、海南島及其附近島嶼的政治、經濟以及地下資源開發、利用的權力，承認在以上地區的防區和治安的駐兵權，以及與駐兵地區有關的鐵路、航空、通訊、港灣和水路在軍事上的要求。

第五，在中央政府及各級機構中聘請日本軍事、財政、經濟、技術顧問，以確保上述條款的執行。

日本在第四條要綱中將中國劃分為東北、華北與蒙疆、華中、華南五種區塊，分別榨取：

第一區塊為東北地區，依據條約內容，必須承認滿洲國的主權獨立性，並按照「善鄰友好、共同防共、經濟提攜」原則處理國家間關係。

第二區塊為華北地區，是日華國防及經濟上的「緊密合作地區」，日本能在這裡藉著防共之名長期駐兵。

第三區塊為蒙疆地區，是日本的「防共特區」，並以防備蘇聯為藉口，賦予蒙疆地區軍事和政治上的「特殊地位」，以及默認蒙疆聯合自治政府的存在。

第四區塊為長江下游地區，是「經濟合作區」，即要求汪精衛將以上海為核心的長江下游經濟納入日本戰時經濟的體系，聲稱恢復和平後，日軍將從這些地區撤軍，但要讓日本軍艦在長江沿岸特定地點及華南特定島嶼駐屯停泊。

第五區塊為華南地區，是「特殊地位區」，日華應在軍事上緊密合作，即同意日本在軍事上控制使用廈門、海南島等華南島嶼，使之成為日軍施行南進政策的戰略跳板。

汪精衛閱過影佐送來的興亞院《要綱》後大失所望，《要綱》的內容不僅與他向日本提出的要求相距甚遠，而且還企圖將中國轉為日本的半殖民地，汪精衛再次萌生打退堂鼓的念頭。日方的和平派也對興亞院的《日華新關係調整要綱》也感到不滿。影佐幀昭說：「如果以此方案為基礎與汪先生談判，就會使人懷疑日本政府的信義。即使汪先生接受了這個條件，和平運動也不會成功。」犬養健說：「除了《日華新關係調整要綱》，還有附件等八件，好比一座大山壓在汪先生身上，怎麼能使他開展國內的和平運動呢？又怎麼能使他得到中國民眾的信任呢？」

汪精衛考慮了整整一個月，還是嚥不下這口氣，但這樣一來，奔波數年的和平運動將付之一炬，汪是不能接受的，他打算先表示同意，博取更進一步的機會，等至將來談判桌上再作反對，汪精衛在給影佐信中寫道：「尊函及日華關係調整擬訂方案已收到，似與近衛聲明宗旨相當差異，頗以為憾。但對此擬訂方案為基礎進行談判，則無異議。談判委員以周佛海為主任，梅思平、高宗武、陶希聖、周隆庠為委員。希肝膽相照，和睦相處，以審擬東亞問題。」[31]

一九三九年十一月一日，以周佛海為首的汪方代表開始與日方代表舉行祕密談判。周佛海照著汪精衛的指示，向日本表示《日華新關係調整要綱》與先前提出的《近衛聲明》、《上海重光堂協定》相差太遠，很難接受上述三個主張中所沒有的東西，然而日方態度強硬，堅持《要綱》的方針。雙方一度爭執不下，只好不歡而散。

汪精衛當時思想也有猶豫，準備搬到上海法租界的私宅引退，發表聲明停止和平活動。並於十一月五日召集了周佛海，高宗武，陶希聖，梅思平，陳璧君等人，討論將來該何去何從。汪精衛首先搖著頭說：「這些條件將使我國喪失其獨立地位，看來那些堅持對日抗戰的人是對的，而我們是錯了。」高宗武接口道：「我們不能討論它，我們事實上已經做了極大的錯事，應該公開承認。」汪精衛問該如何處理日方草案，高宗武建議：「唯一可做的只有把它退回給日方，告訴他們我們無法予以考慮。但我們還要更進一步，必須告訴他們，我們現在已完全了解到他們的不誠實，近衛平沼等人所做的承諾，全是謊言，因此我們已放棄所謂和平運動。」汪精衛稱口讚揚。[32]

影佐得知汪精衛準備打退堂鼓後，趕緊去見汪精衛，汪精衛對影佐說：「很感謝諸位對談判的成功所作的努力。但這次日方提出的原案，和近衛聲明的宗旨相差太遠，我們無法讓步，而你們如果讓了步也無法向日本政府交代。現在我們是在討論一個不可能的問題，所以我認為不如停止談判，撤回建立新政府的設想。」

影佐一邊聽汪精衛的談話一邊筆記，當他聽到汪最後一段話時，兩行眼淚竟掉落到筆記本上。影佐說：「我協助汪先生遷居，並請法租界佈防。但我認為汪先生放棄新政府的計畫還為時尚早。正如您所說的那樣，談判進展非常困難。這個原案表面上雖然強硬，但並不是沒有交涉的餘地，我們也不明白日本政府最後的打算是什麼。我將立刻回東京交涉，請先生暫時留下來等候我的消息。」[33]影佐一邊哭泣一邊說道，形態十分誠懇，使汪精衛於心不忍，最終同意了請求，表示將看日方修正結果如何再做出決定。汪精衛後來對陶希聖說道：「看來影佐還是有誠意。」陶希聖當即站了起來，說道：「汪先生是不是相信影佐的眼淚」就陶泰來回憶，陶希聖下一句想說「那是鱷魚的淚」，但尚未說出即遭周佛海插嘴：「希聖你太刻薄了」、「已走到這一步，還有哪條路走？」陶希聖的話頗具含意，史學家普遍認為，影佐深知汪精衛性情感性，因此在重要時刻會使用情緒化的舉止企圖改變汪精衛的想法，高宗武也對影佐的「眼淚說服法」十分看不起，曾在回憶錄中提到：「東京日本參謀本部裡有美國課、中國課、印度課等等。我相信還有個流淚課，這個課的課員們的專長是用眼淚當武器。」、「流淚是日本軍人傳統的策略。」

影佐回到東京後，向陸軍大臣等人彙報了談判情況，並說明了汪精衛的立場，希望日方能作出適當的讓步。十一月下旬，影佐從東京返回上海，條約增減了某些無關緊要的事項，可是沒有帶回汪精衛要求的讓步。十二月雙方的談判再開，日方同意在協議書上附加一份《絕密諒解事項》，其中加入汪精衛的一些要求。

《絕密諒解事項》共有三項值得一提的更正：

一、取消政治顧問：日本政府原本意圖在汪精衛政府內派遣中央政治顧問，作為監視及左右內部政治的「太上皇」，不過汪精衛堅決不讓步，才使其取消。然而取而代之的是日本軍事顧問，雖然在政治手段上不及於中央政治顧問，但對於監視汪政府兵權的走向，還是綽綽有餘。

二、撤軍承諾：日本在華駐軍分為防共和治安兩類，防共軍的駐軍區域規定為蒙疆，以及正大鐵路以北的山西、河北及膠濟鐵路沿線地區，治安軍的駐軍區域則另行協定，其餘地區的日軍在和平恢復後兩年內撤退完畢，但並沒有說明什麼時候才算恢復和平。

三、延續青天白日滿地紅國旗，日本政府對於中國的魁儡政府國旗嚮來有著不成文規定：要用紅、黃、藍、白、黑五色旗顏色搭配，不能有青天白日徽。日本對此給予了一番解釋：「青天白日滿地紅的國旗和重慶方面的國旗一樣，容易造成混淆敵我，故不採用。」此外，日本想讓兩方政府的相同性減少，由此產生對立性，藉此提高佔領區民眾對於新政府的向心力。日本原本打算讓汪精衛政府延續中華民國臨時政府的五色旗，但汪精衛在這方面十分強硬，最後雙方達成妥協，在國旗上方增加一個寫有「和平、反共、建國」字樣的黃色三角巾，而國徽則在青天白日緣端增加一圈紅邊，有趣的是，一九四六年，二次世界大戰結束後，蔣介石領導的國民政府曾把汪政府的紅邊國徽做比例調整，作為自己的國徽，但由於受到不明原因，僅僅一年又換回了舊式國徽，並延續至今。

《絕密諒解事項》公布後，汪派人馬深感不平，日方的讓步聊勝於無，特別是撤軍承諾，沒有規定時效的許諾根本只是敷衍了事。汪精衛周圍的人則分為兩派，以周佛海為代表的一派力主組織政府，陳公博一派則秉持「黨不可分，國必統一」的原則，主張主和毫無前途，必須放棄和平運動。周佛海的意見最終佔了上風。而陳公博派的高宗武、陶希聖不願卑躬屈膝，離開了汪精衛。相比於周佛海的無條件順服，汪精衛對於條約內容頗為反感，猶豫不決，但與以前國民黨副總裁的身分相比，現在汪精衛的身價已跌為一個被政府通緝之人，不再有太多討價還價的資本了。周佛海對汪的一番安慰，最終使汪精衛同意了這等賣國條約：「弱國無外交，現在我們暫時失去了某些主權，一旦新政權建立後，經過和平建設，國勢日盛，到那時我們再與日方交涉來廢除有關的條約和協定也不是不可能。」[34]

或許正如陳公博所說：「汪精衛總以為中日兩國是鄰國，終不能永遠打仗，應該找一個機會和平；他總以為中國力不能抵抗，只求日本無滅亡中國之意，不妨講和平；他總以為中國共產黨要煽動中日戰爭以收漁人之利，因此更應該求和平；他總以為日本總說中國沒有誠意，我現在表示極大的誠意，這樣可以成立中日間的真正和平。中日能夠真正和平，我汪精衛是任何犧牲在所不惜的。中國能夠多保存一分元氣以為國家復興之基，我汪精衛就是受人家唾罵也是甘受的。可是理想常與現實相反的。」[35]在汪精衛眼中，爭取有利條件只是其次，取代為功名利祿無條件送國的投敵者，讓自己做有限度的送國者才是第一目標，正如他自己所說：「他們送國是沒有限度的，我汪精衛送國是有限度的。」汪精衛最終選擇選擇了承擔賣國賊的罵名，簽署了《日支新關係調整要綱》。

陶希聖曾對投敵舉止評價「好比喝毒酒。我喝了一口，發現是毒藥，死了一半，不喝了。汪發現是毒藥，索性喝下去。」此篇講話充分展現出汪精衛的性格。汪是書生出身，思想複雜，多愁善感，既是一位悲觀主義者，也是一位理想主義者，他在政場上時常抱持悲觀主義，總是對前途不看好，如中山艦事件後認為自己將被蔣介石魁儡化，因而負氣出走；中原大戰尚未結束，汪精衛便深感無望，自行請辭。八年抗戰打響後，汪精衛始終認為中國終打不過日本，必須有人在佔領區挽救百姓，實屬悲觀主義者；但在投敵方面，汪精衛卻抱持理想主義，以近似妄想的自信相信自己能夠挽救時勢，這是汪精衛一生最大的缺點及優點，他只要認定某種政治主張，便不計後果付諸行動，甚至不惜付出多年來鑄成的良好名聲。

一九三九年十二月，在汪日雙方就《日支新關係調整要綱》條款進行最後之討價還價的時候，陳公博曾對影佐禎昭說：「哪裡是基本條約，簡直日本要控制中國罷了。」影佐回答說：「在目前不能說日本沒有這個意思。」陳公博立刻把此話報告給汪，望他慎重考慮，汪卻忿然說道：「我們偏不使日本控制中國。」汪在詩中說「憂在己不力，豈在憂時窮」，還賦出「國殤為鬼無新舊，世運因人有轉旋」的詩句，但這也只是理想層面罷了，等到汪精衛真正投入到兇險的對日交涉中後，才發覺事情遠比自己想像中的現實冷酷，日本政府在對華利益的驅使下，始終抓著談判主導者的姿態不放，硬是將原有的談判內容塗改，又逐步增添卑躬屈膝的賣國內容，使汪精衛從一位帶有崇高理念的和平主義者，淪為簽署賣國條約的「漢奸」。

褚民誼在他的《自白書》中說：「往事如煙，不堪回首。汪先生……既為救民而來，而又不能有強過臨時、維新兩政府之表現，有時受日人迫脅，竟至閉門痛哭。」汪精衛意圖在日本佔領區上建立一個統一的新政府，和日本達成和平撤軍的協定，救百姓於戰火之中。這本來是一個可行的計畫，他本人也不會因此被人們恥為賣國求榮的漢奸。可是沒想到日本人臨時變卦，收回了諸多承諾，增添了許多不平等條約，硬是將汪精衛推進了漢奸的行列。對此汪精衛是有苦難言，在當時他無法向別人解釋清楚他離開中國是被日本人欺騙了，如果隱遁歐洲，等於默認他幹了賣國之事而出逃歐洲。他想幹點什麼事來進行挽回，因此才迫不及待地要建立一個政府，想作一些對中國有益的事來改變人們對他的看法，澄清人們對他的誤解。可是汪精衛的努力反而起了相反的作用，他越陷越深，越洗越黑，當年尊敬的革命烈士變成了教科書中斥罵的「漢奸」。不過從客觀來看，在一九四〇年間，軸心國的勢力正值春秋鼎盛。假如當時日本不發起珍珠港事變，而是和德國聯手打敗蘇聯，逼和英國，使美國被迫轉為中立，那中國的命運就很悲慘了。如果歷史真的走到這條路上，沒有汪精衛在敵佔區成立的統一中央政府，中國就要被分裂成幾個國家了。

據說在簽署前，汪精衛再一次的看到了白紙上清清楚楚的賣國事項，不禁悲從中來，念念有詞道：「日本如能征服中國，就來征服好了。他們征服不了中國，要我簽一個字在他的計畫上，這說不上什麼賣國契。中國不是我賣得了的，我若簽字，就不過是我的賣身契罷了。」[36]

日本表示將在明年的三月三十號還都南京。

1 程舒偉、鄭瑞偉，〈第十八章：和平運動鼻祖〉，《汪精衛與陳璧君》。
2 程舒偉、鄭瑞偉，〈第十七章：重光堂會議與陳璧君〉，《汪精衛與陳璧君》。
3 影佐禎昭，《曾走路我記》，第二篇第二章。
4 松本重治，〈在香港與高宗武會談〉，《汪精衛集團投敵》，第二百二十八頁。
5 程舒偉、鄭瑞偉，〈第十七章：重光堂會議與陳璧君〉，《汪精衛與陳璧君》。
6 聞少華，《從烈士到漢奸：汪精衛傳》，中華書局，一百六十二頁。
7 劉仰東博士，《人民政協報》高級編輯，畢業於中國人民大學歷史系、清史研究所。他以專業人士的身分，公開證實了「梅思平火燒趙家樓」的故事。
8 蔣中正，《蔣介石日記》，一九三九年一月十九日篇。
9 蔣中正，《蔣介石日記》，一九三九年一月二十日篇。
10 林思雲，《真實的汪精衛》第三部分之四：對日和約的實態。
11 周佛海，《周佛海日記》，一九三八年十一月二十七日篇。
12 林思雲，《真實的汪精衛》第三部分之四：對日和約的實態。
13 程舒偉、鄭瑞偉，〈第十八章：和平運動鼻祖〉，《汪精衛與陳璧君》。
14 同前註。
15 汪精衛，〈艷電〉，《新聞報》，一九三九年一月一日。
16 茅民，《復興記》，CreateSpace Independent Publishing Platform（中譯：創造空間獨立發布平台），第四章第六節。
17 譚天河，《汪精衛生平》，廣東人民出版社，一九九六，一七七頁。
18 汪精衛，《正月的回憶》（由作者江仲淵自行翻譯）。
19 林思雲《真實的汪精衛》第三部分之四：對日和約的實態。
20 朱維亮，〈關於汪精衛的回憶〉，汪精衛紀念託管會，汪精衛網站。

21 陳昌祖，〈參與汪偽「和平運動」始末〉，轉引自陶恆生《高陶事件始末》，湖北人民出版社，二〇〇三年。

22 陳恭澍，〈河內汪案始末〉：「博浪一擊，誤中副車」，《傳記文學》第四十卷第六期。

23 安家正，《汪精衛履險記》。

24 汪精衛，《舉一個例》。

25 陳公博，《苦笑錄》。

26 沙舟，《Thirty-eight years' inside stories of the Republic of China》，二〇〇二，山東人民出版社，五二〇頁。

27 茅民，《復興記》，CreateSpace Independent Publishing Platform（中譯：創造空間獨立發布平台），第四章第六節。

28 汪精衛，〈復華僑某君書〉，汪精衛紀念託管會，汪精衛網站。

29 汪精衛，《雙照樓詩詞稿》。

30 林思雲，《真實的汪精衛》第三部分之五：汪精衛的成立南京政府計畫。

31 同前註。

32 高宗武，〈第五章：偷來的密約〉，《高宗武回憶錄》中國大百科全書出版社，二〇一六。

33 林思雲，《真實的汪精衛》第三部分之五　汪精衛的成立南京政府計畫。

34 李飇，《乞尾賴犬》，中國環境科學出版社，八十四頁。

35 陳公博，《八年來的回憶》。

36 賀允宜，《中華民國建國史綱》，黎明文化事業公司，一九八四。

第十章　南京國民政府

南京國民政府還都典禮

距還都南京，成立國民政府十一天之前，汪精衛拜謁中山陵。這一天的南京，淒風苦雨、乍暖還寒，正是最難將息的日子。汪精衛的心情，如這料峭的春日，淒苦而悲涼。在孫中山的臥像，汪精衛誦讀總理遺囑，泣不成聲。這遺囑本是汪精衛起草，孫中山認可簽字。當年寫遺囑，是悲從中來，奮起而承遺志，將革命進行到底；今日讀遺囑，是痛自心生，國破而山河不在，金甌片片任宰割，汪精衛涕泗橫硫，當是他心境真實寫照。

——蔡曉濱《巨流下的叛逆者》（資料來源：《周佛海日記》，一九四〇年三月十九日）

一九四〇年三月三十日，此時正值春夏交接，是個風輕雲淡的好天氣，醞釀了一年三個月的汪政權終於成立了。

正如之前的中華民國維新政府般，日本政府為了給中國民眾製造良好印象，對於親日政府的成立總是要大張旗鼓地宣揚一番，一大清早，南京市各部日本行政人員派遣了一批員警，讓他們分發給每戶市民一份帶有黃色三角旗的青天白日滿地紅國旗，並引導他們於窗外掛上。南京市民們看到以前的國旗又飄揚在街頭心裡確有幾分高興，但看到國旗下上方的黃色三角巾心裡又有幾分酸楚，有些民眾不滿國旗上插有一條不倫不類的黃布條，在員警離開後便把黃布條給拆下，因而遭到拘捕。日本軍人以為三年來作戰傷亡累累，是要把青天白日滿地紅旗打倒，現在在侵華軍事大本營的南京，滿街滿巷又復公然出現。日本兵心理不甘於有青天白日滿地紅旗，在城裡到處鬧事，逮捕將黃布條拆下的名眾，更有不少日本兵在感情上一時接受不了，竟然將國旗打成蜂窩，釀造了「日本兵槍擊國旗事件」。[1]

國民政府還都典禮在南京「國府大禮堂」舉行，汪精衛的國民政府遷到了戰前考試院的舊址。所有汪政權的登台人物陸陸續續程著轎車馳向新的「國民政府」，門前是一條橫亙著的火車軌道，越過軌道，遠遠就望到大旗杆上一面青天白日旗在臨風招展，上頭的青天白日滿地紅國旗並沒有黃布飄帶，而是換了一個方式，改用兩根小竹竿交叉在國旗的下面。這是汪精衛的小心思，意在告訴中國民眾旗上的黃飄帶不是固定的形式，將來等時機一到，便可取消。

國民政府大禮堂裡，擠滿了文武官員和前來祝賀的仕紳，文官身穿中式禮服，武官身穿軍裝，雖然錦衣華服，臉上卻毫無興奮。大禮堂裡人頭攢動，卻是一片肅靜，偶爾能聽聞低聲的嘆息聲甚至啜泣聲。汪精衛從禮堂講台出現了，金雄白回憶：「他顯得有些蒼老，有些憔悴了。面上沒有一絲笑容，嚴肅地悄然走上主席台，眼光向四面掃射了一下，微微聞到嘆息之聲。」汪環顧台下文武，不禁悲從中來，眼眶一紅，趕緊吩咐樂隊演奏國歌。在「三民主義，吾黨所宗……」的奏聲中，汪俯下了頭，臉上現出了勉強的一笑。[2]

按照之前國民政府的慣例，不論是中央會議還是黨內會議，只要有汪精衛參加的會議，汪每每都會被旁人推選為主持人，負責開頭演講，提高聽眾對於會議的熱情，久而久之，每場會議就變成由汪精衛主持了。之所以會推選汪，不外乎是汪精衛的演說，一向充滿煽動性，生動而有力，胡漢民曾道：「聽者任其擒縱，餘二十年未見有工演說過於精衛者。」可是這天的演講，語氣卻顯得低沉，有氣無力，只照著《還都宣言》的稿念了幾段重點便草草下台，曾參與還都典禮的馬振犢也對這場演講給出「可能是汪一生中最失敗的一次演講。」的評價[3]，至於演講內容到底如何，如今已不可考，但據馬振犢的回憶，他約略記得內容分成三個主題：

（一）大亞洲主義是中山先生北上過世時所提出的最後主張。

（二）歷史上決無百年不和之戰。

（三）戰爭導致民生蕭條，是時候收拾山河了。

典禮在汪演講完以後匆匆地結束了。全體移至禮堂門口合攝了一張照片。完成了南京政府五年零四個月的悲劇序幕。而在這樣一個重要的節日，日本政要卻表現出了不在乎的態度，除了影佐幀昭這位日本人有參加還都典禮外，其餘人士皆是以書信致賀，日本駐華最高司令官西尾更是離譜，等到了典禮結束後的明日上午才發表致賀通電。

五年零四個月

汪精衛政權與日本政府關係並不友好，日本只想把南京政權作為魁儡，而非盟友。一九四〇年九月，汪精衛的中央政權建立半年後，日本在以前密約的基礎上又進行了一次談判，這次，日本給出了較《調整中日新關係之協議》變本加厲的《汪日基本關係條約》，使中國完全成為日本的殖民地、附屬國。但是，汪精衛既離渝而寄身於敵佔區，已經喪失了簽署的決定權，就連討價還價的餘地都沒有。汪精衛悲憤不已，出現了精神狀態不穩定的舉止，據當時在場參加簽字儀式的朱子家回憶：「那天，汪精衛站在禮堂前的階石上，忍不住兩行清淚，從目眶中沿著雙頰一滴一滴地向下直流。突然，他以雙手抓住自己的頭髮，用力的拔，用力的拉，俯下頭鼻子裡不斷發出了『恨、恨』之聲，淚水漬滿了面部……歡迎大使的軍樂起奏了，阿部已經緩緩進來，立在汪氏旁邊任翻譯的周隆庠，低聲向汪氏說：『先生，阿部大使來了。』……汪精衛這時才恍然驚醒，周隆庠用手帕替汪精衛拭去淚水，用梳子梳整一下汪的頭髮，此時汪精衛的臉上重新浮現出一絲微笑，走下臺階迎接阿部特使。」[4]

有鑑喪權條約的簽訂，以及汪精衛多年來對於筆桿子總是被槍桿子掌控的愁苦，南京政府開始大展建軍，汪認為，只要有了軍隊，有了實力，他的政府才能擺脫傀儡政權的地位，日本也無法對他隨心所欲地控制。汪精衛效法孫中山辦軍校的方法，主辦起「中央軍政幹部訓練團」，由中央軍委直接領導，汪精衛親自兼任團長，陳公博兼任教育長，周佛海兼教務長。訓練團的對象是收編的投奔他們的地方雜軍，訓練以三個月為一期，自上而下，一直訓練到排長為止。值得一提的是，他們身著的裝備大多比照蔣介石的中央部隊，刺刀、水壺、軍帽……就連鋼盔也都同樣是德造的，但德國當時戰況吃緊，並沒有給南京政府軍事援助，這些裝備從何而來？大多數源自於淞滬會戰結束後，日本軍隊在打掃戰場時從德械軍的死屍上摘下來的。

除了實行軍隊自產外，軍隊的主要來源在於誘招重慶政府的軍政人員加入曲線救國。這個誘招行動雖然沒有很大的成果，但也並非一事無成。到一九四三年八月，投奔汪精衛的重慶政府官員有國民黨中央委員二十人，高級將領五十八人，軍隊五十餘萬，雖然聲勢看似浩大，但這些人都是被邊緣化的軍政要員以及地方的雜牌軍，實力不值得一提，所投奔的五十萬也大多因體格瘦弱而遭到汰除，解甲歸田了。另外，對於那些不肯歸降的國軍將士，汪精衛表態出了敬佩的一面，臧卓曾道：「汪先生雖主張和平，不過與重慶中央決策不同，那是以和、戰對國家之利害言之。至於抗日將士為國犧牲，永遠應受吾人之尊敬！汪先生亦時時慨乎言之，並曾通令和平軍，對於淪陷區與中央軍接壤的地方，要謹慎護持，不得稍有觝觸，以便利抗戰陣營。是其政見雖異，而宅心良苦也。」[5]

靠者對內自產及對外誘降，南京國民政府在短短的五年零四個月招收了擁有不凡戰鬥力的四十餘萬軍隊，且擴及陸海空三軍，汪精衛將這批軍隊稱之和平建國軍。其中以海軍最具特色，汪本來指望日本人將打撈起的國民黨艦艇修復後撥交，但日本因為發起太平洋戰爭的關係急需船艦，只象徵性地抽調幾艘已不堪使用的老舊艦艇充數，以至汪海軍從來都不成氣候。但汪精衛特別注重海軍這個區塊，身兼海軍部長，且再親自籌辦的海軍學校裡引進日本軍官，其訓練嚴格，學生素質與紀律都很好。二戰結束後，蔣介石曾稱偽汪海軍將給予解散並宣稱永不錄用，但實際上由於國民政府缺乏海軍知識，反倒大力招募汪政權海軍。

汪精衛在南京政府所辦的最成功的政策，莫過於維護戰後秩序以及民生經濟，以往日軍是在秋收的時候出動軍隊武力收繳糧食，他們大多超收糧食，引起很大的民憤，而且收繳的糧食，大多遭到地方軍隊私吞。汪精衛政府在「清鄉地區」改為政府出面徵收糧食，讓日本佔領區的百姓渡過了沒有日軍侵犯騷擾的一年。在抗戰結束後，當時已成為抗日名將的張發奎被選為負責接收汪政權所管轄的廣東地區，他見到廣州的穩定經濟，感嘆道：「我沒有聽到廣州民眾對汪偽政府的抱怨或抨擊，也沒有廣州民眾對偽政府懷抱惡感的印象。……無論廣州抑或上海，這些偽府政要都是汪精衛的追隨者，他們鼓吹所謂的『和平』，其叛國理由就是『中國打不過日本』，汪精衛組織偽府就是基於這一理念。事實上，日本人並不是平等對待他們，他們充當了傀儡。然而他們宣稱，即使他們僅僅是傀儡，也要為老百姓爭回一點權益。我沒有見到偽府在廣東壓迫民眾的任何證據。」[6]長年臥底於南京政府的老牌軍統特務胡鵬飛，也不得不誇獎敵人身分的汪精衛：「沒有汪精衛的第三勢力，日本人對中國人的燒殺姦淫搶絕不會中斷，汪自有其功勞。」

在南京政府時期，汪精衛指派妻子陳璧君擔任國民黨中央監察委員及廣東政治指導員，讓她全副心力放在廣東的治理上。陳璧君在廣東的影響力很大，南京政權一共有三任廣東省長——陳耀祖、陳春圃及褚民誼，三者皆為陳璧君的親戚，。陳璧君在廣東最大的建樹，就是搶救糧食與平抑米價，並且以她一貫強硬作風為廣東人民的利益跟日本人斡旋，使廣東省成為南京政權戰爭後最快振興的省份。據何孟恆回憶：「日軍偷襲珍珠港後，美國對日宣戰，太平洋戰爭爆發，廣東米糧被日軍徵收為軍米，造成民眾嚴重缺米的現象。陳璧君果斷地宣布實施八項緊急措施，並積極與日方交涉，最後終於紓解危機。她也進行了不少社會公益活動，例如施米給七十歲以上老人等等。陳璧君亦在廣州捐款設立難童學校，收留窮苦孩童。並常親往規劃照料，組織太太團，輪流為難童沐浴製衣。她也與日方交涉，取消廣州市民經過通衢要道必須向當地崗位的日軍脫帽行禮的規定，並改以警察駐崗。廣東淪陷之日曾經被定為廣州紀念節，陳璧君也把這個取消了。」[7]

一九四一年十一月，汪精衛召開南京國民黨六屆四中全會，因目睹戰爭導致民生經濟敗壞、民眾情緒低靡，提議仿效過去蔣介石發動的「新生活運動」，首次提出「新國民運動」的思想。會議發表的宣言稱：「過去新生活運動，偏於精神；國民經濟建設運動，偏於物質，且動機不純，趨向遂歧。今當發起新國民運動，合精神建設物質建設為一。精神建設方面，期於使人人皆能有至誠惻怛，捨身救世之素養。物質建設方面，期於使人人皆能有勞身熟思，銖積寸累之習慣。」

汪精衛對新國民運動十分重視，在行政院裡設有「新國民運動委員會」，於三十一年元旦親頒「新國民運動綱要」八條。同時以「勇猛精進刻苦耐勞」給予青年團及童子軍為新國民運動的口號。並詳細申述說：「現在時局，是容易使人頹喪的，我們反之以『勇猛精進』。認定了復興中華、保衛東亞的偉大目的，以堅強的心志，進取不已，務底於成。現在時局，是容易使人受不住痛苦的，我們反之以『刻苦耐勞』。認定了這些痛苦，都是復興中華、保衛東亞所必經過的過程，我們體會孟子所謂：『生於憂患，死於安樂。』我們打疊起精神，遍歷了：『苦其心志，勞其筋骨，餓其體膚，空乏其身，行弗亂其所為，所以動心忍性，增益其所不能。』的實境；以現在的苦，求將來的甘；以個人的苦，求全體的甘；我們的國家民族，自然有苦盡甘來的日子。我們在這時局，特別標出『勇猛精進刻苦耐勞』的八個字來，做新國民運動的口號，是有深意的。新國民運動的全體同志，務須明瞭此意，將此八個字，實行起來！」[8]

「新國民運動」的政策十分多樣，如嚴厲執行廉潔政治，捉拿貪汙要犯；提倡消毒清潔，抑制瘟疫散播等……汪精衛也公開提倡民眾奉行民族主義。南京政府還都之後，汪精衛深怕民眾習慣於日本統治，更怕和平建國均習慣受日本支配，因此在淪陷區公開宣傳三民主義，正視民族主義的重要性。

汪精衛積極投入禁煙運動，汪政府成立前，日本為彌補見底的軍事費用，以公賣局的形式開放高利潤的毒品、菸酒買賣，還都南京後，汪精衛曾擬修正維新政府的「戒煙制度要綱」，包括加重毒犯處刑標準，以及恢復原一九三六年絕對禁毒年限等條款。想當然耳，這與日本軍的利益起了尖銳衝突，在軍特務部總務班班長楠本實隆的政治作弄下，汪只得聽從日本人之命令，並未切實禁止煙毒。但到了一九四二年下半年，「新國民運動」到達高潮階段，禁煙就成為運動的重要議題，到了一九四四年初，日本在太平洋戰爭已捉襟見肘，只得被迫放另對汪政府的限制，使其最終達成禁煙政策。

「新國民運動」在教育上尤其突出。近來許多中國歷史論者總是批評汪精衛奴化教育，但要讓他講出證據確鑿的舉例，卻又只能拿出中共給出的「官方資料」，而非確切客觀的史料。奴化教育並不是事實，汪精衛在政府中力竭保護自主教科書題材，將先前維新政府所採用的親日課文全數換除，即使日本政府再三對南京政權施加壓力，要求在國小課本添加日本文化，或是宣傳大東亞，汪精衛堅持「教科書決不奴化，課內岳武穆文文山之文，照常誦讀，凡銘之講詞及口號文字，皆再三斟酌」。汪堅持教育自主，為此與當時日本方面的興亞院起過激烈衝突，最後兩方商議折衷方案：要在課文中多次提起太陽。不過道高一尺，魔高一丈，汪精衛雖然答應，卻選擇中國作家的文章，不用太陽來惻隱政治，使教育得以倖免於奴化。

據汪政府時代使用的《初小國語教科書》來看，第一課為《天亮了》，第二課是《快起來》，第三課是《看太陽》，第四課是《弟弟唱》……。整個的小學課本設計也十分的縝密，都是講天地萬物、日月星辰等，並沒有受到政治汙染的痕跡。《初中國文》第一冊目錄中更是脫離了要求課文有「太陽」的規則，第一篇是巴金的作品，第二篇是魯迅的作品，後面有兩篇是冰心的作品，還有《岳飛之少年時代》、胡適的《我的母親的教育》……政府甚至採用了老舍的作品，他當時是中華全國文藝界抗敵協會的主要負責人。《初中國文》第五冊有文天祥的《指南錄後序》和關於史可法的文章。岳飛、文天祥、史可法以抗金、抗元、抗清而名留青史，他們可以毫不忌諱地將這些人的文章或事蹟編入課文。[9]

抗戰勝利後，汪政府教育部長遭開庭受審，蔣介石政府曾將「改編教材，實施奴化教育」作為罪狀之一，但法庭將維新政府的教科書與南京政府修訂的教科書擺在一起進行比照時，卻為其內容驚訝不已，最後判決書中確認汪政權的教科書，「並無涉有奴化教材之處」。[10]

南京政府還有一項行動頗為成功，但也遭受到了後人詬病，這便是「清鄉」。為鞏固南京政權，汪政府在日本政府的支持下訓練了一批特務，負責清除國民黨臥底以及共產黨新四軍在鄉村中的勢力，其中又以人稱「七十六號魔窟」的「中國國民黨中央執行委員會特務委員會特工總部」最為著名。這是一間設立在極司非爾路七十六號的特務機構，起始於一九三九年，當時重慶國民黨特務滲透入淪陷區大城，給予了日軍許多麻煩，但亦有些失意特務不滿重慶方面將其調入高危險性任務，卻又不予重視，因而投靠日軍。在日本政府的銀彈招聘下，原國民黨特務李士群、丁默邨等人皆倒戈加入日軍，以隱密偵查、暴力暗殺等手段維護日軍的佔領區秩序。汪精衛成立政府後，七十六號特工表面雖然劃歸為南京政府管轄，實際上由日軍直接操作。

從一九四〇年開始，在特工調查以及軍隊鎮壓的雙管齊下，南京政府花費一年多的時間完成了江蘇、浙江、安徽三省的清鄉工作，雖使許多重慶政府特務及地下共黨成員身葬東市，但汪精衛的「安內而不攘外」政策，卻保障了中國民眾遠離長久以來的戰爭及汙穢政治，確立了五年零四個月的和平治安。

特務組織在清鄉時期與汪政府漸行漸遠，與日本政府勾結，逐漸尾大不掉、喪失人性，為利益而誣陷人士，或是以不人道方式審訊重慶政府特務。陳公博在《八年來的回憶》說道：「軍隊被日軍監視很嚴，特工更可由日本用一個梅機關直接支配。二十九年和三十年（一九四〇至一九四一年），我因為特工綱紀太過敗壞，並且影響及於一般政治，報告汪先生應該注意，汪先生也曾太息過說：『你今天還以為特工是我們自己的嗎？』」

名義管轄七十六號特工組織是汪精衛人生中的少數汙點，但以宏觀角度來說，日軍深怕南京政府反水，根本不信任汪精衛管轄龐大、具技術性的特工組織，雖說是名義管轄，但汪精衛又怎麼能替七十六號決定並負責事務呢？說句爭議話，在那年代，有什麼特務機關不是「魔窟」？蔣介石的「軍統」、「中統」，毛澤東的「中央特別行動科」，日軍的「梅機關」、「特高課」，滿州國的「警備科」、「保安科」，哪個不是人間煉獄？某些史學家將其稱之為「魔窟」，明顯有偏袒之嫌。

現今史學人士往往稱汪精衛政權為傀儡政府，但曾仲鳴之子曾仲魯提出了反對論點，曾於回憶錄中澄清：「就自身體驗，南京是我唯一熟悉的中國政府，它各院各部俱全，擁有六十萬自己的軍隊，一點沒有『傀儡』的形象。街上滿掛青天白日國旗，機關面前站崗的是荷槍中國士兵，人民手中拿的是中央銀行發行的儲備券，幣值穩定，市面繁榮。也許汪政權最大的成就，就是它有能力與日本正面周旋，甚至拚命力爭，使許多壞事免於發生。它沒有像日佔的朝鮮、臺灣那樣強迫抽壯丁去太平洋前線替日本抬運軍糧、修築防禦工程，甚至作戰；它沒有讓中國婦女去當慰安婦軍妓；它的六十萬軍隊，從未與重慶的國軍、或延安的共軍交火（作者補充：與共軍是否交火具爭議性）；它沒有供日方索取的糧食與紗布。最重要的，是它掌握國家的財政命運在手，由央行發行儲備券，不允許日本靠濫發軍票來搜刮物質。汪精衛最得力的權威是他個人的人格與聲望。不但中國官員、即使是日本人，在他面前都感到廉恥，不敢放恣胡為。自從汪精衛建立政權之後，淪陷區內再沒有發生過像南京、徐州那樣的血腥屠殺。每逢日方政要和將領來南京，也必上公館謁見，以求得汪氏以書法相贈為榮。直到今日，許多上年紀的日本人提到汪精衛，還是對他深懷敬意。」

有許多傳統論者將汪精衛投敵解讀為追求榮華富貴的舉動，事實上汪精衛在南京時期除收藏古玩字畫外，並不熱衷物慾。評斷一個人是否有品味，需要從他的衣著觀看，評斷一個人是否富裕，需要從他的宅邸窺探。在南京政府時期，汪精衛甚至沒有一棟專屬於自己的房屋。抗日戰爭爆發前，汪精衛公館建在中山陵外陵園西村，這是一棟西式官邸，為了讓陳璧君能投其所好，汪精衛特地操刀設計公館，在後院建有當時公館中相當少見的游泳池，可惜的是，這個公館壽命不長，在南京保衛戰時就被日軍炸毀。在成立南京政權後，汪精衛預料自己在南京政府的日子不會很長，所以沒有再蓋新房子，更沒有為自己買一間房屋，只睡在南京政權的辦公處及休息室。汪精衛的前連襟褚民誼十分同情汪的私人生活，將自己位於南京市鼓樓區頤和路三十八號的公館騰出，做為新的汪公館。這是一棟不大協調的建築：高高的樓房，狹窄的院子，外牆不正對房屋，左右比例各不相同，中式的圍牆搭配西式的大門，到處是白色和立體的幾何形狀。褚民誼喜好新潮，因此購買了這種看似中西合璧、混搭藝術的房屋，但是汪精衛的個性卻偏好簡單樸素，在法國購買的房屋，多半是乾淨俐落的鄉間別墅。褚民誼的房屋怎麼看都給人一種格格不入之感，但為了給褚民誼面子，汪只得苦笑接受。

一九四〇年十一月一日晚飯時，陳璧君向汪精衛敬酒，但這卻沒有發生什麼大事，汪精衛很是疑惑，問道：「今天是什麼日子？」陳回答說：「五年前的今天，你在國民黨四屆六中全會遇刺，身中三槍，有幸不死，乃有今日。」[11]汪精衛愣了一下，回想當時願背負漢奸罵名，便是為了簽署和平條約，好讓日軍撤軍，而如今戰火依舊燃燒大江南北，原本的撤軍計畫卻依然無動於衷。一想到此，汪精衛食慾不振，回到臥室啜泣一場，作一首《邁陂塘》以作紀念：

嘆等閒、春秋換了，鐙前雙鬢非故。艱難留得餘生在，纔識餘生更苦。休重溯。算刻骨傷痕，未是傷心處。酒闌爾汝。問搔首長籲，支頤默坐，家國竟何補？

鴻飛意，豈有金丸能懼。翛翛猶賸毛羽。誓窮心力迴天地，未覺道途修阻。君試數。有多少故人，血作江流去。中庭踽踽。聽殘葉枝頭，霜風獨戰，猶似換邪許。[12]

此詩字字句句皆流露出了亡國之痛，除此之外，還帶有「家破人未亡」的哀痛，可以從中窺知，汪精衛覺得生存比死亡更加痛苦。事實上，他並不恐懼死亡，相反地，死亡對他而言充滿著誘惑，胡適所評價汪精衛一輩子離不開「烈士情節」是有力的證據。撇開政治不討論，或許正如余杰所道：「國家不幸、人生不幸，方有渾然天成、情真意切的詩句。」[13]

一九四一年十二月八日，日軍偷襲珍珠港，太平洋戰爭爆發。

一九四二年以後，日本在太平洋戰線上投入了主要兵力，對於中國戰場已經自顧不暇。南京政府也看出日本的窘境，逐漸採取強硬的態度，要求日本交還主權，擴大南京政府力量。一九四二年九月二十二日，汪精衛向訪問南京的日本特使，前平沼騏一郎提出了強化南京政府建議，汪精衛在建議中要求日本不要繼續干涉南京政府的行政和經濟。一九四三年一月九日，南京政府與日本簽訂了《租界返還和廢除治外法權》，於一九四三年三月與日本簽約收回蘇州、杭州、天津等八市的日本租界，七月又收回了上海法國租界，八月收回上海英租界，如果廢除租界是在勝利後當然不成問題，但在戰局吃緊、全面和平未達成以前，竟能爭取至這一權力，可算一時盛事。李宗仁在《李宗仁回憶錄》曾對此時期的汪精衛表示看法：「說一句公道話，汪兆銘當了漢奸，卻沒有做積極破壞抗戰的勾當。他投敵後，向與其淵源最深的將領，也未嘗作片紙隻字招降，如第四戰區司令長官張發奎和第五戰區內第十一集團軍司令黃琪翔。大義所在，汪氏也知道自我抑制。」[14]

汪精衛利用太平洋戰爭大大改善了南京政府的地位，一九四三年二月二日，汪精衛發出主席令，撤除國旗上「和平、反共、建國」字樣的黃色三角巾，使國旗恢復了原來的模樣。一九四三年十月三十日，南京政府和日本重新簽訂了《華日同盟條約》，大大改善了一九四〇年簽訂的《華日基本條約》中的主權喪失部分，正如同陳公博所說：「南京政府五年半中，可以說無日不與日本鬥爭。除了和日本力爭和平條件之外，在政治上爭行政的自由和統一，在軍事上爭軍事上的獨立和脫離日本的束縛，在經濟上爭取物資的保存和國家人民心元氣的保存。至於具體事實，我因為沒有檔案在手邊，而且太長而瑣碎，只好問各部門的負責者了。我還記得去年有人對我說：『和平運動是失敗了。』我說：『南京這幾年中對日本就沒有和平過，無日不在那裡鬥爭小，和日本的總軍部鬥爭，和日本大使館鬥爭，更和東京政府鬥爭。』既然沒有和平過，那麼更談不上失敗。至於全面和平更談不上，這都是五年半的事實。」[15]

一九四二年是滿州國成立十週年，汪精衛在日本政府的施壓下，只能強裝笑臉訪問滿洲。五月四日，汪精衛來到滿州，受到滿州民眾的夾道歡迎，汪精衛曾刺殺攝政王載灃未果，使溥儀對汪抱有不信任的態度，始終保持距離，但在日本的撮合下，溥儀放下前嫌，以高規格待遇接待汪精衛，滿洲國總理張景惠及其皇帝溥儀親自先後接見汪精衛，相談甚歡，對彼此的印象都略有改觀。然而汪精衛在準備返回南京前發起的一場演講，頓時讓兩國關係變得緊張起來，當時汪激動道：「我們漢滿蒙回藏都是一家，要建立大中華民國，屹立於世界，方能完成我們的志願。過去各族均有光榮，亦均有悲劇，現在應一概忘懷，同為建立大漢民族而努力，造成更光榮的歷史，不受外民族壓迫，亦不受外民族的利用。」、「我們過去是同胞！現在仍是同胞！將來也是同胞！」[16]說到此處，座下不論漢、滿，皆抽泣聲響成一片，汪精衛也落下了兩行淚珠，此時的汪在為自己成為漢奸悲哀，十年前的他聽聞「滿洲國」成立時，曾大罵：「溥儀沒有獨立人格，無論其名稱為執政或皇帝，都不能改變其傀儡之本質。」他沒想到今天他竟然作為另一個傀儡祝賀「滿洲國」成立十週年。內心矛盾、悲哀溢於言表。

演講台下的日本關東軍羞憤不已，汪精衛以演說教訓了日本，也教訓了那些追求功名利祿的滿洲國大臣。溥儀暗中憤恨不已，一九四三年，汪精衛因政事再赴滿洲接見溥儀，不過在會見前，兩方在禮儀方面發生很大矛盾，溥儀一改之前的友好作風，表示應當要以君主立憲的形式，以三鞠躬朝見皇帝，汪精衛堅持一定要以兩國元首禮相見，雙方反覆爭論，最後由日本人斡旋，採用西禮，同意汪精衛入宮和溥儀互相握手致意。但當汪精衛走進滿洲國皇宮時，事情發生變化，溥儀倨立於大殿的上方，而汪精衛等人卻與滿洲大臣一同在下方。汪精衛才剛入門，微笑示意，尚未站定，溥儀侍從官猛然高喊「一鞠躬」，汪精衛猝不及防，只得跟從禮儀官的喊聲，一次一次行三鞠躬禮。溥儀展露出一絲詭譎的微笑，自得地注視他國領袖向自己低頭致敬。等鞠躬儀式完畢，溥儀才與握手。

晚夕，汪精衛回到下榻處，思及日間所受屈辱和擺佈，不禁失聲痛哭，昔日的堂堂革命烈士，帝制葬送者，爾後竟落得俯首朝拜皇帝的下場！汪精衛情緒悲愴，返程途經北平時，汪受邀至中南海居仁堂演說。他在臺上佇立良久，一臉淒傷，隨後沈痛言道：「三十三年前，我到北平，我是預備死在這裡的；想不到三十三年後還留著這條命，還是在國家九死一生的時候，再與同胞各位見面。我在三十三年前被判了終生監禁，那時候我的個人是沒有將來的。我在獄中每天早晨，就是翻來覆去，念著兩句話：『中國的將來？中國的將來？』」說至此處，汪精衛淚下如雨，無法言語。目睹昔日革命英雄竟如此落寞情懷，不少觀眾內心產生共鳴，隨之抽泣，悲不自勝。

汪雖然一面做著「漢奸」，一面卻講求氣節，這是一種很矛盾、很難用言語表達的心態。但以《憶舊遊落葉》來看，也許能從中窺知一二：

> 嘆護林心事，付與東流，一往淒清。無限流連意，奈驚飆不管，催化青萍。已分去潮俱渺，回汐又重經。有出水根寒，拿空枝老，同訴飄零。天心正搖落，算菊芳蘭秀，不是春榮。摵摵蕭蕭裡，要滄桑換了，秋始無聲。伴得落紅歸去，流水有餘馨。盡歲暮天寒，冰霜追逐千萬程。[17]

這是破解汪精衛心路歷程十分關鍵的一首詞，他以詩詞表態出盡心保衛中國的心態，將中國比喻為大樹，日本比喻為寒風，中國軍民及自己則是其中一片樹葉。以下是白話解讀：

樹木的葉子生來便是為了給樹提供養料，使其壯大成蔭，可是如今秋天已近，葉子片片落下，它要保護樹林的用心付諸東流了。難道樹葉是心甘情願落下來嗎？不是，葉子願意留在樹上，願意貢獻自己的一份心意跟力量．可是秋天的強風不願理解落葉的悲哀，也不管這個落葉的盡心，就把一切給摧毀了。（此處的「青萍」有兩種意思，一種是植物，汪精衛將其比喻到了秋天都零落了：一種是古代寶劍的名字，汪表面上說的是植物，秋天把一切植物都摧毀了，同時也是把一個革命烈士的壯心壯志給摧毀了。）

我知道我的本分，以及我所能做的。我已經經歷了一切磨難，沒想到我晚年還要經受一次更沉痛的考驗．想當年我面對國家危難時，曾經參加革命，刺殺攝政王，現今國家再次陷入危機，我應該做什麼呢？我現在還需犧牲自己做一些事情嗎？中國這棵樹是飄搖在風雨之中的老樹，樹根都暴露在外面了。但即使如此，我依然願意犧牲風險，作樹枝上的葉子，為這棵大樹盡一點力量。大樹的樹幹已經曲折不堪、樹枝已經都衰老了，不知哪天就會要倒。我這葉子是薄弱、老態的，而這樹的根和枝也同樣如此，寒冷的根、老去的枝，跟我這葉子一同訴說飄零。

中國的命運風雨飄緲，搖搖欲墜。但我仍然想做一些事情彌補，我回到南京，那裡已經是淪陷了，雖然表面上看起來是一個「菊芳蘭秀」般的政府，但此時「不是春榮」，哪有可能繁花錦簇呢？只是假象罷了。中國依然到處都是樹葉搖落的蕭瑟之聲，什麼時候聲音才能停止？我想，大概要使滄海變成桑田，桑田變成滄海，要整個的世界都換了，蕭蕭之聲才得以靜止。

如果我能夠在最後離去的時候，有一個飄落的紅色的花瓣陪伴我，一起流走，那個時候就算我已隨流水離去了，那流水至少還能留下一點點餘馨。然而未是時候，我雖然已經逐漸凋零，卻還能奮鬥，過完樹葉殞落的秋天後，就是寒冬了，未來的路途一路上艱苦難行，冰霜的追逐、寒冷的挫折，但我將繼續前進。

一九四三年以後，日本已露敗跡，南京政府的官員也感到憂心忡忡，一旦日本敗戰，他們的出路在哪裡？周佛海等不少高官開始暗地裡和重慶方面取得聯繫，為自己準備一條退路，重慶政府因為牽扯國共利益問題，也很願意為他們洗白，當時南京政府佔據了中國最富庶的三大地區——上海、南京、天津，蔣介石認為如果不對南京政府採取友好，日本戰敗後這些地區將如何皆收？又怎麼能夠保證南京政府不會讓中國共產黨代替接收呢？

其實上，毛澤東確實有向南京政府伸出橄欖枝。一九四三年三月七日，中共代表馮龍在上海與周佛海祕密接觸，馮龍不知道哪來的勇氣，居然敢在「和平、反共、建國」格言之下的南京政府表示希望南京政府取消清鄉行動，並以中共蒐集的日本政府、重慶國民政府情報來換取資源合作，周佛海並沒有答應，也沒有將他逮捕，只將馮龍請走，這是中共與南京政府的第一次交涉，也是最後一次交涉。周佛海最終選擇倒向蔣介石一方，多次派人潛往重慶，為重慶方面輸送了不少日方情報，還安排重慶的特工人員設計殺死了「七十六號」特務頭子李士群。後又利用自己上海市長的身分，在上海大力剿共，博取蔣介石的信任。

汪精衛之死

一九四三年八月，汪精衛的健康開始惡化。一九三五年遇刺時留在背部未取出的子彈造成的隱患，使汪精衛經常感到背部、胸部及兩肋的劇烈疼痛。十一月二十一日，日本政府派內科專家黑川利雄教授到南京為汪精衛檢查身體。汪精衛希望將體內的子彈取出，但黑川認為還是保持現狀，不取為好。黑川走後汪精衛的病痛日益加劇，又請南京日本陸軍醫院院長後藤治療。後藤認為病痛是由於子彈生鏽膨脹，壓迫了背部神經所致，必須立即將子彈取出，並自薦自己能親自操刀。在經過汪精衛的同意後，十二月十九日晨，由後藤親自擔任手術，僅二十分鐘即將子彈取出，取出時，彈頭已經鏽成了一顆臃腫的黑色石塊。

手術後汪精衛病情轉好，卻於幾天後突轉惡化，體溫上升，雙腿麻痹。一九四四年元旦以後，汪精衛已不能從床上坐起。一九四四年二月，日本政府再派黑川到南京為汪診治，黑川認為彈頭取出後汪的兩腿才變得麻木，是脊椎壓迫神經所致，形成「多發性骨髓腫」，這是一種外傷引起的疾病，沒有有效的醫治方法，死亡率高達九〇％，至今以現代醫療醫治，存活率也僅有四十九％。由於中國的醫療設備落後，南京、上海的名醫皆沒有把握能夠治癒，需送往日本名古屋帝大附屬醫院，以便利用其先進設備為汪治療。

一九四四年三月三日，汪精衛在妻子陳璧君，子女汪文惺、汪文彬、汪文悌等陪同下東渡日本就醫，直飛名古屋。在前往日本前。汪精衛召集陳公博、周佛海到病床前召開會議，並寫下手書：「銘患病甚劇，發熱五十餘日不能起床，盟邦東條首相派遣名醫來診，主張遷地療養，以期速愈。現將公務交由公博、佛海代理，但望早日痊癒，以慰遠念。兆銘。」汪精衛飛抵日本後，住進了名古屋帝國大學醫院的特別病房裡，日軍大本營將此事列為最高機密，除了極少數高級醫務人員知道外，其他人員毫不知情，而汪精衛的病房也因機密關係被稱作「梅號」，也正對應了汪最喜愛的事物——梅花。其實原本名字其實不是這樣，但汪精衛卻執意更名。汪對於梅花的執著，早在刺殺攝政王時期就已經看得出了，他曾於入獄期間作《梅花》一首來鼓勵自己，投敵後又曾將南京的市花定為梅花，汪在名古屋大學養病時，也曾贈送名古屋大學一批紅梅樹苗株，種在病房前觀賞，如今尚有兩株存活。

三月四日，名古屋帝國大學附屬醫院組織黑川利雄、齋藤真等八名教授對汪精衛進行會診，再一次確診為因數彈頭在體內過久才誘發成為多發性骨髓腫，第四至第七胸椎骨的腫脹已由背部向前胸擴散，嚴重壓迫脊髓神經，導致雙腿癱瘓。會診結束後，齋藤親自主刀對汪施行椎弓切除，切除左右胸背骨七片，以緩解汪精衛的疼痛。手術前，當齋藤洗手消毒戴橡皮手套時，竟發現三副都是破的，齋藤火冒三丈，厲聲訓斥道：「怎麼連手套也沒有了？啊！一群蠢驢！」整座醫院被翻了個遍，實在找不出來，結果動員全市醫院，總算找到幾副，手術因此拖延了一個多小時。陸軍方面的負責人中村大佐抱歉地說：「工業區都炸光了，物資實在缺乏，請教授們原諒吧！」手術做了近兩個小時，手術後汪精衛感覺尚好，失去知覺兩個月的雙腿也恢復了知覺。在後來的四天中，都是如此。汪感到病愈有望，就在病床上對陳璧君和兒子汪孟晉說：「看來，我還命不該絕，可以再回南京。」

一九四四年九月，汪精衛的病情又重新發作，他對康復已經絕望，也感到自己的生命即將到達盡頭，曾問主治醫生黑川教授：「請坦誠地告訴我，我的病能治好嗎？如果治不好的話，我想回中國。」黑川說：「請放心，我保證一定能治好。」[18]這是醫生經常用來安慰病人的話。一九四四年十月，汪精衛的病勢轉危，經常陷入昏迷，一天，汪精衛趁著意識清楚之際，吟賦一首《自嘲》七言絕句，作為《雙照樓詩詞稿》上百首詩詞的最後結尾：

心宇將滅萬事休，
天涯無處不怨尤。
縱有先輩嘗炎涼，
諒無後人續春秋。[19]

白話解讀：我的生命即將隕落破碎，一切的是是非非也將隨著我的生命煙消雲散，中國沒有人不憎恨唾罵我。即使有姜伯約、程英等在我之前就曾歷過忍辱負重的辛酸路，而如今已赴先輩後塵的我，估計沒有他們那樣幸運等到平反還原真身的一天。

十一月八日，美軍對名古屋進行大規模空襲，醫院的地下室結構不強，只能將汪精衛轉入臨時蓋好的地下醫院避難。地下醫院沒有暖氣設施、沒有火爐，在天氣逐漸轉涼，地下陰暗潮濕的惡劣環境下，汪得了嚴重的肺炎，次日體溫高達四十度，呼吸急喘。十一月十日午後，病房中傳來汪夫人陳璧君的大聲呼叫。黑川教授趕入病房，見汪精衛渾身顫抖，痛苦不已。黑川立刻立刻召集醫療團隊前赴急救，並握住汪精衛的手查看脈搏，汪精衛吃力地說：「我要回中國……」沒想到這成了他最後的遺言。[20]

一九四四年十一月十日下午四時二十分，汪精衛停止了呼吸。

汪精衛去世後的第二天，日本現任首相小磯、前首相東條英機和前首相近衛文麿等人趕到醫院向汪精衛的遺體告別。前首相近衛在汪精衛的遺體面前默默站立了一個多小時，汪精衛今天的下場可以說是近衛一手造成的，要不是他發表了第三次近衛聲明的謊言，也許汪精衛還不至於落得漢奸的下場。

汪精衛死後，南京政府推舉陳公博為國府主席，繼任行政院長及軍事委員會委員長，但陳公博堅持在最高職務上加個「代」字，陳公博說：「現在汪先生走了，人亡政息，這台戲也該結束了。我來繼承汪先生的職位，是來辦理收場的，而不是來繼續演出的。」陳公博成立了哀典委員會，於十一月十二日發布公告：「三十三年十一月十日下午六時，國民政府汪主席，痛於民國三十三年十一月十日申時，在日本名古屋大醫院逝世，距生於民國紀年前二十九年五月四日巳時，享壽六十有二，僅於十一月十二日恭迎遺體回國成殮，擇期舉行國葬，飾終典禮，由國民政府會同中央黨部組織哀典委員會敬謹辦理。」[21]

同日，汪精衛的遺體由陳璧君及其子女乘汪生前專用的「海鶼號」飛機運回南京，由代理主席陳公博及周佛海等中央委員個不長官護送至國民政府大禮堂，並在紀念儀式結束後，葬於國父孫中山陵墓左側的梅花山上，關於汪精衛之墓的外觀，可說是十分簡陋，只有一圈高一米五的鋼筋混凝土牆壁將墓給做出一層包覆，既沒有西方建築的雕刻，也沒有中式建築的龍鳳，就連油漆都沒有上，直將水泥的表面原色暴露在外，這是汪精衛自己的主意，汪精衛生前對陳公博說過，如果死後陵墓儘量不要勞民傷財，陳公博銘記在心，表示「一切力避靡廢，求其簡肅」。[22]

日記及遺囑的真實性

關於汪精衛是否有留下遺書、日記，史學論者一直以來眾說紛紜。據上海檔案館際載，汪精衛親戚朱景正、方鏗夫婦曾在戰後獲得《汪精衛日記》，但在文革十年中，這些物件全部被抄。直到一九七二年起才陸續分批發還。在一九七九年發還的物件後，朱、方夫婦再次獲得《汪精衛日記》，並於一九八七年將日記捐贈給了上海市檔案館，十一月十二日，上海市檔案館舉行的表彰會公布了《汪精衛日記》，其為美國三〇年代產品，長約十二公分，寬約九公分，厚二公分，可見只能寥寥數語，不能長篇大論。暗紅色牛皮封面，配鎖，宛若一個袖珍公文包；打開日記本，每頁眉頭上鉛印著英文的月份日期，下有五道橫欄。汪的記法頗獨特，每欄一日，同一頁中分別記四年來同月同日之事。日記始於一九四〇年一月一日，至一九四四年一月二十五日，共四年零二十五天。

《汪精衛日記》的公布消息一出，國內雖風平浪靜，國外卻引起了眾多議論，汪家的親屬和方家的後代均不承認，指為誤會。原日記的擁有者為方鏗，其父為方聲濤，他有一個同父異母的十一妹方君璧，是汪精衛心腹曾仲鳴的妻子，依這層關係來看，《汪精衛日記》有一定程度的真實性，但用「日記」一詞來定義此書似乎言過其實。第一，此書單薄小巧，而汪精衛文筆斐然，喜好長篇大論，如果真有書寫日記之習慣，又為何要購買袖珍日記呢？第二，上海檔案館公布的日記內容無任何替自己辯解的言辭，亦未有詩詞等感性抒發，只是本備忘錄式的記事冊，如一九四〇年一月二十日僅四個字：「宴影佐等」。一月七日僅三個字：「晤張誠」。一月十五日為五個字：「致蔣、王、梁電」即使是還都南京的重大事件（三月三十日），汪精衛也僅二十二個字帶過：「國民政府還都典禮。讀還都宣言。向東京廣播。開中政會。」第三，所有和汪精衛熟悉而現尚健在的人，也均說汪從來不寫日記。何孟恆也對日記的真實性表示質疑。第四，上海檔案館從不完整公開《汪精衛日記》的所有內容，使其倍受外界懷疑。作者推測，此書為汪精衛所寫無異，但肯定只是記錄開會日期、重大事件的「筆記」，而非感性吐露的「日記」。

至於汪精衛的《最後之心情》遺書的真實性，也十分撲朔迷離。一九六四年二月，汪逝世將近二十年，香港才發現題為《最後之心情》的汪精衛遺書，引起國人以至日本各方面的注視，聚訟紛紜，毫無正解的真偽論爭持續了近半個世紀，仍沒有定論。經作者反覆閱讀後，認為其遺書雖來歷不明，不具有絕對的真實性，但文筆十分類似汪精衛，在某些細微小處十分貼近汪精衛當時狀態，如「教科書決不奴化，課內岳武穆文文山之文，照常誦讀」為例，這段鮮為人知，如果非研究汪精衛長達數年，是無法寫出這些話語的。

汪精衛的密友朱朴閱讀遺囑後曾道：「我看慣了汪先生的文章，這是別人萬難類比的。」汪的長女汪文惺看後也說：「假如遺書是假造的話，無論文筆和內容，都到無懈可擊的地步了。」[23]作者認為，如果遺囑非汪所寫，那便是非常熟識之親信所寫。《最後之心情》雖頗具爭議，但最低限度作為史料的參考，也有一定的價值，以下是根據汪精衛女婿何文傑手抄《最後之心情》錄入：

兆銘來日療醫，已逾八月。連日發熱甚劇，六二之齡，或有不測。念銘一生隨國父奔走革命，不遑寧處。晚年目睹鉅變，自謂操危慮深。今國事演變不可知；東亞局勢亦難逆睹，口授此文，並由冰如（陳璧君）謄正，交××妥為保存（××均為手稿上原有，因不明原因刪去），於國事適當時間，或至銘歿後二十年發表。

中華民國三十三年十月×日

兆銘

兆銘於民國二十七年離渝，迄今六載。當時國際情形，今已大變。我由孤立無援而與英美結為同一陣線，中國前途，忽有一線曙光，此兆銘數年來所切望而慮其不能實現者。回憶民國二十七年時，歐戰局勢，一蹶千里，遠東成日本獨霸之局，各國袖手，以陳舊飛機助我者唯一蘇俄。推求其故，無非欲我苦撐糜爛到底，外以解其東方日本之威脅；陰以弱我國本。為蘇計，實計之得！為中國計，詎能供人犧牲至此，而不自圖保存保全之道？捨忍痛言和莫若！

然自西安事變以還，日本侵逼，有如無已，一般輿論，對日已成一戰聲。渝府焦心積慮，亦惟以不變應萬變，以謀國府基礎之安全。兆銘之脫渝主和，與虎謀皮，必須截然與渝相反，始能獲得日人之稍加考慮。又必須本黨之中，各方面皆有一二代表人物，而後日人始信吾人有謀和可能，而為淪陷區中人民獲得若干生存條件之保障。即將來戰事敉平，兆銘等負責將陷區交還政府，亦當勝於日人直接卵翼之組織或維持會之倫。兆銘行險僥倖，或不為一時一地之國人所諒，然當時之念國際演變，已至千鈞一髮局面，此時不自謀，將來必有更艱險更不忍見內外夾攻之局勢發生，馴至雖欲自為之謀而不可得。兆銘既負國事責任，不在妄冀其不可能而輕棄或有可能之途徑。年來昭告國人者曰：「說老實話，負責任」。說老實話：則今日中國，由於寇入愈深，經濟瀕破產，仍為國父所云次殖民地位。而戰事蔓延，生民煎熬痛苦，亦瀕於無可忍受之一境。侈言自大自強，徒可勵民氣於一時，不能救戰事擴大未來慘痛之遭遇。如儘早能作結束，我或能苟全於世界變局之外。多樹與國，暫謀小康，只要國人認識現狀，風氣改變，凡事實求是，切忌虛憍，日本亦不能便亡中國，三五十年，吾國仍有翻身之一日也。負責任：則兆銘自民國二十一年就任行政院長，十餘年來，固未嘗不以跳火坑自矢。個人與同志，屢遭誣蔑，有壬（唐）、仲鳴（曾）、次高（沈）被戕者數數。今春東來就醫，即因民廿四之一彈，個人生死，早已置之度外。瞻望前途，今日中國之情形，固猶勝於戊戌瓜分之局，亦仍勝於袁氏二十一條之厄。清末不亡，袁氏時亦不亡，今日亦必不亡。兆銘即死，亦何所憾！

國父於民國六年歐戰之際，著中國存亡問題。以為中國未來，當於中日美三國之聯盟求出路。蓋以日人褊狹而重意氣，然國父革命，實有賴於當年日本之若干志士。苟其秉國鈞者能有遠大眼光，如兩國輔車相依之利，對我國之建設加以諒解，東亞前途，尚有可為。美國對中國夙無領土野心，七十年來，中國人民對之向無積憤，可引以為經濟開發振興實業之大助。今日兆銘遙瞻局勢，東亞戰爭，日本必敗，其敗亦即敗於美之海空兩權。日本如能早日覺悟及此，以中國為日美謀和之橋樑，歸還中國東北四省之領土主權，則中國當能為之勉籌化干戈為玉帛之良圖，國父之遠大主張，便能一旦實現。

今兆銘六年以來，僅能與日人談國父之大亞洲主義，尚不能談民初國父之主張，即因日本軍人氣燄高張，而不知亡國斷種之可於俄頃者也。

兆銘竊有慮者，中國目前因中美之聯合，固可站穩，然戰至最後，日軍人橫決之思想，必使我國土糜爛，廬舍盡墟，我仍陷甲辰乙巳日俄戰爭之局面，絲毫無補實際。日本則敗降之辱，勢不能忍，則其極右勢力與極左勢力勢必相激盪而傾於反美之一念，則三十年後遠東局勢，仍有大可慮者也。

兆銘於民主政治，夙具熱忱。民十九擴大會議之後，曾通過憲法，當時張季鸞先生曾草文論之，言政局失敗而憲法成功。餘曾告冰如，此為雪中送炭。又憶南華日報在香港創立時，欲對民權主義多作鼓吹，而苦無註冊之保證金，賴當時英國閣揆麥唐努氏遠電當局云：「汪先生夙倡民主，可免其報繳費」，心常感之。四年前國府還都，不過苦撐局面，為對日交涉計萬不得已而為之，故仍遙戴林主席。銘尸其位而遍邀南北一時地望與民國以來時局之推移有關係者，參與其事，民主之基，庶幾有豸。然年來以對日主張，不無遭英美不明實情者之猜忌。東亞戰爭爆發後兩年，日本已遭不利，陷區更痛苦彌深，而國府（汪政權）突對外宣戰，豈不貽笑外邦？不知強弱懸殊之國，萬無同盟可能；有之，則強以我為餌。而悍然行者！實政府在淪陷區內，假以與日本爭主權爭物資之一種權宜手段，對英美實無一兵一矢之加。惟對解除不平等條約與收回租界等事宜，得以因勢利導者，率得行之，此實銘引為快慰之事。上海租界自太平軍與曾李相持時，已為藏垢納污之區，八十年來，以條約束縛，政府苦難措手，今日不惟日本，即英法亦宣言交還，大戰之後，租界終入國府範圍，固不當因日本之成敗而變易也。

對日交涉，銘嘗稱之為與虎謀皮，然仍以為不能不忍痛交涉者，厥有兩方面可得而述：其一、國府目前所在之地區，為淪陷區，其所代表者，為淪陷區之人民，其所交涉之對象，為陷區中鐵蹄蹂躪之敵人，銘交涉有得，無傷於渝方之規復；交涉無成，仍可延緩敵人之進攻。故三十年有句云：「不望為釜望為薪」者，實為此意，所以不惜艱危欲乘其一罅者。其二、民國二十一淞滬協定時，銘始與對日之役，其後兩任行政院，深知日方對華，並無整個政策，而我之對日，仍有全國立場。日本自維新以後，號稱民主，而天皇制度之下，軍人有帷幄上奏之權。自清末兩次得利，固已睥睨於一時。民初對我大肆橫迫，至華府會議，始解其厄，因已礙於英美之集體壓迫，早欲乘以而動矣。九一八初起當時，粵方派陳友仁渡日與幣原外相磋商，稍有成果，而寧方同志，寄望於國聯，斥為賣國。及淞滬長城諸役衄敗後，累次交涉，見日本政出多門，而軍人努力膨脹，海陸之傾軋，議會制度之破產，軍閥野心之無已境，其前途為失韁野馬，彼國之有識者，早引為隱憂。兆銘離渝與之言和，因已知其交涉之對象，為日政府無力控制之軍人；為淪陷區當地之駐軍；為仰軍人鼻息之外交使節；為跋扈日張之校佐特務，而非其國內一二明大體識大勢之重臣。然以兆銘在國府之關係，與乙巳以來追隨國父四十年之地位，對方即欲探知政府真意，用以為謀我滅我之資，亦不得不以之為交涉對象，而尊重其地位，其情形或差勝於南北之舊官僚，兆銘即可於此覘其國而窺其向。況彼雖政出多門，亦尚有一二老成持重之人，對彼元老重臣，銘固未嘗不以東亞大局危機為憂，以國父「無日本即無中國；無中國亦無日本」之言為戒。即彼跋扈自大無可理喻者，亦必就我各級機關於盡情交涉中，使得稍戢其兇燄，以待其敝。又日軍氣燄雖盛，進退時且逡巡，海陸軍之交誹，時或露其真相於我。然其表現上之尊重天皇與服從命令，仍數十年來並無二致，是目無東京而仍有東京；目無中國而仍不能將中國人之地位完全抹煞。彼樞府既以和平及新政策標榜，駐屯軍亦不能故違，只能拖延圖利。是國府交涉之對象，非其謀國之臣，而為重利之酋，銘仍不至於一著全輸而無以自立。即我或無法延拖改變其初衷，在淪陷區範圍，彼既承認我政府為盟邦，為復興東亞之夥伴，即不能全不顧我民生需要與政府體制，仍可為民生留一線之機，此實國難嚴重非常時期不得已之手段，此兆銘為國之切謀一己犧牲之拙策，屢為二三同志言之者。蓋中國為弱國，無蹙地千里而可以日形強大之理。蔣為軍人，守土有責，無高唱議和之理，其他利抗戰之局而坐大觀成敗者，亦必於蔣言和之後，造為謠諑，以促使國府之解組混亂，國將不國。非銘脫離渝方，不能無礙於渝局；非深入陷區，無以保存其因戰爭失陷之大部土地；既入陷區，則必外與日人交涉，而內與舊軍閥政客及敵人羽翼下之各政權交涉。即國府過去所打倒者如吳××（佩孚），所斥如安福餘孽×××輩（似指梁鴻誌等），以及日人特殊之鷹犬，東北亡國十餘年之叛將，銘亦必儘量假以詞色，以期對日交涉之無梗。銘蓋自毀其人格，置四十年來為國事奮鬥之歷史於不顧！亦以此為歷史所未有之非常時期，計非出此險局危策，不足以延國脈於一線。幸而有一隙可乘，而國土重光，輯撫流亡，艱難餘生，有識者亦必以兆銘之腐心為可哀，尚暇責銘自謀之不當乎？

是以銘之主張，其基本之見解：為日本必不能亡中國。日本本身之矛盾重重，必不致放棄對國府（汪政權）之利用，及知其不能利用，我已得喘息之機。而中國局面之收拾，則誠為不易，戰後大難，更有甚戰爭之破壞，必有待於日軍之和平撤退而後，政府陸續規復，始得保存元氣，民國二十六年廬山會議時銘已懷此隱憂，時至今日，而此種跡象，蓋益顯著。苟國人能稍抑其虛憍自滿之心，實事求是，日本能憬然於侵略之無所得，戰局之逆轉，化戾氣為祥和，亦為一念，端在其局勢之最後如何發展耳。

民國三十一年，日本改造社長山本實秀入京，事後語人云：「汪先生無情報」，蓋其時日方之敗局未顯，而戰事已見膠著。山本嘗周行南洋緬甸各佔領區，故作此危語也。然山本此語，餘實得聞之。銘離渝六載，在東亞戰事爆發以前，期直接交涉之順利，除公開電報外，未嘗與渝方通訊。於日本以外其他國家，雖有互派使節者，未嘗以之為交涉對象。蓋以日本軍人氣量狹隘，又多疑忌，國府所居地位為變局，其目的為專辦對日本一國之交涉，乃至日駐軍之下一地方之交涉，實不必多事捭闔，啟彼機心。然銘等之真心主張，及交涉之曲折，殊未隱瞞，各國使領亦有進言於我者。銘雖赤手空拳，在此東南諸省範圍內，凡能為國家自主留一線氣脈者，亦無不毅然不顧一切之阻礙主張之，竟行之！蓋以此為我內政範圍，外人不應干涉。

今後此亦可為渝方同志稍述一二俾互知其甘苦者：一為恢復黨之組織與國父遺教之公開講授；一為中央軍校之校訓，以及銘屢次在軍校中及中央幹部學校之演講；一為教科書決不奴化，課內岳武穆文文山之文，照常誦讀，凡銘之講詞以及口號文字，皆曾再三斟酌。如近年言「復興中華，保衛東亞」，乃清末同盟會「驅除韃虜，復興中華」之餘音。「同生共死」，為事變前某文中之成句。至於條約交涉各端，更可謂殫心竭慮，實已盡其檢討對策之能事。且戰事結束，日軍議和撤退，此項條約，總成廢紙，固無礙於國家之復興。

目前所疚心者，東北與內蒙之問題，迄未得合理之解決方策耳。然關於東北內蒙，本月與小磯言，同意有改變之餘地。如銘不幸病歿抱憾以終者，未能生見九一八事件之起因東北之收復耳。然在九一八以前，東北政府與日本懸案，積有百餘件，懸而未決，地方中央，互相諉責，大禍終啟。今銘在寧六年，明知日方將敗，而仍繼續以之為對象磋商者，則以國事雖有轉機，尚在逆水行舟。而日本在此時，為事變十三年來惟一有憬悟與誠意收拾時局之一時期。中國如謀振奮自強而又一切求之主動者，理當爭取此千載一時之機會，俾其從容退兵，收其實利，一隙之乘，肇端於此。回憶三年前山本之言，蓋亦謂燭見機先，不可以為敵方之新聞界人士而忽視其意也。

華北五省局面，殊形複雜，一年來稍有變動，尚未受中央（指汪政權）之直接控制。然日既已放鬆，我當緊力準備，俾將來國土完整，無意外變化發生。銘於十三年奉國父命先入北京，其後擴大會議偕公博入晉，前年赴東北，頗知北方形勢，應得一與政府及黨關係密切之人主持之。政府（汪政權）應推公博以代主席名義常駐華北。而以京滬地區交佛海負責。在一年內實現重點駐軍計畫，俾渝方將來作接防準備，此意當由冰如商公博以銘名義向中政會提出。

中國自乙未革命失敗，迄今五十年，抗戰軍興，亦已七載，不論國家前途演變如何，我同志當知黨必統一國不可分之主張，不可逞私煽動分裂。其在軍人天職，抗戰為生存，求和尤應有國家觀念，不得擁兵自重，騎牆觀變。對於日本，將來亦當使其明瞭中國抵抗，出於被侵略自衛，並無征服者之心。對於渝方，當使其了解和運發生，演化至今，亦仍不失其自信與自重。將來戰後兩國能否自動提攜，互利互賴，仍有賴於日本民族之澈底覺悟，及我政府對日之寬大政策。兆銘最後主張及最後之心情，期與吾黨各同誌及全國同胞為共同之認識與共勉者也。[24]

真乎？偽乎？還須待討論。汪精衛的親屬親信，包括陳璧君在內，都說汪在日本治病直至死亡，從未寫過遺囑。但一九六四年，卻在香港冒出了一份汪的遺囑，題為《最後之心情》，下書「兆銘」。題目的確是汪的親筆，但遺囑前記中則說，全文由陳璧君代抄，並且注明，要等汪死後二十年，方可發表。

此文一出，海外掀起了一陣軒然大波。但這份遺囑不像《日記》，疑點甚多，真偽莫測。發表這份

「遺囑」的是周佛海的心腹金雄白。他當時正以朱子家為筆名，在香港《春秋》雜誌上寫長篇回憶錄《汪政權的開場和收場》，前後寫了近百萬字，後來出了六本單行本。令人詫異的是，金雄白並非汪精衛心腹，亦沒有親屬關係，在汪精衛政權中僅任中央政治委員會法制專門委員會副主委，且在戰爭末期與重慶政府的中統特務份子頻繁勾結。雖然能靠著與周佛海的親密關係頻繁會見汪精衛，但兩人的關係並不熟識。然而汪的遺囑，竟不在自己的親屬發布，而是由金雄白得之而發表，實在出人意料。

汪的「遺囑」竟到金雄白的手裡，是不得不令人懷疑的，而且來歷非常蹊蹺，不合情理。金雄白在《汪精衛國事遺書發現經過》一文中說：

一九六四年二月八日那一天，春秋雜誌社轉給我發自本港的一封掛號信，發信人卻無姓名。撿視之下，有一疊四張半蠅頭小楷複寫的汪精衛的國事遺書，又有一張榮寶齋信紙上，汪氏親筆寫的「最後之心情兆銘」七字。透查封內，並無發信人附給我的函件。我已深以為異。最初，我為信紙上汪先生的字跡所吸引，再四審視，雖確信為汪氏之親筆，但仍抱有一個先入的成見，認為汪先生並沒有立下遺書。當汪先生的遺體從名古屋移到南京時，許多人都急急向汪夫人陳璧君探問：「汪先生有沒有立過遺囑？」她當時回答得很乾脆：「沒有！」

而在這留港幾年，我曾不時與汪先生的家屬有所接觸。當汪先生在日臥病時，她們都是朝夕隨侍之人，而他們又幾乎一致說：「先生在病中，沒看到寫過什麼遺囑、遺書一類的文件。」[25]

不過，後來金雄白仍相信汪的遺囑是真的：

不僅這「最後之心情」幾字，無可懷疑是汪的真跡，其次，看慣汪先生文筆的人，一眼利能辨其真偽。五千字的長文，有誰能仿冒？寄件人既不是他的親屬，而且不願透露姓名，更有何仿冒之必要？況過去的許多事實，也是別人所無法知道的。紙張的陳舊，顯然已有一二十年的時間，連上面的一枚圖釘，也已鏽深印在紙上了。[26]

金雄白為了進一步證實，當即會見汪的長子汪文晉（當時陳璧君已經病逝，金只能退而求其次）。當汪文晉讀完全文後，認為題目的字跡，筆調和言語等所說的一切均非偽造。但內容的字跡卻非汪精衛所寫，汪孟晉認為是出於汪的至友龍榆生之手。遺書內表示將由陳璧君抄寫的，但卻書寫者卻不是陳，使得案情更加錯綜複雜。

金雄白和許多人研究後，大家認為，汪精衛在病中曾意圖撰寫遺書，但此時已經病入膏肓，無法提筆，只象徵性地寫了題目，內容則由口述或錄音紀錄。此資料由陳璧君保存，因遺囑內規定，要汪死後二十年才能發表（作者推測拖延時間的意義為讓時間沖淡對立，化解大眾的偏見），故陳璧君一直深藏不露。後來陳璧君被判無期徒刑，自知出獄無望，於是聯絡可以信賴的龍榆生，請求他託管資料。龍榆生是汪家密友，曾擔任過中央大學教授，在南京政權解散後遭到國民政府關押十二年。當時龍榆生已經出獄，但與獄中的陳璧君保有聯絡，汪的子女和方君璧此時都不在上海，陳只有龍榆生常有來往。一九五九年陳璧君逝世後，遺囑資料交由龍榆生及其後代託管，一九六四年剛好是汪去世二十週年（汪死於一九四四年十一月十日），故十之八九，信是龍榆生的後代或心腹寄給金雄白的。

故事的落幕

一九四五年八月十五日，日本宣布無條件投降。八月十七日，陳公博在南京主持召開中央政治會議，決定解散南京國民政府，把中央政治會議改為南京臨時政務委員會，軍事委員會改為治安委員會。當晚，陳公博廣播發表了《國民政府解散宣言》，至此，歷時五年四個月的南京國民政府宣告結束。

陳公博解散南京政府後，向日本方面提出到日本避難的意願。此時日本已投降，但還是安排讓陳公博、林柏生、周隆庠等人於八月二十五日祕密飛往日本。陳到日本後，化名東山公子，隱居於京都郊外的金閣寺。不久中國政府向日本提出將陳公博等人引渡回國的要求，日本則對外宣布陳公博已自殺身亡來保護陳，但中國政府也知日本的伎倆，提出如確實自殺，將由中國方面派人驗屍，日本見謊言遭戳破，只得公開聲明道歉，將陳公博拱出。

一九四五年十月三日，陳公博一行六人被引渡回中國受審。一九四六年四月四日，江蘇高等法院開庭審訊陳公博，起訴書洋洋萬言，列舉出了陳公博十大罪狀，檢察官光是口頭閱讀就花了一個小時。陳公博知道蔣介石是不會放過他的，但對於漢奸罪的指控堅決不服，在法庭上為辯護說：「我認為抗戰應該，而和平是不得已。平心靜氣去想想，當日汪先生來京之時，淪陷地方至十數省，對於人民只有搶救，實無國可賣。在南京數年為保存國家人民的元氣，無日不焦頭爛額，忍辱挨罵，對於個人只有熬苦，更無榮可求。到了今日，我們應該念念汪先生創立民國的功勳，念念他的歷史和人格。」隨後陳公博從西裝口袋掏出一疊書稿，這是他在獄中寫的《八年來的回憶》，接近三萬字，宣讀耗費了近兩個小時。裡頭有句話這麼說道：

汪先生現在逝世了。他的理想，我是不忍埋沒的，他總以為中日兩國是鄰國，終不能永遠打仗，應該找一個機會和平；他總以為中國力不能抵抗，只求日本無滅亡中國之意，不妨講和平；他總以為中國共產黨要煽動中日戰爭以收漁人之利，因此更應該求和平；他總以為日本總說中國沒有誠意，我現在表示極大的誠意，這樣可以成立中日間的真正和平。中日能夠真正和平，我汪精衛是任何犧牲在所不惜的。中國能夠多保存一分元氣以為國家復興之基，我汪精衛就是受人家唾罵也是甘受的。可是理想常與現實相反的。

可是，即使陳公博辯說的有理，身為戰勝國的國民政府又怎麼可能原諒他呢？四月十二日，法庭再次開庭，宣判道：「陳公博通謀敵國，圖謀反抗本國，處死刑，褫奪公權終身。全部財產，除酌流家屬必須生活費外，沒收。」陳公博似乎也心裡有數，顯得格外從容，法官問他是否上訴時，陳回答道：「我上次審判時已經說過，無論如何絕不上訴。審判長能再上次讓我朗讀完《八年來的回憶》全文，我心滿意足了，應對審判長及各位表示感謝。」[27]

在監獄的陳公博格外受人歡迎，由於陳公博的書法造詣很好，管理的警衛、同獄的犯人都會設法請求陳公博的遺墨，而陳也有求必應，樂此不疲。一九四六年六月三日，天才剛亮，陳公博正刷著牙，突然鐵桿門發出了吱吱響的開門聲，陳回頭一看，原來是典獄長，他手底捧著一疊宣紙，想請陳公博寫一副對聯：「大海有真能容之量，明月以不常滿為心。」[28]陳公博答應後，典獄長給了他筆墨紙硯，公博瀟灑揮筆而作。寫到最後三個字時，鐵門又嘩啦一聲打開，兩名神情不自然的員警走了進來，一聲不發，陳明白這是要來給自己執行死刑了，淡定地說道：「請勞駕再等幾分鐘，讓我把這對聯寫完吧。」繼續提筆寫完了「滿為心」三個字，放下筆桿低著頭沉默了頃刻，轉頭向法警要求希望與陳璧君告別，在陳璧君的囚室外，陳公博向陳璧君深深鞠了一大躬，雙手捧上自己用過的一把茶壺，說：「夫人，我先隨汪先生去了。牢中別無長物，一把茶壺，做留個紀念。」[29]陳公博又鞠躬了一次，在兩名法警的帶領下從容前往刑場。時年五十五歲。

與陳公博相比，周佛海要隨機應變得多。早在日本呈現敗跡時，周佛海就暗自與重慶聯繫，為自己留好了退路。八月十六日，在陳公博宣布南京國民政府解散的當天晚上，周佛海便掛出了「國民黨軍事委員會京滬行動總隊南京指揮部」的牌子，聲言效忠蔣介石，負責維持戰後秩序，抓捕南京政府政要，如此行徑使陳公博氣得罵他賣友求榮。

當年汪精衛與日本密談基本上是周佛海一手包辦，陳公博不僅沒有參與，而且還表示反對，最後汪精衛組建政府時，陳公博感到汪精衛正值用人之際，出於與汪精衛的私人情誼才接受了汪精衛的邀請到南京政府任職。在汪精衛為簽署不對等和平條約而痛心疾首時，周佛海卻在一九四〇年三月三十日的日記中興高采烈地寫道：「一年努力竟達目的，彼此甚為欣慰。」、「人生有此一段，亦不虛此一世也！」如果論「賣國罪」的話，身為低調俱樂部的發起者、對日簽定多次密約的代表、煽動猶豫不決的汪精衛最終下定決心的周佛海，顯然要大於沒有參與密約的陳公博。但最後周佛海卻比陳公博罪輕一等，只判了一個無期監禁，而官職比周佛海小得多的林柏生、梅思平等人都判了死刑，可見當時的漢奸審判是不公正的。

不過，拋棄友好的周佛海並沒有過得比其他被宣告死刑的南京政府人士來得幸運，周佛海患有心臟病，日益嚴重，引起多種併發症，卻在監獄裡得不到很好的治療和照顧，病情一天比一天嚴重，情緒也一天比一天壞。最終於一九四八年二月二十八日，在南京老虎橋監獄結束了他反覆無常的一生，時年五十一歲。

陳璧君被捕後，堅決表示不服罪。一九四六年四月十六日，江蘇高等法院開庭審訊陳璧君，陳璧君在法庭上慷慨陳詞道：「日寇侵略，國土淪喪，人民遭殃，這是蔣介石的責任，還是汪先生的責任？說汪先生賣國？重慶統治下的地區，由不得汪先生去賣。南京統治下的地區，是日本人的佔領區，並無寸土是汪先生斷送的，相反只有從敵人手中奪回權利，還有什麼國可賣？汪先生創導和平運動，赤手收回淪陷區，如今完璧歸還國家，不但無罪而且有功。」[30]法庭最後判處陳璧君無期徒刑，陳璧君接到判決書時卻說：「本人有受死的勇氣，而無坐牢的耐性，所以希望法庭改判死刑。」[31]

陳璧君個性十分剛烈，但也自知底線，汪精衛在日本治病時，陳璧君一直伴隨汪身旁，但從來沒有對日本人說過一句感謝的話，日本人對她也很發怵。一九四九年共產黨奪取大陸後，蔣介石並沒有把陳璧君移往臺灣，而是把陳留給共產黨。一九五二年，和陳璧君私交很深的孫中山夫人宋慶齡和廖仲愷夫人何香凝，像毛澤東提出特赦陳璧君，何香凝對毛澤東說：「汪精衛叛國投敵，陳璧君也跟著一起跑，當了漢奸。但她畢竟是參與者，不是決策者。陳璧君已經在牢里關了幾年，聽說身體不好，能不能實行特赦。」毛澤東略作思考，最終同意。正如普遍學者所主張，毛澤東不是一位富有同情心的人，劉少奇、楊開慧的死都能作證，毛對陳璧君能夠網開一面，最主要還是念及汪精衛的大恩，正因為有汪精衛在聯俄容共時期的提拔，才能讓這位名不經傳的圖書館員工一躍成為了政台上的巨星。當晚，宋慶齡與何香凝便寫了一封信請求陳璧君悔過，陳璧君卻立即拒絕：「共黨要我悔過，無非還是持蔣政權的老觀點，認為我是漢奸。汪先生和我都沒有賣國，真正的賣國賊是蔣介石。這不用我歷數事實，二位先生心中有數，共黨心中有數。正由於二位知道我的性格，我願意在監獄里送走我的最後歲月。衷心感謝你們對我的關心和愛護。」[32]陳璧君寧可在牢房虛度餘生，也不承認汪精衛有罪。一九五九年六月十七日，六十八歲的陳璧君死於監獄中。

一九四六年一月，在重慶的蔣介石通知何應欽：在重慶政府還都南京之前，必須將汪精衛在梅花山上的墳墓處理掉，何應欽請派陸軍總部工兵指揮部馬崇六和七四軍軍長張靈甫具體經辦此事。一九四六年一月二十一日晚，七四軍五十一師工兵營實施了炸毀汪精衛墓的行動，炸墓之前，憲兵司令部提前三天派兵擔任內外警戒，斷絕行人交通，不許任何人接近梅花山。工兵爆破作業分兩個步驟：第一步，炸開墓的外層混凝土鋼筋部分；第二步炸開盛棺的內窖（墓穴）。在執行爆破時，利用其他音響作掩蓋，以防止巨大的炸藥聲泄密。工兵們使用了一百五十公斤炸藥，才炸開了堅固的汪精衛墓。時任南京市市長的馬超俊，親自開棺驗看。只見汪精衛屍體覆蓋一面青天白日旗，身著國民政府文官禮服，藏青色長袍馬褂，頭戴禮帽，腰佩大綬。汪精衛下葬時使用過防腐劑，遺體尚未腐爛，保存完好，臉部僅有些許咖啡色斑點。令眾人疑惑不解的是，汪精衛的墓竟然沒有一點隨葬品，只在口袋裡找到一張三寸長紙條，上面寫著「魂兮歸來」四字，為陳璧君在大阪所寫。[33]

汪精衛之墓開棺後，汪精衛的屍體隨後連同棺材被運往清涼山火化，骨灰的去向有多種說法，一般說法認為骨灰被拋棄在水坑或長江中，不過作者認為此說法可信度較低，汪精衛畢竟曾是國民政府的第一號人物，無論最後如何處理，絕不應如此草率。作者認為，骨灰很有可能被汪精衛的子女取走，匿名安置在馬來西亞檳榔嶼的一公墓。王炳毅先生曾在一九八八年香港《明報》摘錄負責炸毀汪墓的國民黨陸軍總部工兵指揮官馬崇六的回憶錄，王曾向記者表示汪的屍體在清涼山火葬場火化後，現場人員並沒有擅自處理，而是將其置放於一袋雙層絲綢裡，轉交給馬崇六。馬將此袋裝上汽車，表示請示上級後再作處理，約十餘日後，馬從何應欽處得知：汪的骨灰經蔣批准後已經交給住在當時中央飯店的汪氏子女。當時住在南京的是汪的長子汪孟晉，由此推斷，得到汪的骨灰的是他的長子汪文嬰。據新加坡《南洋商報》等海外報刊稱，汪精衛的骨灰應被汪孟晉下葬於馬來西亞的檳榔嶼的某公墓。[34]

汪墓炸毀後不久，擔任「國父陵園管理委員會」主任委員的孫科指示對梅花山地面景觀重新布置。將汪精衛墓址由工兵剷平，四周添植許多花木，還建了一座中式涼亭，兩邊修建了長廊，這就是現在梅花山上的觀梅軒。如果讀者能夠前去一遊，不妨在涼亭附近四處走走，可以發現一旁有幾塊殘缺的混泥土石塊，這是汪精衛墳墓的遺跡。

1 譚天河，《汪精衛生平》，廣東人民出版社，一九九六，二八四頁。
2 馬振犢、陸軍，《七十六號特工總部》，重慶出版社，二〇一七年十月第一版。
3 同前註。
4 金雄白，《汪政權的開場與收場》。
5 臧卓，《我在蔣介石與汪精衛身邊的日子》，獨立作家，二〇一三第一版。
6 張發奎，《張發奎口述自傳》，當代中國出版社，三一八頁。
7 〈回憶汪精衛〉，汪精衛紀念託管會，汪精衛網站。
8 臧卓，〈汪氏組府缺點〉多篇，《我在蔣介石與汪精衛身邊的日子》，獨立作家，二〇一三第一版。
9 傅國湧，《詩與政治——汪精衛晚年心路試解》http://www.360doc.com/content/16/1205/13/21473764_612136093.shtml。
10 金雄白，《汪政權的開場與收場》中冊，風雲時代，二〇一四，二一四頁。
11 余杰，《民國之死》，八旗出版，一一八頁。
12 汪精衛，《雙照樓詩詞藁》，一三四頁。
13 余杰，《民國之死》，八旗出版，一一八頁。
14 李宗仁，《李宗仁回憶錄（下）》，遠流文化，第六八七頁，二〇一〇第一版。
15 陳公博，《八年來的回憶》。
16 《落筆驚風雨：我的一生與國民黨的點滴》，三五六、一九三頁。
17 汪精衛，《雙照樓詩詞藁》。
18 林思雲，《真實的汪精衛》第三部分之六　短命的南京政府。
19 汪精衛，《雙照樓詩詞藁》。
20 西林，《殘照記：一八四〇—二〇〇〇年中國人最後的非常話語》，天津人民出版社，二〇〇七，，二一六頁。
22 轉引自雷鳴，《汪精衛先生傳》，第四百一十五頁。

23 沈立行，〈汪精衛《日記》和遺囑之謎〉。出處，《縱橫精品叢書》，二〇〇二。

24 汪精衛，《最後之心情》來源於汪精衛紀念託管會，汪精衛網站，政治言論及寫作。

25 金雄白，〈汪精衛國事遺書發現經過〉，《汪政權的開場與收場》（下），風雲時代，二〇一四。

26 同前註。

27 蔡曉濱，〈陳公博〉，《巨流下的叛逆者》。

28 李飈，《乞尾賴犬》，中國環境科學出版社，電腦版，一百頁。

29 余世存，《一八四〇—一九九九的中國話語》，第二三二頁。

30 同前註。

31 張研，《帝國往事》，重慶出版社，二〇〇七。

32 同前註。

33 文少華，《從烈士到漢奸・汪精衛傳》，中華書局，三百三十三頁（普遍史學界認為此舉乃招魂之意，而非恫嚇盜墓者）。

34 揚子江，《汪精衛的骨灰下落分析》，網路資料：http://bbs.tianya.cn/post-no05-303381-1.shtml。

後記

我的革命決心，固然始終沒有改變；而我對人對事的態度卻不免時有改變。但所以改變的理由，我無不講出來。至於理由的對不對，我願接受現在和後人的評論。

——汪精衛，《東方雜誌》一九三四年一月。

汪精衛曾經歷過三次生死交鋒，一次是刺殺攝政王被捕，一次是一九三五年的第四屆六中全會刺殺事件，一次是河內高特朗街刺殺事件。

汪精衛行刺攝政王時是一位熱血青年，滿懷對國家的理想抱負，為了阻止同盟會分裂，他可說是一心求死，根本沒有想到生還，再行動前，大清對行刺滿親貴族的刺客一直都沒有不處死的先例，光復會成員徐錫麟甚至還因此遭受凌遲，但汪精衛毅然決定行刺。好在被捕後滿清正值新政改革，加上審理案件的肅親王個性開明，汪精衛才得以存活，如果當時清政府成全汪精衛的決心，中國就會少一個「大漢奸」，而多一個大英雄，汪精衛的《被逮口占》將成為與林覺民《與妻訣別書》並列的革命英雄遺書，「引刀成一快，不負少年頭」的豪言壯語將會永遠在教科書上被後人稱揚。

汪精衛在第四屆六中全會刺殺事件已經是位老練的政客，面對來勢洶洶的日軍，國民政府的妥協行動在所難免，然而，又有哪位人士願意背上簽署賣國條約的責任呢？汪精衛舉起了手，為了讓國民政府得以繼續準備，汪不惜搞臭了自己的名聲。如果汪精衛在一九三五年遇刺時被打死，他將成為能夠媲美於宋教仁的老革命家，可是汪只傷不死。

汪精衛河內高特朗街刺殺事件前的名聲雖然糟糕，但還是有支持人士的，如雲南省主席龍雲、第八集團軍總司令張發奎等人。如果重慶特務找對房間，打死汪精衛，人們也不至於會恨汪精衛，只是感嘆汪精衛一時糊塗，遭到日本人蠱惑，而不會使汪精衛背上漢奸的惡名。

命運好像是在故意捉弄人，汪精衛在一次次的生離死別當中活了下來，但卻越活越苦，最後汪精衛從對自己的人生也是鬱鬱頹喪，一九四三年重陽節，汪精衛登臨南京北極閣，誦讀亡國詩人元好問的《朝中錯》，誦至「故國江山如畫，醉來忘卻興亡」時，不禁悲從中來，亦作《朝中錯》一首：

城樓百尺倚空蒼，雁背正低翔；
滿地蕭蕭落葉，黃花留住斜陽。
欄杆拍遍，心頭塊壘，眼底風光；
為問青山綠水，能禁幾度興亡。

汪精衛最終難逃一死，但這次的生死交鋒，卻不是向前三次般地名正言順。

汪精衛的投敵，摧毀了他的名聲，卻保障了中華民族的延續，一個遭到強敵侵略的弱國，無法反抗，無法求救，也無法得知迷茫的未來，為了顧及實際現狀，總要有人挑起被後人咒罵的擔子，實行議和。汪精衛也知道自己踏出和平救國之路後，必將遭受民眾唾棄，但正如他所說的：「只要能救民於水火，我決心跳火坑了。」他還是走入這場不歸路。不少人把投敵解釋為與蔣介石爭權，但從宏觀面的史學角度來看，汪精衛並不是特別醉心權力的人，辛亥革命後他捨棄政治，主辦多起教育救國運動，袁世凱曾於期間給予廣東省都督的職位，卻遭汪婉拒；中山艦事件爆發後，國民政府的政治勢力已不可挽回地倒向了蔣介石這方，汪此時主張「合則留，不合則去」，憤而離職；九一八後汪精衛主張團結對外，力排眾議主動放棄廣州政府；西安事變前蔣介石名聲低落，汪卻放棄與李宗仁聯合倒蔣。這些舉例都可以為汪精衛淡泊名利的性格做出有力的證據。

許多歷史論者評汪精衛一生多變，有野心而無宗旨。事實正好相反，是無野心，有宗旨。他先聯共後反共，先用蔣後反蔣，先主戰後主和，多次辭職復職、出國回國，但多變善變性格中所產生的輾轉中，始終有三個不可動搖的最高宗旨：民主政治、國民利益、國家興亡。這是他的政治宗旨及人生宗旨，就像一條線貫穿他的一生，為了達成宗旨，他不惜用一切代價彌補缺失，甚至犧牲救國，成為眾人唾罵的「漢奸」，現今汪精衛的歷史地位雖狼藉不堪，但時間終究會沖刷立場，歷史終究會還原真相，汪精衛已經逝世了多年，或許是時後放下各自的偏見，心平氣和地看待這齣時代下的悲劇。

主要參考書目

王克文，《汪精衛・國民黨・南京政權》（臺北：國史館，二〇〇一）。
田聞一，《蔣介石、汪精衛的大恩怨》（臺北：風雲時代，二〇一四）。
任思等，《汪精衛集團》（臺北：獨立作家，二〇一四）。
朱子家，《汪政權的開場與收場》（全收錄三本）（臺北：風雲時代，二〇一四）。
余杰，《一九二七：民國之死》（臺北：八旗出版社，二〇一七）。
李志毓，《汪精衛的性格與政治命運》（天津：天津人民出版社，二〇一一）。
李志毓，《驚弦，汪精衛的政治生涯》（香港：牛津大學，二〇一四）。
李飈，《二戰史・乞尾賴犬：第二次世界大戰史》（北經：中國環境科學出版社，二〇〇五）。
汪精衛紀念託管會，汪精衛網站旗下之回憶錄及其後人解讀，網路連結：https，//www.wangjingwei.org/zh/。
周世安，《不負少年頭——汪精衛雙照樓詩詞稿揭秘》（臺北：新銳文創，二〇一二）。
林思雲，《真實的汪精衛》，網路資料。
邵銘煌，《和比戰難？八年抗戰的暗流》（臺北：政大出版社，二〇一七）。
茅民，《復興記：The revival of China》，CreateSpace Independent Publishing Platform（中譯，創造空間獨

立發布平台，二〇一四）。
秦亢宗，《走向深淵》（廣西：廣西師範大學出版社，一九九七）。
張有朋，《蔣介石與汪精衛的絕世祕密》（臺北：印刻出版社，二〇一三）。
張研，《一九〇八帝國往事》（新北市：崧博出版社，二〇〇七）。
張靜星，《從革命女志士到頭號女漢奸》（上海：學林出版社，一九九四）。
陳瑞雲，《倒戈魁儡—汪精衛的領袖夢》（臺北：日臻出版社，一九九五）。
程舒偉、鄭瑞偉，《汪精衛與陳璧君》（吉林：吉林文史出版社，一九八八）。
葉嘉瑩，《汪精衛詩詞之中的「精衛情結」》（臺北：國立臺灣大學出版中心，二〇〇九）。
雷鳴，《汪精衛先生傳》（上海：上海書店，一九八九）。
聞少華，《從烈士到漢奸，汪精衛傳》（香港：中華出版社，二〇一三）。
臧卓，《我在蔣介石與汪精衛身邊的日子》（臺北：獨立作家，二〇一三）。
蔡曉濱，《巨流下的叛逆者》（臺北：獨立作家，二〇一五）。

讀歷史88　史地傳記類　PC0789

時代下的犧牲者：找尋真實的汪精衛

作　　者／江仲淵
責任編輯／洪仕翰
圖文排版／楊家齊
封面設計／王嵩賀

發 行 人／宋政坤
法律顧問／毛國樑　律師
出版發行／秀威資訊科技股份有限公司
114台北市內湖區瑞光路76巷65號1樓
電話：+886-2-2796-3638　傳真：+886-2-2796-1377
http://www.showwe.com.tw
劃撥帳號／19563868　戶名：秀威資訊科技股份有限公司
讀者服務信箱：service@showwe.com.tw
展售門市／國家書店（松江門市）
104台北市中山區松江路209號1樓
電話：+886-2-2518-0207　傳真：+886-2-2518-0778
網路訂購／秀威網路書店：https://store.showwe.tw
國家網路書店：https://www.govbooks.com.tw

2019年1月　BOD一版
2021年5月　修訂二版
定價：460元

國家圖書館出版品預行編目

時代下的犧牲者：找尋真實的汪精衛 / 江仲淵
著. -- 一版. -- 臺北市：秀威資訊科技,
2019.01
面； 公分. -- (史地傳記類；PC0789)
BOD版
ISBN 978-986-326-652-5(平裝)

1. 汪精衛 2. 傳記 3. 民國史

628.594 107022153

讀者回函卡

感謝您購買本書，為提升服務品質，請填妥以下資料，將讀者回函卡直接寄回或傳真本公司，收到您的寶貴意見後，我們會收藏記錄及檢討，謝謝！如您需要了解本公司最新出版書目、購書優惠或企劃活動，歡迎您上網查詢或下載相關資料：http:// www.showwe.com.tw

您購買的書名：________________________________

出生日期：________年________月________日

學歷：□高中（含）以下　□大專　□研究所（含）以上

職業：□製造業　□金融業　□資訊業　□軍警　□傳播業　□自由業

□服務業　□公務員　□教職　□學生　□家管　□其它_____

購書地點：□網路書店　□實體書店　□書展　□郵購　□贈閱　□其他

您從何得知本書的消息？

□網路書店　□實體書店　□網路搜尋　□電子報　□書訊　□雜誌

□傳播媒體　□親友推薦　□網站推薦　□部落格　□其他__________

您對本書的評價：（請填代號　1.非常滿意　2.滿意　3.尚可　4.再改進）

封面設計____　版面編排____　內容____　文／譯筆____　價格____

讀完書後您覺得：

□很有收穫　□有收穫　□收穫不多　□沒收穫

對我們的建議：________________________________

____

____

____

請貼
郵票

11466
台北市內湖區瑞光路 76 巷 65 號 1 樓
秀威資訊科技股份有限公司 收
BOD 數位出版事業部

....

（請沿線對折寄回，謝謝！）

姓　　名：＿＿＿＿＿＿＿＿＿＿　年齡：＿＿＿＿　性別：□女　□男

郵遞區號：□□□□□

地　　址：＿＿＿＿＿＿＿＿＿＿＿＿＿＿＿＿＿＿＿＿＿＿＿＿＿

聯絡電話：(日)＿＿＿＿＿＿＿＿＿＿＿＿(夜)＿＿＿＿＿＿＿＿＿＿＿

E-mail：＿＿＿＿＿＿＿＿＿＿＿＿＿＿＿＿＿＿＿＿＿＿＿＿＿